교회력에 따른
본문중심
설교노트

황광민 지음

교회력에 따른
본문중심
설교노트

황광민 지음

기쁜날
도서출판

교회력에 따른 본문중심 **설교노트**

초판 1쇄 인쇄 2017년 01월 25일
초판 1쇄 발행 2017년 02월 06일

지은이 황광민
발행인 최현기
발행처 도서출판 기쁜날
주소 경기도 남양주시 진접읍 내각1로 59번길 14-20
전화 070-4126-3496
등록 제1-2910호
이메일 happyday3496@naver.com

ISBN | 979-11-6107-000-1*93230
정가 15,000원

잘못 만들어진 책은 교환해 드립니다.
저자와 출판사의 허락 없이 책의 전부 또는 일부 내용을 사용할 수 없습니다.

하나님의 자녀는
항상
주님과의 연합을 기대하며
기다리는 믿음으로 살아야 한다.
우리는 주님을 앙망하는 가운데
그와 인격적으로 연합하고
결국 그의 능력에 연합하여
강건하게 됨을 믿는다.

머리말

설교는 하나님의 말씀을 전하는 일이다. 설교자는 자신의 말이 아니라 하나님의 말씀을 전해야 한다. 성경의 말씀을 인용한다고 해서 모두 하나님의 말씀을 전하는 것은 아니다. 설교자가 성경의 말씀과 기독교 이야기를 인용하여 자신이 하고 싶은 것을 전할 수 있기 때문이다. 설교자는 자신이 하고 싶은 말을 하지 말고 성경 말씀을 통해 주시는 하나님의 말씀을 전해야 한다. 하나님께서 맡겨주신 말씀을 바로 전해야 참다운 예언자다. 이것이 본문중심설교가 필요한 이유다.

일찍이 한국 개신교 선교 초기에 어느 선교사가 한국교회 목회자들의 설교를 듣고는 "성경의 본문을 비행장의 활주로처럼 이용하지 말라"고 권고하였다고 한다. 이것은 설교자가 본문에서 주제를 정하고는 내용은 자신이 하고 싶은 것들로 전개하는 것을 꼬집은 말이다. 설교가 선택한 본문과 말씀의 내용이 일치하지 않는 것이 많고, 또 어떤 것들은 주제조차 본문과 어울리지 않는 것도 있다. 이렇게 하면 설교를 잘하는 것 같아도 하나님의 뜻을 온전히 전달할 수 없다. 제목설교의 이런 약점을 극복하기 위해서 본문중심설교가 필요하다.

필자에게는 일찍이 깨우침을 받는 기회가 있었다. 목회를 처음 시작하고 얼마 되지 않은 전도사로 섬기던 시절이었다. 당시 필자는 음성 나환자촌에 속한 교회를 섬기고 있었다. 그곳의 회중들은 다양한 교파의 교회에서 양육을 받은 사람들이었다. 그런데 한 장로님이 "감리교회의 목회자들이 설교를 잘하기는 하는데 본문과는 관계가 없는 말씀을 한다"고 평가하면서 소위 '손가락 설교학'을 제시하였다. 그분은 엄지손가락을 가리키며 "만일 본문을 엄지로 택했으면 엄지는 마디가 몇 개인지, 길이는 어떠한지, 굵기는 어떠한지, 등 엄지에 관한 말씀을 전해야 하는데 검지에 갔다가 약지에 갔다가 한다"고 꼬집었다. 필자는 이 말에 신선한 충격을 받았고 평생 목회여정에서 말씀연구의 지침으로 삼았다.

필자는 본문중심설교를 구성함에 있어서 주제와 소주제들을 가능한 한 본문에서 끄집어내려고 한다. 이는 선택한 본문에 충실하기 위해서다. 주제에 맞추어 성경의 여러 곳에서 말씀을 인용하여 설교하는 것이 잘못된 것은 아니지만 본문에 충실하지 못하는 경향이 있다. 회중들로 하여금 성경말씀에 친숙하게 하려면 선택한 본문을 충실하게 해석하여 설교하는 것이 바람직하다. 그리고 필자는 본문에서 끄집어낸 주제들을 중심으로 기승전결 체계에 맞추어 이야기 설교를 전개한다. 명제를 던지고, 문제점을 분석하고, 해답을 찾고, 그리고 해답의 결과를 제시하는 방식이다. 이로써 회중들이 말씀 앞에서 스스로 결단하도록 돕고자 한다.

그런데 본문중심설교에는 피하기 어려운 유혹이 있다. 본문중심설교는 연구하면 할수록 성도를 온전하게 하는 말씀을 선포하게 한다. 이는 샤머니즘에 젖어 있는 한국 교회의 정서를 뛰어넘으라는 요청이다. 물론 기복적인 설교, 웃기는 설교, 그리고 처세술을 함양하는 설교가 회중들의 마음을 사로잡는 데 효과적이다. "꿩 잡는 것이 매"라는 말이 있는데 어떻게 해서라도 교인을 많이 모으면 훌륭한 설교자라고 평가를 받는다. 본문중심설교는 이러한 유혹을 물리치고 하나님이 기뻐하시는 말씀, 하나님의 온전한 뜻을 전하는 설교를 추구한다. 이것이 하나님의 백성을 온전하게 만든다고 확신하며 소망을 갖고 이 책을 내놓는다.

  필자는 이렇게 설교를 연구하기 위하여 본문중심설교연구모임을 인도하고 있다. 한 사람의 좁은 시야를 가지고는 말씀을 온전히 해석할 수 없기 때문이다. 필자는 모임을 인도하며 많은 것을 나눈다. 그런데 말씀을 나누는 가운데 또한 많은 것을 얻는다. 본문중심설교를 위해서는 여러 사람이 함께 모여 말씀을 나누는 것이 효과적이다. 그래서 필자는 이러한 본문중심설교연구모임이 지역별로 많이 형성되기를 기원한다. 그리고 필자와 함께 오랫동안 말씀을 나누고 있는 목회자들에게 고마운 마음을 전한다.

  또한 필자가 섬기고 있는 석교교회 교우들에게도 고마운 마음을 전한다. 석교교회 강단이 있었기에 더욱 본문중심설교연구에 매진할 수 있었다. 그리고 오랫동안 주일마다 부족한 교제의 설교에 귀를 기울이고 경청하는 교우들이 있었기에 더욱 열심히 연구할 수 있었다. 그들의 사랑과 관심은 이 설교노트의 거름이 되었다. 특별히 어려울 때마다 물심양면으로 격려를 해주신 교우들에게 깊은 감사를 드린다. 그리고 항상 옆에서 힘이 되었던 가족에게 고마운 마음을 전한다.

석교동산 목양실에서
황광민

목 차

대림절 1주
　시 130 5-8 / 믿음은 기다림이다 ● 17
　말 3:1-3 / 주님의 길을 예비하라 ● 20

대림절 2주
　히 12:1-3 / 예수님을 바라보라 ● 23
　사 40:27-31 / 여호와를 앙망하라 ● 26

대림절 3주(성서주일)
　히 4:11-13 / 말씀으로 고침을 받으라 ● 29
　신 32:1-2 / 말씀이 생명이다 ● 32

대림절 4주
　요일 3:1-3 / 주를 향한 소망을 굳게 하라 ● 35
　사 40:3-5 / 주님의 길을 예비하라 ● 38

송년주일
　딤후 4:6-8 / 마지막 날을 연습하라 ● 41
　벧후 3:10-13 / 주님의 날을 대비하라 ● 44

신년주일
　창 5:21-24 / 하나님과 동행하라 ● 47
　고후 4:16-18 / 속사람을 날로 새롭게 하라 ● 50

주현절 1주
　약 4:13-17 / 하나님을 자랑하라 ● 53
　요일 1:5-7 / 하나님은 빛이시라 ● 56

주현절 2주

  눅 5:36-39 / 복음을 담아내는 성도가 되자 ● 59
  렘 2:9-13 / 하나님이 생명의 근원이다 ● 62

주현절 3주

  창 9:4-7 / 생명을 귀히 여기라 ● 65
  마 16:21-23 / 사탄아 뒤로 물러가라 ● 68

주현절 4주

  고전 7:29-35 / 하나님께 집중하라 ● 71
  사 26:1-4 / 하나님이 구원의 성벽이다 ● 74

주현절 5주

  창 50:15-21 / 믿음 안에서 생각하라 ● 77
  계 14:1-5 / 하늘의 영광을 바라보라 ● 80

주현절 6주

  요삼 1:1-4 / 진리 안에서 행하라 ● 83
  마 5:13 / 세상의 소금이 되라 ● 86

사순절 1주

  마 16:24-28 / 주님의 길로 따라 가라 ● 89
  고전 1:18-25 / 십자가의 도가 능력이다 ● 92

사순절 2주

  출 3:7-12 / 하나님은 정의를 세우신다 ● 95
  창 35:1-5 / 영적 긴장을 늦추지 말라 ● 98

사순절 3주

  욜 2:12-14 / 진정한 회개가 살길이다 ● 101
  요 3:1-8 / 거듭나야 한다 ● 104

사순절 4주
마 4:8-11 / 사탄의 유혹을 물리치라 ● 107
마 18:27-35 / 용서는 은총의 선물이다 ● 110

사순절 5주
갈 4:1-7 / 우리는 하나님의 자녀다 ● 113
습 2:1-3 / 더 나은 것을 갈망하라 ● 116

종려주일
요 12:12-19 / 주님 외로운 길을 가시다 ● 119
마 20:24-28 / 섬기는 이가 큰 사람이다 ● 122

부활주일
고전 15:42-49 / 부활이 소망이다 ● 125
마 28:1-6 / 예수님 다시 살아나셨다 ● 128

부활절 2주
마 25:1-10 / 조금 더 준비하자 ● 131
렘 14:19-22 / 늦기 전에 깨어야 한다 ● 134

부활절 3주
암 5:21-27 / 정의가 살길이다 ● 137
마 11:11-15 / 신앙생활은 영적전쟁이다 ● 140

부활절 4주
겔 43:1-5 / 성전신앙을 회복하라 ● 143
시 126:5-6 / 씨를 뿌려야 거둔다 ● 146

어린이 주일
창 22:1-4 / 하나님의 사람으로 양육하라 ● 149
전 11:9-10 / 젊은 날을 보람 있게 하라 ● 152

어버이 주일
　　신 5:16 / 효도는 명령이다 ● 155
　　엡 6:1-3 / 효도에는 약속이 있다 ● 158

부활절 7주
　　롬 1:16-17 / 믿음이 살길이다 ● 161
　　마 11:28-30 / 수고하고 무거운 짐 진 자들아 ● 164

성령강림절
　　행 19:1-7 / 성령 충만이 해답이다 ● 167
　　갈 5:22-26 / 성령을 따라 행하라 ● 170

성령강림 후 1주
　　마 22:8-14 / 거룩함으로 옷을 입으라 ● 173
　　엡 4:13-16 / 신앙의 목표를 높게 하라 ● 176

성령강림 후 2주
　　잠 1:7-9 / 영적 수준을 높여라 ● 179
　　딤 6:17-19 / 선한 일을 많이 하라 ● 182

성령강림 후 3주
　　요 6:32-36 / 예수님이 생명의 떡이다 ● 185
　　벧전 2:9-10 / 성도는 하나님의 백성이다 ● 188

성령강림 후 4주(환경선교주일)
　　창 9:11-17 / 무지개로 언약하셨다 ● 191
　　롬 8:18-22 / 피조물들이 탄식하고 있다 ● 194

성령강림 후 5주
　　삼상 1:9-18 / 믿음의 기도로 절망을 이겨라 ● 197
　　렘 7:1-7 / 예배의 본질을 회복하라 ● 200

맥추감사주일
  시 100:1-5 / 감사하는 사람은 복되다 ● 203
  신 16:9-12 / 맥추절을 기쁨으로 지켜라 ● 206

성령강림 후 7주
  약 1:12-18 / 시험을 이겨라 ● 209
  약 1:19-21 / 온유한 사람이 되라 ● 212

성령강림 후 8주
  사 29:9-12 / 정신 차려야 산다 ● 215
  눅 21:34-37 / 항상 깨어 있으라 ● 218

성령강림 후 9주
  눅 7:31-35 / 하나님의 나라는 외롭다 ● 221
  수 14:13-15 / 하나님의 약속은 이루어진다 ● 224

성령강림 후 10주
  시 90:10-12 / 짧은 인생을 어이할까? ● 227
  롬 1:1-6 / 믿음의 순종이 필요하다 ● 230

성령강림 후 11주
  창 13:5-11 / 함께 살아야 한다 ● 233
  요 4:13-19 / 끝없는 욕망 어찌하나? ● 236

성령강림 후 12주(광복절)
  겔 37:15-23 / 주의 손에서 하나가 되리라 ● 239
  미 7:1-4 / 남은 자가 희망이다 ● 242

성령강림 후 13주
  창 1:1-5 / 창조신앙이 희망이다 ● 245
  고후 9:6-9 / 헌신은 복의 근원이다 ● 248

성령강림 후 14주
  눅 6:46-49 / 말씀을 듣고 행하라 ● 251
  렘 9:23-24 / 선행으로 자랑하라 ● 254

창조절 1주(왕국절 1주)
  창 1:26-28 / 하나님의 형상을 회복하라 ● 257
  약 2:18-22 / 행함으로 믿음을 보이라 ● 260

창조절 2주(왕국절 2주)
  롬 14:16-23 / 서로 덕을 세워라 ● 263
  시 24:1-6 / 여호와의 산에 오를 사람 ● 266

창조절 3주(왕국절 3주)
  사 2:1-4 / 칼을 쳐서 보습을 만들라 ● 269
  눅 13:6-9 / 어찌 땅만 버리게 하느냐 ● 272

창조절 4주(왕국절 4주)
  계 13:16-18 / 짐승의 표를 거부하라 ● 275
  겔 22:17-22 / 평화는 값을 치러야 한다 ● 278

세계성찬주일
  히 6:4-8 / 완전한 데로 나아가라 ● 281
  고전 10:1-5 / 신령한 떡을 먹는 사람들 ● 284

창조절 6주(왕국절 6주)
  호 2:14-17 / 주님의 인도를 따르라 ● 287
  호 7:8-12 / 세속화를 경계하라 ● 290

창조절 7주(왕국절 7주)
  전 7:23-26 / 죄는 사망보다 더 쓰다 ● 293
  딤후 2:20-21 / 깨끗한 그릇이 되라 ● 296

창조절 8주(왕국절 8주)
　　　눅 11:33-36 / 빛이 어둡지 아니한가 보라 ● 299
　　　아 2:15-17 / 하나님께 온전히 속하라 ● 302

창조절 9주(왕국절 9주)
　　　호 10:12-15 / 묵은 땅을 기경하라 ● 305
　　　빌 3:7-9 / 믿음의 의를 이루라 ● 308

창조절 10주(왕국절 10절)
　　　마 5:23-26 / 먼저 가서 사화하라 ● 311
　　　잠 11:9-11 / 복의 근원이 되라 ● 314

추수감사절
　　　살전 5:16-18 / 감사는 행복의 근원이다 ● 317
　　　시 50:23 / 감사는 신앙의 기본이다 ● 320

창조절 12주(왕국절 12주)
　　　마 6장 31-33 / 가치관이 중요하다 ● 323
　　　빌 2장 12-16 / 두렵고 떨림으로 구원을 이루라 ● 326

시편 130편 5-8절
믿음은 기다림이다

나 곧 내 영혼은 여호와를 기다리며 나는 주의 말씀을 바라는도다 파수꾼이 아침을 기다림보다 내 영혼이 주를 더 기다리나니 참으로 파수꾼이 아침을 기다림보다 더하도다(5-6절).

가. 믿음은 여호와를 기다리는 것이다.

5절, "나 곧 내 영혼이 여호와를 기다리며…"

* 본문은 헤아릴 수 없는 깊은 고통 가운데서 하나님의 구속을 바라고 부르짖는 시 중의 하나다(1절 참조). 이것은 후에 성전에 올라가면서 부르는 노래로 선정되었다. 여호와께 나아가는 사람은 하나님을 기다리고 그의 은총을 기대하며 나아간다.

* 여기서 '기다리다'(קוה 카바)는 '함께 묶다'와 '강건하다'라는 뜻을 갖고 있다. 즉 기다림의 목적은 하나님과 연합하여 영과 육이 강건하게 되는 것이다. 이사야는 "오직 여호와를 앙망하는(קוה 카바, 연합하는) 자는 새 힘을 얻으리니(강건하게 되어) 독수리가 날개치며 올라감 같을 것이며 달음박질하여도 곤비하지 아니하겠고 걸어가도 피곤하지 아니하리로다"라고 하였다(사40:31). 이 말씀은 하나님을 기다리는 것이 어떤 의미가 있는지를 잘 보여준다.

* 성도는 항상 주님과의 새로운 연합을 기대하며 기다리는 믿음으로 살아야 한다. 우리는 주님을 앙망하는 가운데 그와 인격적으로 연합하고 결국 그의 능력에 연합하여 강건하게 됨을 믿는다.

나. 능력보다 말씀이 우선이다.

5절, "나는 주의 말씀을 바라는도다."

* 또한 본문에서 '기다리다'(חכה카바)는 '기대하다'와 '바라다'라는 뜻을 갖고 있다. 우리가 하나님을 기다림에는 기대하는 것이 있다. 우리는 무엇을 기대할 것인가? 우선 하나님의 복 주심을 기대하는 사람들이 많다. 또한 하나님의 능력주심을 기대하는 사람들도 많다. 사람들은 그의 신비의 능력을 기대한다. 그런데 하나님의 성품에 참여하고자 그의 말씀을 기대하고 바라는 것이 중요하다. 시인은 큰 고통 가운데서 구할 것이 많았을 것이지만 무엇보다 하나님의 말씀을 사모하였다.

* 여기서 '말씀'(דבר다바르)의 어원은 '정돈하다' 또는 '인도하다'라는 말이다. 즉 하나님의 말씀은 무질서를 질서로 바꾸어 보기에 좋게 하며, 어둠에서 빛으로 인도하는 능력이 있다. 그러므로 하나님의 능력보다 그의 말씀을 우선적으로 구해야 한다.

* 솔로몬은 일천번제를 드린 후에 하나님이 소원이 무엇이냐고 물으셨을 때에 "송사를 듣고 분별하는 지혜"를 구하였다. 솔로몬은 장수, 원수의 생명, 부귀, 영광을 구하지 않고 하나님의 지혜의 말씀(דבר다바르)을 구하였다(열왕기상 3장 참조). 하나님은 이것을 기뻐하셨다.

다. 간절한 마음으로 기다려야 한다.

6절, "파수꾼이 아침을 기다림보다 내 영혼이 더 기다리나니..."

* 그러면 어떻게 기다려야 하나? 파수꾼의 기다림은 간절한 기다림의 상징이다. 시인의 영혼은 파수꾼보다 더 간절하게 하나님을 기다린다. 기다림의 주체인 영혼(נפש네피쉬)은 인간의 지, 정, 의를 포함하는 인간의 실체다. 그러므로 기다림은 인간의 지, 정, 의를 총동원하는 간절한 기다림이어야 한다.

* 파수꾼이 아침이 분명히 오는 것을 확신하고 기다리듯이 우리는 "하나님께 나아가는 자는 반드시 그가 계신 것과 그를 찾는 자들에게 상 주시는

이심을 믿어야" 한다(히11:6). 이것은 오지도 않는 고도를 무료하게 허무함으로 기다리는 것과는 전혀 다르다(사무엘 베케트의 '고도를 기다리며'를 참조). 인생을 허무한 기다림만으로는 살아 갈 수 없다.

　＊ 파수꾼이 추운 새벽을 이기고 아침을 기다리듯이 성도는 때가 될 때까지 인내로써 기다려야 한다. 파수꾼의 심정처럼 성도는 간절한 마음으로 기다려야 한다(강조).

라. 주님과 연합하면 풍성한 은총이 있다.

7절, "이스라엘아 여호와를 바랄지어다 여호와께서는 인자하심과 풍성한 속량이 있음이라."

　＊ 시인은 깊은 고통 가운데서 하나님의 구속을 바라고 부르짖어 간구하며 하나님의 도우심을 기다렸다. 그는 여호와의 인자하심과 풍성한 속량이 있음을 믿고 기다렸다. 여호와를 기다림은 고도를 기다림과 달리 무료함과 허무함으로 끝나지 않는다.

　＊ 여호와를 기다리는 가운데 그의 말씀 안에서 그와 연합한 자는 신의 성품에 참여한다. 이처럼 성도가 신의 성품에 참여함으로 하나님을 닮은 사람이 된다. 그래서 사람들에게 존경받고 하나님께 사랑받는 귀한 인물이 된다. 마치 큰 바위 얼굴을 간절히 기다리던 어니스트가 마침내 큰 바위 얼굴을 닮게 되었던 것과 같다(나사니엘 호손의 '큰 바위 얼굴' 참조). 성도는 영원한 큰 바위 얼굴이신 예수님을 사모해야 한다.

　＊ 그리고 하나님과 인격적으로 연합하면 그의 능력에도 연합한다. 하나님은 지혜의 말씀을 구한 솔로몬에게 지혜뿐만 아니라 모든 복 즉 장수, 원수의 생명, 부귀, 영광을 주셨다. 하나님은 먼저 그의 나라와 그의 의를 구하는 사람들을 기뻐하시며, 그들에게는 필요한 모든 것 즉 먹을 것, 마실 것, 입을 것을 주신다.

말라기 3장 1-3절
주님의 길을 예비하라

그가 임하시는 날을 누가 능히 당하며 그가 나타나는 때에 누가 능히 서리요 그는 금을 연단하는 자의 불과 표백하는 자의 잿물과 같을 것이라(2절).

가. 큰 기대를 갖고 주님을 사모하라.

1절, "보라 내가 내 사자를 보내리니 그가 내 앞에서 길을 준비할 것이요 또 너희가 구하는 바 주가 갑자기 그의 성전에 임하시리니 곧 너희가 사모하는 바 언약의 사자가 임하실 것이라."

* 본문은 메시아 예언에 관한 말씀이다. 이 말씀은 세례 요한과 예수 그리스도가 오심으로 성취되었다. 요한은 주님 앞에서 길을 준비하는 사자로, 예수님은 이스라엘 백성이 사모하던 언약의 사자로 강림하셨다. 여기서 세례 요한은 주님의 길을 준비하는 사람들의 모델이다.

* 주님의 길을 예비하는 성도는 우선 그를 진정으로 사모해야 한다. 여기서 '사모하다'(하페츠)는 '기대하다' 또는 '기뻐하다' 라는 뜻을 갖고 있다. 즉 사모한다는 것은 큰 기대를 가지고 기쁨으로 기다리는 것을 말한다. 이런 차원에서 유대인들은 정치적 메시아를 사모하고 있었다.

* 진정으로 기대해야 할 것은 주님과의 인격적 연합이다. 주님의 능력에 연합하기를 원하기 보다는 먼저 그의 성품에 연합하기를 기대해야 한다. 신비적이고 기복적인 정치적 메시아를 기대하는 것은 옳지 않다. 하나님과의 인격적으로 연합해야 그의 능력에 연합하게 된다.

나. 주님의 길은 회개로 준비해야 한다.

2절, "그가 임하시는 날을 누가 능히 당하며 그가 나타나는 때에 누가 능히 서리요."

＊ 본문은 주님의 길을 철저하게 준비해야 한다는 말씀이다. 주님이 임하실 때 그 앞에 당당하게 설 수 있는 사람이 없기 대문이다. 베드로가 주님 앞에서 무릎을 꿇고 엎드려 "주여 나를 떠나소서 나는 죄인이로소이다"라고 한 것을 참조하라(눅5:8). 이사야도 같은 체험을 하였다(사6:1-8).

＊ 주님을 사모하기는 하는데 준비를 제대로 하지 않는 것이 문제다. 그런데 '준비하다'(파나)는 '길을 예비하다' 또는 '깨끗이 치우다' 라는 뜻이다. 그러므로 주님의 길은 회개로 준비해야 한다. 불의를 행하던 사람들이 돌아와서 하나님의 의를 추구하는 사람이 되는 진정한 회개가 있어야 한다.

＊ 요한은 사역을 시작하며 "회개하라 천국이 가까이 왔느니라"라고 외쳤고, 또 "광야에 외치는 자의 소리가 있어 이르되 너희는 주의 길을 준비하라 그가 오실 길을 곧게 하라"고 하였다(마3:2-3). 회개를 통하여 모든 골짜기가 메워지고, 모든 산과 작은 산이 낮아지고, 굽은 것이 곧아지고, 그리고 험한 길은 평탄하게 되어야 한다(눅3:5). 회개는 정의와 공의의 열매를 맺어야 하다.

다. 주님의 연단을 각오해야 한다.

3절, "그가 은을 연단하여 깨끗하게 하는 자 같이 앉아서 레위 자손을 깨끗하게 하되 금, 은 같이 그들을 연단하리니."

＊ 본문은 강림하실 주님을 연단하는 이로 소개한다. 그는 "금을 연단하는 자의 불과 같고 표백하는 자의 잿물과 같을 것이라"고 하였다(2절b). 주님은 성도를 연단하여 깨끗하게 하시는 분이다.

＊ 여기서 '연단하다'(차라프)는 '녹이다' 와 '정련하다' 라는 뜻을 갖고 있다. 연단은 금이나 은을 깨뜨리고, 녹이고, 정련해서 순금을 만드는 것을

말한다. 그리고 연단의 목표는 깨끗하게 하는(טהר 타헤르) 것이고, 결국 빛나게 하는(טהר 타헤르) 것이다. 성도들은 주님의 연단을 통하여 정금 같은 믿음의 사람이 되어야 한다. 이로써 하나님의 자녀답게 의의 열매를 맺는 사람이 되어야 한다.

* 여기서 하나님이 레위 자손을 깨끗하게 하시는 목적이 분명해진다. 당시 성전을 섬기던 레위 자손들은 믿는 자들을 대표한다. 그런데 당시의 레위 자손들의 형식적인 믿음으로는 하나님을 기쁘시게 할 수 없었다. 그러므로 성도는 주님의 연단으로 정금 같은 믿음의 자녀로 변화되어야 한다.

라. 정금 같은 믿음이 언약을 회복한다.

3절, "그들이 공의로운 제물로 나 여호와께 바칠 것이라."

* 본문은 정금 같은 믿음의 사람들이 공의로 드리는 제사를 하나님께서 받으시겠다는 약속의 말씀이다. 주님의 연단은 성도를 하나님의 자녀답게 만든다. 그리고 성도가 하나님의 자녀답게 되어야 하나님께 공의로운 제물로 예배를 드릴 수 있다. 정금 같은 믿음이 하나님을 기쁘시게 한다.

* 공의로운 제물은 제물의 문제가 아니다. 이는 제사를 드리는 사람의 문제다. 드리는 사람이 불의하면 제물도 불의한 제물이 된다. 하나님은 악을 행하는 사람들의 제사를 강하게 거부하신다. "헛된 제물을 다시 가져오지 말라 분향은 내가 가증히 여기는 바요 월삭과 안식일과 대회로 모이는 것도 그러하니 성회와 아울러 악을 행하는 것을 내가 견디지 못하겠노라"라고 하셨다(사1:13).

* 하나님은 공의로운 제물을 받으신다. 그리고 제사(예배)를 받으시는 것은 언약이 회복되었음을 뜻한다. 이로써 하나님은 우리의 하나님이 되시고, 우리는 그의 백성이 된다. 그리고 언약이 회복되면 하나님의 능력에 연합하게 되고 하나님이 약속하신 대로 복의 사람이 된다.

 **히브리서 12장 1-3절**

예수님을 바라보라

믿음의 주요 또 온전하게 하시는 이인 예수를 바라보자 그는 그 앞에 있는 기쁨을 위하여 십자가를 참으사 부끄러움을 개의치 아니하시더니 하나님 보좌 우편에 앉으셨느니라(2절).

가. 신앙생활은 경주와 같다.

1절, "우리에게 구름 같이 둘러싼 허다한 증인들이 있으니 모든 무거운 것과 얽매이기 쉬운 죄를 벗어버리고 인내로써 우리 앞에 당한 경주를 하며…"

* 본문은 신앙생활을 힘차게 달려야 하는 경주에 비유한 말씀이다. 여기서 '경주'(ἀγών아곤)는 '투쟁'과 '싸움'이라는 뜻을 갖고 있다. 그리고 '달리다'(τρέχω트레코)는 '힘써 나아가다'라는 뜻을 갖고 있다. 이처럼 신앙생활은 쉽게 할 수 있는 것이 아니다. 신앙생활은 힘써 노력해야 달려갈 수 있는 경주와 같다.

* 그런데 신앙의 경주는 선택사항이 아니다. 이것은 하면 좋고 하지 않아도 괜찮은 일이 아니다. 본문에서 '우리 앞에 당한'(πρόκειμα프로케이마, 수동, 디포)이라는 단어는 신앙의 경주가 하나님이 요구하시는 것이지만 우리는 기쁨으로 힘써 달려가야 한다는 것을 보여준다.

* 신앙생활은 경주와 같이 최선을 다해야 한다. 경주에서 승리하기 위하여 무거운 것을 벗어버려야 하듯이 신앙생활에서도 무거운 것(욕망, 집착 등)과 얽매이기 쉬운 죄를 벗어버려야 한다. 경주하는 사람이 운동을 계속하듯이 성도는 목표를 바라보고 힘차게 달려야 한다.

나. 신앙의 경주를 포기하면 안 된다.

3절, "너희가 피곤하여 낙심하지 않기 위하여…"

* 본문은 신앙생활에서 낙심하는 사람들에게 주시는 말씀이다. 사실 많은 성도들이 신앙생활을 힘들어 한다. 신앙의 거장 엘리야도 신앙의 경주에서 피곤하여 낙심한 적이 있다. 그는 이세벨의 협박으로 두려움에 사로잡혀 멀리 피신하였고, 로뎀나무(빗자루나무) 아래에 누워 쓰레기처럼 치워지기를 바랐다(왕상19:5). 성도들은 엘리야의 전철을 밟지 않도록 경계해야 한다.

* 신앙생활에는 인내가 필요하다. 예수님은 자신을 거역하는 이들을 참으셨다. 여기서 '인내'(ὑπομονή휘포모네)는 '아래에서 견디다'라는 뜻이다. 이것은 배 위에 있는 선장의 인내가 아니다. 이는 배 밑에서 노를 젓는 노예들의 인내를 가리킨다. 심히 힘들고 어려운 형편에서도 견뎌내는 인내가 필요하다.

* 그러므로 신앙의 경주가 아무리 어려워도 적당히 하거나 낙심하고 포기해서는 안 된다. 신앙의 경주는 필수다. 신앙의 경주를 포기하는 것은 영생을 포기하는 것이다. 성도는 이를 반드시 완주해야 한다. 구름 같이 둘러싼 허다한 증인들의 격려와 응원에 힘입고 최선을 다하여 달려야 한다.

다. 예수님을 바라보고 달려야 한다.

2절, "믿음의 주요 또 온전하게 하시는 이인 예수를 바라보자 그는 그 앞에 있는 기쁨을 위하여 십자가를 참으사 부끄러움을 개의치 아니하시더니 하나님 보좌 우편에 앉으셨느니라."

* 경주를 잘 하려면 목표가 분명해야 한다. 신앙생활에서 목표는 예수 그리스도이시다. 여기서 '바라보다'(ἀφοράω아포라오)는 '시선을 고정시키다'라는 뜻이다. 그러므로 신앙생활을 잘 하려면 신앙의 경주를 완주하신 예수님에게 시선을 고정시키고, 집중하고, 바라보고 달려야 한다.

* 예수님은 믿음의 주(창시자, 칭의의 주)요 또 온전하게 하시는 분(완주자, 성화의 주)이시다. 예수님은 칭의의 기초가 되시며 또한 성화의 모델이시다. 그러므로 신앙의 경주를 잘 하려면 그리스도를 믿을 뿐만 아니라 그리스도의 믿음을 따르는 일에 최선을 다해야 한다.

* 예수님은 신앙경주를 완주하기 위하여 십자가를 참으시고 부끄러움을 개의치 아니하셨다. 그는 자신을 거역하는 이들도 참으셨다. 성도들은 원래 하나님과 동등한 분이시지만 육체를 입고 세상에 오셔서 가장 낮은 곳에서 인내하시며 신앙의 경주를 완주하신 예수님을 바라보고 달려야 한다.

라. 신앙의 경주를 마치면 영광이 있다.

2절, "그는 그 앞에 있는 기쁨을 위하여 십자가를 참으사 부끄러움을 개의치 아니하시더니 하나님 보좌 우편에 앉으셨느니라."

* 신앙의 경주에는 반전이 있다. 세상에서 부끄러운 십자가를 참으시고 구원을 완성하신 예수님이 하늘에서는 하나님의 보좌 우편에 앉아 계신다. 즉 십자가 뒤에는 영광이 있다.

* 땅에서는 영화를 누렸으나 하늘에서는 고통을 당하는 부자와 세상에서는 고통 가운데 살았으나 하늘에서는 아브라함의 품에 안겨 안식을 누리는 나사로의 이야기는 신앙경주의 반전을 보여준다.

* 스데반은 돌에 맞아 순교하는 순간에 하늘이 열리고 인자가 하나님의 보좌 우편에 서신 것을 보았다(행7:56). 예수님은 인자로서 고난의 종의 길을 가셨으나 결국은 하나님의 보좌 우편에 계시며 하늘의 영광을 누리신다. 이것이 스데반의 소망이었고 우리의 소망이다. 예수님은 자기를 낮추시고 죽기까지 복종하시며 십자가를 지셨다. 그런데 하나님은 그를 지극히 높여 모든 이름 위에 뛰어난 이름을 주시고 모든 사람들로 하여금 그 앞에 무릎을 꿇게 하셨다(빌2:8-10).

이사야 40장 27-31절
여호와를 앙망하라

오직 여호와를 앙망하는 자는 새 힘을 얻으리니 독수리가 날개 치며 올라감 같을 것이요 달음박질하여도 곤비하지 아니하겠고 걸어가도 피곤하지 아니하리로다(31절).

가. 하나님은 전능하신 창조주이시다.

28절, "너는 알지 못하였느냐 듣지 못하였느냐 영원하신 하나님 여호와, 땅 끝까지 창조하신 이는 피곤하지 않으시며 곤비하지 않으시며 명철이 한이 없으시며…"

* 본문은 바빌론에 끌려가 있는 이스라엘 포로들을 위로하기 위하여 주신 말씀이다. 절망 가운데 빠져있는 그들에게 유일한 희망은 오직 여호와 하나님이시다. 하나님은 "피곤한 자에게는 능력을 주시며 무능한 자에게는 힘을 더하시나니" 곤고한 자들에게 희망이 되신다(29절).

* 본문에서 소개하고 있는 하나님(אֱלֹהִים 엘로힘)은 천지를 창조하신 전능하신 하나님이시다. 그는 '땅 끝까지' 창조하신 분, 즉 '세상의 모든 것'을 창조하신 분이시다. 그런데 여기서 '창조'(בֹּרֵא 보레, 분사)는 하나님이 지금도 여전히 창조하고 계신다는 것을 보여준다.

* 하나님은 천지를 말씀으로 창조하셨다. 이것은 무에서 유를 창조하셨다는 것을 의미한다. 창조 이야기의 핵심은 '있으라' 하시니 '있었고' 그리고 '보시기에 좋았더라' 라는 말씀에 있다. "하나님이 이르시되 빛이 있으라 하시니 빛이 있었고 빛이 하나님이 보시기에 좋았더라"(창1:3-4).

나. 하나님은 우리의 모든 사정을 아신다.

27절, "야곱아 어찌하여 네가 말하며 이스라엘아 너가 이르기를 내 길은 여호와께 숨겨졌으며 내 송사는 내 하나님에게서 벗어난다 하느냐."

* 이러한 변론은 당시에 이스라엘 백성들이 하나님께 원망하던 것들이다. "내 길(사정)이 여호와께 숨겨졌다" 또는 "내 송사(억울한 것)가 하나님에게서 벗어났다"는 주장은 오해에서 비롯된 것이다. 문제는 하나님께서 백성들의 사정을 모르시기 때문이 아니라 백성들이 하나님을 떠났기 때문이다. 하나님은 변함이 없으시다.

* 하나님은 우리의 모든 사정을 알고 계신다. 예수님은 "무엇을 먹을까, 무엇을 입을까, 무엇을 마실까를 염려하지 말라"고 하시며 "너희 하늘 아버지께서 이 모든 것이 너희에게 있어야 할 줄을 아시느니라"라고 하셨다(마6:32). 문제가 우리에게 있음을 알아야 한다.

* 다윗은 "주께서 나의 의와 송사를 변호하셨으며 보좌에 앉으사 의롭게 심판하셨나이다"라고 하였다(시9:4). 또한 "공의로 세계를 심판하심이여 정직으로 만민에게 판결을 내리시리로다"라고 하였다(시9:8). 하나님은 더딘 것 같으나 분명히 살피시고 의롭게 판단하신다. 신정론을 참조하라.

다. 여호와를 앙망하라.

31절, "오직 여호와를 앙망하는 자는 새 힘을 얻으리니..."

* 전능하신 여호와 하나님의 돌보심을 받으려면 그를 앙망해야 한다. 사람이 하나님을 무시하면 하나님도 그를 무시하시며, 사람이 하나님을 존중하면 하나님도 그를 존중하신다(삼상2:30b). "나를 사랑하는 자들이 나의 사랑을 입으며 나를 간절히 찾는 자들이 나를 만날 것이니라"라고 하였다(잠8:17).

* 여기서 '앙망하다' (קוה 카바)는 '함께 묶다'와 '연합하다'라는 뜻을 갖고 있다. 즉 하나님을 앙망하는 것은 하나님과 연합하는 것이다. 중요한 것은 추상적인 앙망함이 아니라 구체적으로 하나님과 인격적으로 연합해야

한다는 점이다. 그리스도를 믿음은 그리스도의 믿음과 그의 의를 따르는 것이 되어야 하고, 주님을 사랑하는 자는 그의 계명을 지켜야 한다는 말씀과 같다.

　＊ 그리고 하나님과 연합한다는 것은 그의 말씀을 따라 그와 같은 길을 가는 것을 뜻한다. 그러므로 하나님의 능력을 기대하기 전에 그의 말씀을 우선적으로 앙망해야 한다. 하나님의 말씀을 실천하여 그의 성품에 참여하고 인격적으로 연합하는 것이 신앙의 목표다.

　라. 여호와를 앙망하면 새 힘을 주신다.
　31절, "오직 여호와를 앙망하는 자는 새 힘을 얻으리니 독수리가 날개치며 올라감 같을 것이요 달음박질하여도 곤비하지 아니하겠고 걸어가도 피곤하지 아니하리로다."

　＊ 여기서 '앙망하다'(קָוָה 카바)는 '꼬아서 함께 묶다' 라는 뜻에서 '튼튼하다' 라는 뜻도 갖고 있다. 연약한 사람도 하나님과 함께 묶이면 튼튼하게 된다. 실이 밧줄에 함께 묶이면 튼튼해지는 것과 같다.

　＊ 하나님은 그를 앙망하고 그와 연합하는 자들에게 새 힘을 주신다. "소년이라도 피곤하며 곤비하며 장정이라도 넘어지며 쓰러지되" 여호와를 앙망하는 자들에게는 새 힘을 주셔서 "독수리가 날개치며 올라감 같을 것이요 달음박질하여도 곤비하지 아니하겠고 걸어가도 피곤하지 아니하리로다"라고 하였다(30-31절). 하나님이 힘을 주시면 세상을 이길 수 있다는 것을 믿어야 한다.

　＊ 인생은 질그릇과 같다. 그러나 보배이신 그리스도를 담으면 새 힘을 얻는다. "우리가 사방으로 우겨쌈을 당하여도 싸이지 아니하며 답답한 일을 당하여도 낙심하지 아니하며 박해를 받아도 버린 바 되지 아니하며 거꾸러뜨림을 당하여도 망하지 아니하고"라는 말씀을 참조하라(고후4:8-9).

히브리서 4장 11-13절
말씀으로 고침을 받으라

하나님의 말씀은 살아 있고 활력이 있어 좌우에 날선 어떤 검보다도 예리하여 혼과 영과 및 관절과 골수를 찔러 쪼개기까지 하며 또 마음의 생각과 뜻을 판단하나니(12절).

가. 안식에 들어가기를 힘써야 한다.

11절, "그러므로 우리가 저 안식에 들어가기를 힘쓸지니…"

* 성도는 하나님의 안식에 들어갈 수 있도록 신앙생활에 힘써야 한다. 여기서 힘써야 할 이유는 안식에 들어가지 못할 사람들이 많기 때문이다. "그러므로 우리가 두려워할지니 그의 안식에 들어갈 약속이 남아 있을지라도 너희 중에 혹 이르지 못할 자가 있을까 함이라"고 하였다(1절).

* 여기서 '두려워할지니'(수동, 디포, 과거, 명령)는 경각심을 갖고 두려워할 것을 요구한다. 즉 우리가 두려워하되(디포), 심판을 받아 지옥에 떨어질 것에 대한 강한 공포심 때문에 두려워해야 하며(수동), 더욱이 오늘이 그 마지막 날이 될 수 있다는 긴급성에서 두려워해야 한다(과거). 전도자의 멘트에 "오늘 죽으면 천국에 갈 수 있습니까"라고 묻는 것은 바로 이러한 두려움을 갖고 신앙생활에 임하라는 것이다.

* 본문에 '힘쓰라'는 과거형 명령이다. 이것은 오늘 끝장낼 각오로 힘쓰라는 말이다. 현재형 명령에는 긴급성이 없다. 즉 오늘 못하면 내일 하고, 내일 못하면 모레하고, 금년에 못하면 내년에 한다는 식으로 여유를 가지면 안 된다.

나. 문제는 불순종이다.

11절, "이는 누구든지 저 순종하지 아니하는 본에 빠지지 않게 하려 함이라."

＊ 신앙생활에서 최대의 걸림돌은 불순종이다. 불순종(ἀπείθεια아페이데이아)은 '신뢰하다'에서 유래하였는데 '믿음 없음'을 뜻한다. 하나님을 믿지 못하므로 그의 말씀을 따르지 않는 것이다. 그런데 불순종은 우리로 하여금 약속하신 안식에 이르지 못하게 한다. 하나님은 순종하는 믿음을 원하신다.

＊ 불순종은 에덴동산에서부터 시작되었다. 아담과 하와는 사탄의 유혹을 받아 하나님의 말씀을 의심하고 그의 명령에 불순종하였다. 그리고 결국은 저주를 받아 에덴동산에서 쫓겨났으며 고통이 넘치는 삶을 살게 되었다(창세기2-3장 참조). 인생 역사에 비극의 시작은 불순종에 있었다. 불순종이 고통의 씨앗이다.

＊ 이스라엘 백성들은 광야생활 40년 동안 불순종의 본보기를 많이 보여주었다. "그들 가운데 어떤 사람들이 주를 시험하다가 뱀에게 멸망하였나니 우리는 그들과 같이 시험하지 말자 그들 가운데 어떤 사람들이 원망하다가 멸망시키는 자에게 멸망하였나니 너희는 그들과 같이 원망하지 말라 그들에게 일어난 이런 일은 본보기가 되고"라고 하였다(고전10:9-11). 성도는 이를 타산지석의 교훈으로 삼아야 한다.

다. 말씀으로 고침을 받아야 한다.

12절, "하나님의 말씀은 살아 있고 활력이 있어 좌우에 날선 어떤 검보다도 예리하여 혼과 영과 및 관절과 골수를 찔러 쪼개기까지 하며 또 마음의 생각과 뜻을 판단하나니..."

＊ 하나님의 말씀은 성령의 감동으로 된 것으로 역사하는 힘이 크다. 하나님의 말씀에는 엔돌핀보다 수천 배나 강력한 성령의 감동을 분출하여 사람들을 변화시키는 능력이 있다.

＊ 또한 하나님의 말씀은 성령의 검이다. 이것은 우리의 혼과 영과 및 관

절과 골수까지 쪼개어 죄의 병을 치료한다. 하나님의 말씀은 우리의 의식세계뿐만 아니라 잠재의식의 세계까지 치료한다. 우리의 잠재의식(무의식)에는 아주 많은 영적 쓰레기들이 쌓여있다. 하나님의 말씀으로 의식세계와 더불어 잠재의식의 세계까지 치료해야 온전한 성도가 될 수 있다.

* 우리의 영혼을 치료하는 것은 말씀으로 영적 가지치기를 통해서 가능하다(요한복음 15장 포도나무 비유 참조). "너희는 내가 일러준 말로 깨끗하여졌으니"라고 하였다(요15:3). 육체의 욕심과 불순종의 죄의 경향성까지 가지치기를 해야 신앙성장을 온전히 이룰 수 있다.

라. 말씀에 선 사람이 하나님의 결산을 통과한다.

13절, "지으신 것이 하나도 그 앞에 나타나지 않음이 없고 우리의 결산을 받으실 이의 눈앞에 만물이 벌거벗은 것 같이 드러나느니라."

* 하나님과 우리 사이에는 계산할 것이 있다. 우리는 때가 되면 하나님 앞에서 삶을 청산해야 한다. 본문에 나오는 '결산(λόγος 로고스)'이 바로 우리가 청산해야 할 것이다. 결산은 하나님의 헤아림(로고스)이며 거기에서는 우리의 모든 것이 드러난다. 자기공명영상(MRI)을 통하여 몸의 구석구석을 살필 수 있듯이, CCTV를 통하여 은밀한 것까지 파악할 수 있듯이 하나님은 우리의 모든 것을 헤아리신다.

* 하나님 앞에 모든 것은 분명하게 '드러난다'(분사, 완료, 수동). 우리의 모든 악한 것들이 철저하게(완료), 피할 수 없도록 충분히(분사), 하나님의 섭리에 의해 드러난다(수동). 그런데 하나님의 말씀(λόγος 로고스)으로 고침을 받은 사람만이 이러한 하나님의 헤아림의 결산(λόγος 로고스)을 통과할 수 있다. 하나님의 말씀으로 고침을 받고 신앙생활에 힘쓰는 사람이 하나님의 안식에 들어간다.

신명기 32장 1-2절
말씀이 생명이다

하늘이여 귀를 기울이라 내가 말하리라 땅은 내 입의 말을 들을지어다 내 교훈은 비처럼 내리고 내 말은 이슬처럼 맺히나니 연한 풀 위의 가는 비 같고 채소 위의 단비 같도다(1-2절).

가. 하나님의 말씀은 은혜의 선물이다.

2절, "내 교훈은 비처럼 내리고…"

* 본문은 모세가 백성들에게 가르쳐 읽게 한 시의 서문이다. 여기서 말하는 교훈이나 말은 모세를 통해 주신 하나님의 말씀을 가리킨다. 그리고 본문은 말씀이 하나님께서 내려 주시는 은혜라는 점을 상기시킨다. 본문에서 "내 교훈은 비처럼 내리고"가 이를 잘 보여준다.

* 이스라엘 백성들은 비를 소중히 여긴다. 이스라엘에는 비가 적게 오기 때문에 그들은 '이른 비'와 '늦은 비'를 간절히 기다린다. "여호와께서 너희의 땅에 이른 비, 늦은 비를 적당한 때에 내리시리니 너희가 곡식과 포도주와 기름을 얻을 것이요"라고 하였다(신11:14). 농사를 위하여 비가 절대로 필요하듯이 성도의 신앙성장을 위해서는 은혜의 말씀이 필요하다.

* 하나님의 말씀이 은혜인 것은 말씀이 계시이기 때문이다. 백성들이 경험을 통하여 몸소 배워야 할 것을 하나님은 계시를 통해 보여주셨다. 이것은 사람들이 애써서 얻는 깨달음의 수준을 훨씬 뛰어넘는다. 이것은 사람들이 한평생 경험으로 얻을 수 있는 지식의 수준보다 훨씬 높다. 하나님의 귀한 말씀을 받은 것은 사실 큰 은총이다.

나. 하나님의 말씀에는 생명이 있다.

2절, "내 교훈은 비처럼 내리고 내 말은 이슬처럼 맺히나니 연한 풀 위의 가는 비 같고 채소 위의 단비 같도다."

* 본문에서 모세는 말씀을 이슬과 같다, 가는 비와 같다, 그리고 단비와 같다고 하였다. 이슬 같은 작은 것에서 시작하여 큰 비에 이르기까지 다양한 비에 비유하여 하나님의 말씀을 소개하고 있다. 이처럼 다양한 비가 내리듯이 말씀도 성도들에게 다양한 은혜와 능력을 끼친다. 이를 시적인 감각으로 읽으면 은혜가 된다.

* 이슬(טל탈)은 '덮다' 또는 '보호하다'를 뜻하는 '탈랄'에서 유래하였다. 즉 이슬 같은 하나님의 말씀은 성도들을 보호하고 형통하게 하는 능력이 있다. 또한 '가는 비'(שעיר사이르)는 '떨다' 또는 '두려움을 느끼다'를 뜻하는 '사아르'에서 유래하였다. 즉 가는 비와 같은 말씀은 죄에 대하여 두려움을 느끼게 하고 두렵고 떨림으로 구원을 이루게 한다. 그리고 단비(רביבים리비브)는 '가까이 가다'를 뜻하는 '카라브'에서 유래하였다. 그래서 단비 같은 말씀은 하나님께 가까이 나아가게 한다.

* 이처럼 하나님의 말씀에는 성도를 보호하며 성장하게 하며 온전하게 하는 생명의 능력이 있다. 시인은 "주의 말씀은 내 발의 등이요 내 길에 빛이니이다"라고 하였다(시119:105).

다. 하나님의 말씀에 순종하여야 한다.

1절, "하늘이여 귀를 기울이라 내가 말하리라 땅은 내 입의 말을 들을지어다."

* 본문은 언약의 말씀이다. 여기서 "하늘이여 귀를 기울이라, 땅은 들을지어다"는 언약의 말씀의 전형적인 형태다. 지키는 사람에게는 복이 있고, 어기는 사람들에게는 저주가 임한다.

* 하나님의 말씀이 아무리 소중해도 듣고 순종하지 않으면 소용이 없다. 여기서 '귀를 기울이라'(אזן아잔, 히필)와 '들을지어다'(שמע샤마)는 '듣고 순종하라'는 뜻을 갖고 있는 단어들이다. 하나님의 백성들이 그의 말씀을 듣

고 순종하는 것이 말씀에 대한 올바른 응답이다. 참된 지식은 아는 것이 아니라 실천하는 지식이다.

　＊ 참된 믿음에는 순종이 따른다. 아브라함을 믿음의 조상이라고 하는 것은 그가 온전히 순종했기 때문이다. 행함이 없는 믿음은 죽은 믿음이다. "너희는 말씀을 행하는 자가 되고 듣기만 하여 자신을 속이는 자가 되지 말라"고 하였다(약1:22). 야고보는 말씀을 듣고 행하지 않는 사람을 거울을 보고는 돌아서서 자신의 모습을 잊어버리는 사람과 같다고 비유하였다(약1:23-25). 성도는 말씀을 듣고 잊어버리지 말고 실천해야 한다.

라. 말씀에 순종하면 삶이 빛을 얻는다.
　2절, "연한 풀 위의 가는 비 같고 채소 위의 단비 같도다."

　＊ 하나님의 말씀에 순종하면 생명이 힘을 얻고 왕성하여 빛을 얻는다. 여기서 '연한 풀' (דֶּשֶׁא 데셰)은 '움트다' 또는 '싹이 돋다' 라는 뜻을 가진 '다샤'에서 유래하였다. 즉 비가 식물들로 하여금 싹이 돋게 하듯이 하나님의 말씀은 생명이 움트게 하고 힘을 얻어 왕성하게 하는 능력이 있다.

　＊ 또한 '채소' (עֵשֶׂב 에세브)는 '반짝이다' 라는 뜻을 가진 단어에서 유래하였다고 한다. 즉 비가 채소들을 잘 자라게 하여 멋지게 만들어 놓듯이 하나님의 말씀은 성도들을 양육하여 세상에서 멋지고 빛나는 사람이 되게 한다. 하나님은 성도들이 두렵고 떨림으로 구원을 이루기 원하신다. 그래서 "흠이 없고 순전하여 어그러지고 거스르는 세대 가운데서 하나님의 흠 없는 자녀로 세상에서 그들 가운데 빛들"로 나타나기를 원하신다(빌2:15). 이는 세상에서 영광을 얻는다는 말이다.

　＊ 모세가 시내산에서 내려올 때에 그의 얼굴에 광채가 있었다. 이는 하나님을 온전히 가까이한 사람에게 나타나는 현상이다. 말씀에 순종하여 하나님께 가까이하면 세상에서 영광을 얻는다.

요한1서 3장 1-3절
주를 향한 소망을 굳게 하라

보라 아버지께서 어떠한 사랑을 우리에게 베푸사 하나님의 자녀라 일컬음을 받게 하셨는가, 우리가 그러하도다 그러므로 세상이 우리를 알지 못함은 그를 알지 못함이라(1절).

가. 성도는 하나님의 자녀다.

1절, "보라 아버지께서 어떠한 사랑을 우리에게 베푸사 하나님의 자녀라 일컬음을 받게 하셨는가."

＊ 본문은 우리 성도들에게는 하나님의 자녀로서 장차 받을 큰 영광이 있다는 것을 가르쳐 주는 말씀이다. 성도는 하나님의 크신 사랑으로 그의 자녀가 되었다. 우리가 이 땅에 사는 동안은 세상의 시민권을 가지고 살지만 언젠가는 돌아갈 하나님 나라의 영광스러운 시민권자다.

＊ 성도가 하나님의 자녀가 된 것은 사랑의 선물이다. "아버지께서 어떠한 사랑(ἀγάπη아가페)을 우리에게 베푸사"가 이를 잘 보여준다. 하나님의 사랑은 호세아를 통해 보여주신 끝이 없는 사랑(חסד헤세드)이다. 그의 사랑은 독생자까지 보내주신 놀라운 사랑(아가페)이다.

＊ 성도가 하나님의 자녀라고 일컬음을 받는(수동) 것은 은혜다. 우리의 의로는 하나님의 자녀가 될 수 없다. 우리는 아무런 자격도 없고 공로도 없지만 하나님은 은혜로 자녀를 삼아주셨다. 바울은 "너희는 그 은혜에 의하여 믿음으로 말미암아 구원을 받았으니 이것은 너희에게서 난 것이 아니요 하나님의 선물이라"고 하였다(엡2:8).

나. 성도가 받을 영광은 감추어져 있다.

1절, "그러므로 세상이 우리를 알지 못함은 그를 알지 못함이라."

✽ 그런데 성도가 받을 영광은 감추어져 있다. 본문에서 "세상이 우리를 알지 못한다"는 말이 이를 잘 보여준다. 성도가 받을 영광은 세속적인 영광과 부합되지 않는다. 예수님의 제자들도 그들이 받을 영광을 제대로 알지 못했다. 그러므로 세상 사람들이 성도가 받을 영광을 바로 알지 못하는 것은 당연하다.

✽ 예수님은 십자가의 고난을 통한 부활의 영광을 말씀하셨다. 그는 "인자가 영광을 얻을 때가 왔도다. 내가 진실로 네게 이르노니 한 알의 밀이 땅에 떨어져 죽지 아니하면 한 알 그대로 있고 죽으면 많은 열매를 맺느니라"라고 하셨다(요12:23-24). 성도의 영광도 이와 같다.

✽ 세상이 성도의 영광을 알지 못하는 것은 주님을 알지 못하기 때문이다. 본문에서 "그를 알지 못함이라"는 말이 이를 잘 보여준다. 성도들은 이런 일로 유혹을 받고 낙심하거나 넘어지면 안 된다. 지금은 감추어져 있으나 때가 되면 세상 사람들이 성도의 영광을 보고 놀라게 될 것이다.

다. 주를 향한 소망을 굳게 잡아야 한다.

2절, "우리가 지금은 하나님의 자녀라 장래에 어떻게 될지는 아직 나타나지 아니하였으나 그가 나타나시면 우리가 그와 같은 줄을 아는 것은 그의 참 모습 그대로 볼 것이기 때문이니..."

✽ 성도가 장차 받을 영광은 아직 나타나지 않았다. 그러나 언젠가 때가 되면 주님이 받으신 영광과 같은(ὅμοιος호모이오스) 영광을 입게 될 것이다. 바울은 "우리의 낮은 몸을 자기 영광의 몸의 형체와 같이 변하게 하시리라"고 믿었다(빌3:21). 성도는 이러한 소망을 굳게 잡아야 한다.

✽ 세상에 나타났던 예수님의 모습은 그의 참 모습이 아니다. 그는 하나님과 동등됨을 포기하시고 낮아지시어 육체를 입고 세상에 오셔서 십자가에 죽기까지 복종하셨다(빌2장). 그는 원래 하나님과 동등된 분이시며 그의

영광은 세상에서 볼 수 없는 영광이다. 예수님은 변화산에서 그의 영광스러운 모습을 잠깐 보여주셨는데 베드로는 놀라서 정신을 잃을 정도였다(마 17장 참조).

　* 예수님은 부활하심으로 그의 참 모습을 확실하게 보여주셨다. 부활하신 주님은 시간과 공간을 초월한 몸 즉 다시는 고통이나 죽음이 없는 신령한 몸을 보여주셨다(요 20장).

라. 굳건한 소망이 자신을 깨끗하게 한다.

3절, "주를 향하여 이 소망을 가진 자마다 그의 깨끗하심과 같이 자기를 깨끗하게 하느니라."

　* 성도는 깨끗하게 살아야 한다. 그러나 깨끗하게 살고 싶어도 잘 이루어지지 않는 것이 문제다. 본문은 성도가 깨끗하게 살려면 주를 향한 소망을 굳게 잡아야 한다고 가르친다. 바울은 "이 소망을 가진 자가 자신을 깨끗하게 한다(현재, 능동)"라고 하였다. 여기서 '깨끗하게 하다'(현재)는 성화를 가리킨다.

　* 한국의 종교들은 세속적 영광을 구하는 무속신앙에 오염되어 왔다. 불교계에서도 불교적 요소가 아닌 기복적 신앙을 제거하는 개혁을 시도한 바 있다. 하물며 기독교가 기복신앙에 매여 세속적인 영광을 구한다면 이는 올바른 신앙생활이 아니다. 이런 기복신앙으로는 성도가 자신을 깨끗하게 할 수 없다.

　* 성도는 주님의 깨끗하심을 삶의 기준으로 삼아야 한다. "그의 깨끗하심과 같이"가 이를 말해 준다. 하나님이 거룩하신 것 같이 우리도 거룩해야 한다. 주님이 온전하신 것 같이 우리도 온전해야 한다. 이것은 교육과 훈련으로는 불가능하다. 장차 받을 영광의 소망을 굳게 잡아야 성도가 자신을 깨끗하게 할 수 있다.

 **이사야 40장 3-5절**

주님의 길을 예비하라

외치는 자의 소리여 이르되 너희는 광야에서 여호와의 길을 예비하라 사막에서 우리 하나님의 대로를 평탄하게 하라 골짜기마다 돋우어지며 산마다, 언덕마다 낮아지며 고르지 아니한 곳이 평탄하게 되며 험한 곳이 평지가 될 것이요(3-4절).

가. 절망하지 말고 희망의 문을 열어라.

3절, "외치는 자의 소리여 이르되 너희는 광야에서 여호와의 길을 예비하라 사막에서 우리 하나님의 대로를 평탄하게 하라."

＊ 본문은 바벨론 포로생활에서 절망에 빠져 있는 이스라엘 백성을 위로하기 위하여 주신 말씀이다. 이스라엘은 오랜 포로생활에 지친 나머지 절망의 늪에 빠져서 허덕이고 있었다. 하나님은 선지자를 통하여 절망중에서도 낙심하지 말고 희망의 길을 열라고 선포하셨다.

＊ 본문에서 '사막'(עֲרָבָה 아라바)은 '해가 지다' 또는 '방황하다'를 뜻하는 '아라브'에서 유래하였다. 사막은 희망을 잃고 방황하고 있는 상태를 암시한다. 이것은 당시에 이스라엘 백성의 상황이 얼마나 힘들었는지를 보여준다. 그래도 하나님은 절망하지 말고 희망의 문을 열라고 하신다.

＊ 요즈음 '삼포시대' 또는 '오포시대' 라는 비관적인 견해가 널리 퍼져있다. '헬(hell)조선' 이라는 괴이한 용어가 등장하고, 이곳을 떠나고 싶다는 사람들이 늘어나고 있다. 그러나 포기하면 안 된다. 저녁이 되고 아침이 오는 하나님의 역사를 믿고 희망을 가져야 한다. "저녁이 되고 아침이 되니 이는 첫째 날이니라"라고 하였다(창1:5).

나. 여호와 하나님이 우리의 희망이시다.

3절, "광야에서 여호와의 길을 예비하라 사막에서 우리 하나님의 대로를 평탄하게 하라."

* 본문에서 선지자는 여호와의 길을 예비하고 하나님의 대로를 평탄하게 하라고 외친다. 여호와 하나님이 우리의 희망이시기 때문이다. 하나님의 임재를 회복하는 곳에 희망이 있다. 사람들이 우리의 목자이신 하나님의 인도를 온전히 따를 때에 희망이 있다.

* 본문에서 '광야' (מִדְבָּר 미드바르)는 '말하다' 또는 '인도하다' 와 '따르다'를 뜻하는 '다바르'에서 유래하였다. 광야는 양이 목자를 전적으로 의지하고 따를 수밖에 없는 곳이다. 광야에서는 하나님이 목자가 되어 인도하시고 백성들은 양같이 그의 말씀을 온전히 따를 때에 안전하고 평화를 누릴 수 있다.

* 여호와 하나님이 우리의 희망이 되시는 것은 '하나님의 약속은 이루어진다'에 근거한다. '꿈은 이루어진다'가 아니라 '약속은 이루어진다'가 신앙적인 표현이다. 성경은 하나님의 약속은 반드시 이루어진다고 선포하고 있다. 아브라함에게 주셨던 약속은 오랜 시간이 지났지만 확실하게 성취되었다. 메시아에 대한 예언의 말씀들도 확실하게 성취되었다. 몰트만의 희망의 신학을 참조하라.

다. 주님이 오실 길을 잘 예비하여야 한다.

4절, "골짜기마다 돋우어지며 산마다, 언덕마다 낮아지며 고르지 아니한 곳이 평탄하게 되며 험한 곳이 평지가 될 것이요."

* 본문 3절에 이어 4절에서도 주님의 오실 길을 예비하라고 하면서 구체적인 내용을 제시한다. 여호와의 길을 '예비하라' (פָּנָה 파나)는 '제거하라' 또는 '깨끗하게 하라'는 뜻이다. 거룩하신 하나님을 맞으려면 속사람을 깨끗하게 청소를 해야 한다. 이를 위해 요한은 회개의 세례를 베풀었다.

* 여호와의 대로를 '평탄하게 하라' (יָשַׁר 야사르)는 '똑바르게 하라'는 뜻

이다. 성도가 주님을 영접하기 위해서는 하나님의 의를 이루어야 한다는 말씀이다. 절망의 땅에서 비열한 야합, 술수, 음모 등이 판치는 것과는 대조적인 말씀이다.

* 여기서 '골짜기마다 돋우어지며'는 낮은 자들이 높여지는 것을 뜻한다. 또한 '산마다 언덕마다 낮아지며'는 힘 있는 자들이 몸을 낮추는 것을 뜻한다. 그리고 '고르지 아니한 곳이 평탄하게 되며'는 뒤에 처진 자들이 이끌어지는 것을 뜻한다. 즉 정의와 공평을 이루는 것이 주의 길을 예비하는 것이다.

라. 주의 길을 예비한 사람은 영광을 본다.
5절, "여호와의 영광이 나타나고 모든 육체가 그것을 함께 보리라..."
* 여기서 하나님의 영광은 그의 임재를 상징한다. 사람은 하나님의 임재를 볼 수 없으나 그의 영광을 보고 그의 임재를 확인할 수 있다. 하나님이 성소에 임하실 때에 그의 영광이 가득하였다. "구름이 회막에 덮이고 여호와의 영광이 성막에 가득하매" 모세가 회막에 들어갈 수 없었다(출40:34).

* 에스겔서에 보면 이스라엘을 벌하실 때에 하나님의 영광이 성소를 떠나는 장면이 나온다(겔10장 참조). 그러다가 이스라엘의 회복을 약속하시며 하나님의 영광이 돌아온다. "이스라엘 하나님의 영광이 동쪽에서부터 오는데 하나님의 음성이 많은 물소리 같고 땅은 그의 영광으로 말미암아 빛나니 그 모양이 내가 본 환상 곧 전에 성읍을 멸하러 올 때의 환상과 같고"라고 하였다(겔43:2-3a).

* 여호와의 '영광'(כבוד카도쉬)은 '풍부'라는 뜻을 갖고 있다. 하나님의 영광이 임하고 그가 임재하시면 백성들은 구원을 받고 부요케 하시는 은총을 입는다. 하나님이 오심은 가난한 자들에게 기쁜 소식이며, 고통중에 있는 사람들에게 희망이다. 주의 길을 예비한 사람들이 이 영광을 본다.

 ### 디모데후서 4장 6-8절
마지막 날을 연습하라

전제와 같이 내가 벌써 부어지고 나의 떠날 시각이 가까웠도다 나는 선한 싸움을 싸우고 나의 달려갈 길을 마치고 믿음을 지켰으니(6-7절).

가. 세월이 넉넉하지 않다.

6절, "전제와 같이 내가 벌써 부어지고 나의 떠날 시각이 가까웠도다."

* 본문에서 바울은 자신에게 주어진 기력과 능력을 다 소진하고 하나님께로 돌아갈 때가 가까웠다고 고백한다. 그런데 바울이 '벌써'라고 하면서 자신의 심정을 토로하였다. 즉 할 일은 많은데 시간이 넉넉하지 못함을 아쉬워하고 있다.

* 대부분의 사람들이 세월의 덧없음을 아쉬워한다. "우리의 연수가 칠십이요 강건하면 팔십이라도 그 연수의 자랑은 수고와 슬픔뿐이요 신속히 가니 날아가나이다"(시90:10). 김창완이 만들고 산울림이 노래한 '아니 벌써'는 모든 사람이 때가 되면 언젠가는 부르게 될 노래다.

* 시간을 아껴야 한다. 열심히 살았던 바울에게도 시간은 넉넉하지 않았다. "그런즉 너희가 어떻게 행할지를 자세히 주의하여 지혜 없는 자 같이 하지 말고 오직 지혜 있는 자 같이 하여 세월을 아끼라 때가 악하니라"라고 하였다(엡5:15-16). 여기서 '아끼다'(ἐξαγοράζω 엑사고라조)는 '사다' 또는 '속량하다'라는 뜻인데 세월을 아끼려면 땀과 절제 등의 대가를 지불해야 하는 것을 보여준다.

나. 항상 죽음을 준비하며 살아야 한다.

6절, "나의 떠날 시각이 가까웠도다."

＊ 세월이 넉넉하지 않으므로 시간을 아끼며 항상 떠날 준비를 하며 살아야 한다. 여기서 떠남(죽음)은 '출발하다' 또는 '돌아가다' 의 뜻이다. 죽음은 이 세상을 떠나 출발하여 하늘나라로 돌아가는 것이다. 우리의 말에 '돌아가셨다' 는 말은 아주 적절한 표현이다. 우리 모두가 언젠가는 하늘나라로 돌아갈 사람들인데 항상 떠날 준비를 하고 살아야 한다.

＊ 초대교회 성도들은 묘비에 "이 사람은 죽은 것이 아니라 이제 새로운 생명의 나라에 들어갔다"라는 말을 남겼다. 무디는 "내일 아침 무디가 죽었다는 소식을 듣거든 정말 죽은 줄로 생각하지 마시오. 나는 죽은 것이 아니라 더 높은 곳으로 옮겨갈 뿐입니다"라고 하였다고 한다. 지혜로운 사람들의 모습이다.

＊ 떠날 준비를 위하여 마음을 비우는 연습을 해야 한다. 쓸데없는 것들은 털어버려야 한다. 이 세상이 전부가 아니다. 또한 돌아갈 준비를 위하여 하늘나라의 가치관을 배우고 익혀 그대로 살아야 한다. 이 땅에 사는 동안에도 이미 하늘나라에 들어간 사람처럼 살아야 한다.

다. 선한 일을 많이 해야 한다.

7절, "나는 선한 싸움을 싸우고 나의 달려갈 길을 마치고 믿음을 지켰으니…"

＊ 떠날 준비는 최선을 다하여 후회 없는 삶을 사는 것이다. 바울은 자신의 삶을 회고하며 최선을 다했음을 고백한다. 참으로 부러운 말이다. 대부분의 사람들이 생애의 마지막에 이르러 후회를 하는데 비하면 아주 대조적이다. 그는 싸우고(완료), 마치고(완료), 지켰다(완료)는 동사들을 사용하여 자신이 얼마나 성실하게 충성을 다하였는지를 보여주었다.

＊ 그러한 바울도 '아니 벌써' 를 외쳤다. 그렇다면 한 것이 별로 없는 사람들의 절망감은 어떠하겠는가? 버나드 쇼는 그의 묘비에 "우물쭈물 하다가 내 이렇게 될 줄 알았다"는 말을 남겼다고 한다. 성도는 예수님처럼 "내

가 다 이루었다"라는 말을 남길 수 있도록 최선을 다해야 한다.

＊ 후회 없는 삶을 위해서는 바울처럼 열심히 그리고 바르게 살아야 한다. 바울이 "나는 선한 싸움을 싸우고 달려갈 길을 마치고 믿음을 지켰다"고 한 고백이 이를 잘 보여준다. 열심히 사는 것도 중요하지만 좋은 일을 많이 해야 한다. 우리도 바울처럼 하나님의 나라를 위하여 헌신, 섬김, 그리고 봉사를 많이 해야 한다.

라. 최선을 다한 사람이 면류관을 받는다.

8절, "이제 후로는 나를 위하여 의의 면류관이 예비되었으므로 의로우신 재판장이 그 날에 내게 주실 것이며 내게만 아니라 주의 나타나심을 사모하는 모든 자에게니라."

＊ 바울은 세상에서 충성을 다했으므로 하나님께서 의의 면류관을 주실 것을 믿었다. 하나님은 충성하는 모든 사람들에게 면류관을 주신다. "믿음이 없이는 하나님을 기쁘시게 못하나니 하나님을 찾는 자들은 그가 계신 것과 그를 찾는 자들에게 상 주시는 이심을 믿어야 할지니라"(히11:6). 하나님은 우리가 행한 대로 갚아주신다.

＊ 우리도 언젠가는 '그 날에' 주님의 심판대 앞에 서야 한다. 우리는 그 심판을 통과할 뿐만 아니라 상을 받을 수 있어야 한다. 이를 위해서 항상 떠날 준비를 하고 마지막 날을 사는 연습을 해야 한다. 떠날 때가 되어 철들지 말고 일찍 철든 삶을 살아야 한다.

＊ 성경에 보면 생명으로 헌신한 이들에게는 생명의 면류관을(계2:10), 하나님의 나라와 그의 의를 위해 헌신한 이들에게는 의의 면류관을(딤후4:7-8), 그리고 충성스러운 일꾼에게 영광의 면류관을 주신다고 약속되어 있다(벧전5:4).

 **베드로후서 3장 10-13절**

주님의 날을 대비하라

그러나 주의 날이 도둑 같이 오리니 그 날에는 하늘이 큰 소리로 떠나가고 물질이 뜨거운 불에 풀어지고 땅과 그 중에 있는 모든 일이 드러나리로다(10절).

가. 주님의 날은 도둑 같이 온다.

10절, "그러나 주의 날이 도둑 같이 오리니…"

* 본문은 초대교회 성도들에게 주님의 재림을 잘 대비하라고 주신 교훈의 말씀이다. 초대교회는 임박한 재림사상을 갖고 철저하게 종말론적인 신앙생활을 하였다. 이것은 당시에 보편적인 모습이었다. 당시에 성도들은 주님이 다시 오실 날을 간절히 사모하며 기다리고 있었다.

* 그러나 현재는 상황이 달라졌다. 주님이 언제 재림하실지 알 수 없는 상황이 되었다. 그렇지만 재림사상과 종말론적 신앙은 여전히 필요하다. 언제 주님이 다시 오실는지 알 수 없으며 또한 우리가 언제 주님 앞에 서야 할지 모르기 때문이다. 성도는 항상 이것을 마음에 두고 살아야 한다.

* 그런데 본문에서 주님의 날은 도둑 같이 온다고 하였다. 언제 그날이 닥칠지 아무도 모른다. 그러므로 우리는 항상 깨어 있어 그날을 대비하여야 한다. 이는 예수님이 "주인이 언제 돌아올지 모르니 깨어 있으라"고 하신 말씀과 일맥상통한다. 바울도 주님의 날이 도둑 같이 이를 것을 경계하면서 "우리는 다른 이들과 같이 자지 말고 오직 깨어 정신을 차릴지라"라고 권면하였다(살전5:6).

나. 주님의 날은 심판의 날이다.

10절, "그 날에는 하늘이 큰 소리로 떠나가고 물질이 뜨거운 불에 풀어지고 땅과 그 중에 있는 모든 일이 드러나리라."

* 초대교회 성도들은 주님의 날을 구원의 날로 생각하고 기다렸다. 그 날에는 핍박하는 자들은 심판을 받고 성도들은 구원을 받으리라는 기대를 갖고 있었다. 이는 사실이다. 그러나 성도들도 그 날을 심판의 날로 알고 대비해야 한다. 성도들도 하나님의 심판을 통과하여야 한다.

* 본문에 "그 날에는 하늘이 큰 소리로 떠나가고"라고 하였다. 땅을 덮고 있던 궁창이 큰 소리로 떠나가는 것은 하나님이 심판을 위해 용광로 솥뚜껑을 여시는 것에 비유된다. 또 "물질이 뜨거운 불에 풀어지고 그 중에 있는 모든 것이 드러나리라"고 하였다. 이는 심판의 용광로에서 모든 것이 원소로 분해되어 행위가 속속들이 드러나는 것을 비유한다. 여기서 모든 일은 성도의 행위를 가리킨다.

* 바울도 하나님의 불 심판을 언급하였다. "각 사람의 공적이 나타날 터인데 그 날이 공적을 밝히리니 이는 불로 나타내고 그 불이 각 사람의 공적이 어떠한 것을 시험할 것이라"고 하였다(고전3:13).

다. 거룩함과 경건함으로 그 날을 대비해야 한다.

11-12절, "이 모든 것이 이렇게 풀어지리니 너희가 어떠한 사람이 되어야 마땅하냐 거룩한 행실과 경건함으로 하나님의 날이 임하기를 바라고 간절히 사모하라."

* 하나님 앞에 모든 것은 드러나게 되어 있다. 어떤 것도 하나님의 눈앞에 숨길 수 없다. 이에 베드로는 본문에서 불로 심판하시는 주님의 날을 어떻게 대비해야 할지를 권면한다.

* 거룩한 행실로 그 날을 준비해야 한다. 하나님이 거룩하시므로 우리도 거룩해야 한다. 거룩함(ἅγιος 하기오스)은 세상과의 구별, 차별성을 뜻한다. 사람들이 세상의 가치관이나 생활양식으로 산다면 하나님의 심판을 피할

수 없다. 하나님의 나라 그곳은 '의가 있는 곳' 이므로 정의와 공의로 준비해야 한다(13절 참조).

　＊ 경건함으로 그 날을 대비해야 한다. 경건함(εὐσέβεια 유세베이아)은 '예배를 잘 드린다' 는 뜻이며 이에서 '존중한다' 는 뜻을 갖고 있다. 성도는 하나님을 최고로 인정하고 존중하며 예배를 잘 드려야 한다. 그리고 살아가는 삶이 하나님께 영광이 되도록 살아야 한다. 하나님을 존중하고 예배를 잘 드리는 사람이 세상에서도 거룩한 행실로 살아갈 수 있다.

라. 성도들에게는 새 하늘과 새 땅의 약속이 있다.

13절, "우리는 그의 약속대로 의가 있는 곳인 새 하늘과 새 땅을 바라보도다."

　＊ 주님의 날을 잘 대비한 성도들은 약속대로 새 하늘과 새 땅에 들어간다. 여기서 새 하늘과 새 땅은 잃어버린 에덴동산이 회복되는 것을 뜻한다. 인간이 죄를 짓고 타락하여 에덴동산에서 쫓겨났으나 하나님은 이의 회복을 위하여 성도들에게 새 하늘과 새 땅을 약속하셨다.

　＊ 새 하늘과 새 땅에는 수정 같이 맑은 생명수 강이 흐른다. 에덴동산에서 흐르던 은혜의 강이 회복되는 것을 보여준다. "또 그가 수정 같이 맑은 생명수의 강을 내게 보이니 하나님과 및 어린 양의 보좌로부터 나와서 길 가운데로 흐르더라 강 좌우에 생명나무가 있어 열두 가지 열매를 맺되 달마다 그 열매를 맺고 그 나무 잎사귀들은 만국을 치료하기 위하여 있더라" 라고 하였다(계22:1-2).

　＊ 새 하늘과 새 땅의 약속은 이 세상에서 시작하여 천국으로 귀결된다. 주님의 날을 잘 대비한 사람들은 땅에서도 천국의 복을 누리고, 결국은 천국에서 영생을 누리게 된다. "육체의 연단은 약간의 유익이 있으나 경건은 범사에 유익하니 금생과 내생에 약속이 있느니라" 라고 하였다(딤전4:8). 육체의 훈련이 유익하듯이 영적 훈련도 아주 유익하다.

창세기 5장 21-24절
하나님과 동행하라

에녹은 육십오 세에 므두셀라를 낳았고 므두셀라를 낳은 후 삼백 년을 하나님과 동행하며 자녀들을 낳았으며 그는 삼백육십오 세를 살았더라(21-23절).

가. 성도는 하나님과 동행해야 한다.
22절, "므두셀라를 낳은 후 삼백 년을 하나님과 동행하며..."
* 본문은 하나님이 동행을 기뻐하신다는 말씀이다. 에녹은 육십오 세에 '창의 사람'이라는 뜻을 가진 므두셀라를 낳았다. 그런데 고대사회에는 창의 사람이 죽으면 마을에 재앙이 임한다는 말이 있었다. 므두셀라는 '그가 죽으면 심판이 온다'는 예언적인 이름이다. 실제로 그가 죽은 해에 노아시대 홍수심판이 있었다.
* 에녹은 므두셀라를 낳은 후(낳자마자) 하나님과 동행을 시작하였다. 이것은 그가 아들 므두셀라를 보면서 심판을 생각하며 하나님과 동행하였다는 것을 시사한다.
* 하나님은 에녹의 동행을 기뻐하셨다. "믿음으로 에녹은 죽음을 보지 않고 옮겨졌으니...그는 옮겨지기 전에 하나님을 기쁘시게 하는 자 하는 증거를 받았느니라"라고 하였다(히11:5). 또 "사람아 주께서 선한 것이 무엇임을 네게 보이셨나니 여호와께서 네게 구하시는 것은 오직 정의를 행하며 인자를 사랑하며 겸손하게 네 하나님과 함께 행하는 것이 아니냐"라고 하였다(미6:8).

신년주일 47

나. 동행은 모시고 섬기는 것이다.

22절, "삼백 년을 하나님과 동행하며…"

* 에녹(חֲנוֹךְ하녹)은 '봉헌하다'(חָנַךְ하나크)에서 유래하여 그는 하나님께 바쳐진 사람이라는 뜻을 갖고 있다. 그리고 그는 이름처럼 주님의 사람으로서 하나님을 모시고 헌신하며 살았다. 동행은 우리를 위해 하나님을 필요로 하는 것이 아니라 하나님을 위해 우리를 헌신하며 사는 것이다. 하나님께 우선순위를 두어야 한다.

* 믿으면서도 하나님을 무시하는 것과 마찬가지로 나를 위해 주님을 모시고 다니는 것은 올바른 동행이 아니다. 하나님께 관심을 두지 않다가 도움이 필요할 때만 그를 찾는 것은 잘못된 신앙이다.

* 여기서 동행(함께 걷다)은 '걷다'(הָלַךְ할라크, 재귀)인데 우리가 주님과 동행함으로 결국 하나님이 우리와 동행하시는 결과가 되는 것을 말한다(쌍방통행). 그러므로 우리가 동행하지 않으면서 하나님의 동행을 요구하는 것은 옳지 않다(일방통행).

* 하나님과 동행했던 노아도 하나님을 모시고 온전히 순종하였다. 노아는 의인이요 당대에 완전한 자로서 하나님과 동행하였으며(창6:9), 여호와께서 명하신 대로 다 준행하였다(창7:5).

다. 일상의 삶에서도 동행하여야 한다.

22절, "하나님과 동행하며 자녀를 낳았으며…"

* 에녹이 "하나님과 동행하며 자녀를 낳았다"는 기록은 그가 일상의 삶의 자리에서 하나님과 동행하였음을 보여준다. 그는 하나님과 동행하면서 정상적으로 가정을 이끌었고 그들을 위하여 생업에 충실하였다. 삶의 현장에 주님을 모셔야 한다.

* 하나님과 온전히 동행하기 위하여 수도원 같은 곳에서 수련하는 것도 훌륭하다. 그러나 삶의 자리에서 하나님과 동행하는 것은 더욱 아름답다(북부 아프리카 알렉산드리아의 구두수선공 성자 이야기 참조하라).

* 하나님은 우리가 삶의 자리에서 몸으로 드리는 산 제사를 기뻐하신다. "너희 몸을 하나님이 기뻐하시는 거룩한 산 제물로 드리라. 이는 너희가 드릴 영적 예배니라"라고 하였다(롬12:1). 또 "정결하고 더러움이 없는 경건은 곧 고아와 과부를 그 환란 중에 돌아보고 또 자기를 쳐서 세속에 물들지 아니하는 것"이라고 하였다(약1:27). 성도는 교회 안에서 하나님과 동행하듯이 일상의 모든 삶의 자리에서도 동행하여야 한다.

라. 하나님과 동행하는 사람에게 영광이 있다.

24절, "에녹이 하나님과 동행하더니 하나님이 그를 데려가시므로 세상에 있지 아니 하였더라."

* 에녹은 하나님과 동행한 결과 죽음을 보지 않고 하나님이 데려 가셨다. 그는 죽음을 뛰어넘는 은총을 입었다. 이는 엘리야와 더불어 큰 영광을 입은 것이다.

* 동행(함께 걷다, 재귀)은 에녹이 하나님을 모시고 섬기며 살았더니 결국은 하나님이 에녹과 동행하시며 돌보아주신 결과가 되었음을 보여준다. 이는 구약에서 주로 사용된 '예배하다'(חחש샤하, 재귀)와 같은 용법이다. 즉 우리가 하나님께 예배를 드리면 하나님은 예배를 받으시고 우리에게 복을 내려주신다. 예배는 드리지 않으면서 일방적으로 복을 받으려고 간구하는 기복신앙으로는 복을 받을 수 없다.

* 에녹의 신앙생활을 보여주는 '동행하다'에는 '심은 대로 거둔다'는 암시가 있다. 악한 자를 따라 다니고 그들을 모시고 살면 어깨에 힘을 줄 수 있을지는 모르나 결국 돌아오는 것은 악하게 살다가 망하고 마는 것이다. 좋으신 하나님과 동행하는 것이 진정 복 있는 길이다. 하나님은 그와 동행하는 이들을 책임져주신다.

고린도후서 4장 16-18절
속사람을 날로 새롭게 하라

그러므로 우리가 낙심하지 아니하노니 우리의 겉사람은 낡아지나 우리의 속사람은 날로 새로워지도다 우리가 잠시 받는 환난의 경한 것이 지극히 크고 영원한 영광의 중한 것을 우리에게 이루게 함이니(16-17절).

가. 육신의 낡아짐으로 낙심하지 않아야 한다.
16절, "그러므로 우리가 낙심하지 아니하노니…"

* 세월이 흘러가면서 육신(겉사람)은 차츰 낡아지게 되어 있다. 육신이 낡아지는(수동) 것은 어쩔 수 없는 일이다. 세월이 가면서 늙는 것은 불가항력적인 일이다. 그런데 육신의 낡아짐으로 낙심하는 사람들이 많다. 그러나 바울은 육신이 낡아지더라도 결코 낙심하지 않는다고 고백하였다. 이는 신앙인의 아름다운 모습이다.

* 본문에서 '낙심하다'(ἐγκακέω엑카케오)는 '마음을 잃다' 즉 '불타던 마음의 열정이 꺼지다' 라는 뜻이다. 육신이 낡아짐에 따라 모든 선의를 잃고 실망하는 모습을 보여준다. 성도는 하나님의 섭리와 자연의 섭리를 받아들이고 순응해야 한다. 솔로몬이 육신의 낡아짐을 받아들이고 마지막을 준비하는 말씀을 참조하라(전12장).

* 육신의 낡아짐으로 실망할 수는 있으나 이는 아주 위험하다. 우리가 낙심하면 많은 것을 잃게 된다. 성도는 육신이 낡아지더라도 오히려 속사람(인격)을 날로 새로워지게 해야 한다. 그런데 육신의 낡아짐으로 낙심하는 사람은 속사람이 새로워지게 하는 일에 실패하기 쉽다.

나. 속사람을 날로 새로워지게 해야 한다.

16절, "우리의 겉사람은 낡아지나 우리의 속사람은 날로 새로워지도다."

* 날이 갈수록 우리의 겉사람인 육신은 낡아진다. 그러나 성도는 우리의 속사람마저 낡아지지 않도록 속사람을 잘 지켜야 한다. 그리하여 우리의 속사람이 날로 새로워지도록 힘써야 한다.

* 여기서 '새로워지다'(ἀνακαινόω아나카이노오)는 위를 향하여 더욱 성숙해지고 인격적으로 완전해지는 것을 말한다. 육신이 낡아짐에 따라 낙심하여 세속적이고 육신적인 욕망에 휩쓸려가는 것과는 대조적인 모습이다. 세월이 지나감에 따라 육신은 낡아지더라도 속사람은 날로 고상함을 추구해야 한다. 젊어서는 큰일을 하고 늙어서는 고상한 일을 해야 한다. 속사람이 새로워져야 백발이 영광의 면류관이 된다.

* 건강한 육체에 건전한 정신이 깃든다는 말이 있다. 그러나 성도는 육신이 낡아지더라도 더욱 건전한 정신을 유지하도록 힘써야 한다. 물론 하나님의 은혜가 필요하다. 본문에서 '새로워지다'(수동)는 사람의 속사람이 하나님의 능력을 힘입어 새로워지는 것을 보여준다. 인생은 질그릇과 같이 연약하지만 보배가 되시는 주님을 모시면 우리의 속사람이 날로 새로워진다(앞,7-10절 참조).

다. 보이지 않는 영원을 주목해야 한다.

18절, "우리가 주목하는 것은 보이는 것이 아니요 보이지 않는 것이니 보이는 것을 잠깐이요 보이지 않는 것은 영원함이라."

* 우리의 속사람을 새로워지게 하려면 잠깐 있다가 사라지는 육신의 세계에 집착하지 말고 보이지 않는 영생의 세계를 주목해야 한다. 보이는 세계는 낙심하게 하지만 보이지 않는 세계는 소망을 준다.

* 육신의 삶은 긴 것 같지만 실상은 순식간에 지나간다. "우리의 연수가 칠십이요 강건하면 팔십이라도 그 연수의 자랑은 수고와 슬픔뿐이요 신속히 가니 날아가나이다"라고 하였다(시90:10). 또한 "주께서 그들을 홍수처

럼 쓸어가시나이다 그들은 잠깐 자는 것 같으며 아침에 돋는 풀 같으니이다"라고 하였다(시90:5). 육신은 우리의 영원한 희망이 되지 못한다.

  * 성도는 영원한 세계를 주목해야 한다. 여기서 '주목하다'(σκοπέω스코페오, 분사)는 흐트러지지 않고 항상 주시하는 것을 말한다. 현재 눈에 보이는(분사) 것들이 항상 우리를 유혹하기 때문에 더욱 신중해야 한다. 바울은 삼층천에 다녀온 경험을 살려 항상 보이지 않는 세계를 주목하면서 경건하게 살았다.

라. 보이지 않는 것이 보이는 것을 아름답게 한다.

17절, "우리가 잠시 받는 환난의 경한 것이 지극히 크고 영원한 영광의 중한 것을 우리에게 이루려 함이니…"

  * 바울은 영원한 영광을 바라보았기 때문에 이를 위해 받는 환난을 잠시 받는 것이요 가벼운 것이라고 고백하였다. 물론 바울이 당한 환난이 결코 가벼운 것이 아니었다. 오직 보이지 않는 세계의 영광을 바라보고 환난을 기쁨으로 감당하였기 때문에 그렇게 고백할 수 있었다. 이것은 신앙의 신비에 속한다.

  * 예수님은 "나의 멍에를 메고 내게 배우라…이는 내 멍에는 쉽고(가치 있고) 가벼움이라"고 하셨다(마11:29-30). 예수님이 지신 멍에가 결코 가벼운 것이 아니었다. 영원한 나라의 영광이 멍에를 쉽고(가치 있고) 가볍게 질 수 있도록 만들었다. 즉 보이지 않는 것이 보이는 것을 아름답게 한다. 장래의 소망이 현실을 아름답게 한다.

  * 죽음을 체험했던 사람들, 특별히 천국과 지옥을 체험한 사람들은 삶의 변화를 체험한다. 보이는 세상에 속하여 먹고 마시는 일에 집중하던 사람들이 죽음을 체험한 후에는 고상한 일을 추구하게 된다. 이기적이던 사람들이 이타적인 사람이 된다. 어둠에 속하여 살던 사람들이 빛 가운데 살게 된다.

야고보서 4장 13-17절
하나님을 자랑하라

너희가 도리어 말하기를 주의 뜻이면 우리가 살기도 하고 이것이나 저것을 하리라 할 것이거늘 이제도 너희가 허탄한 자랑을 하니 그러한 자랑은 다 악한 것이라 그러므로 사람이 선을 행할 줄 알고도 행하지 아니하면 죄니라(15-17절).

가. 우리의 삶은 하나님의 선물이다.
15절, "주의 뜻이면 우리가 살기도 하고 이것이나 저것을 하리라..."
 * 본문은 삶의 계획을 세우되 올바른 방향으로 세워야 한다는 말씀이다. 인생의 계획 자체가 필요 없다는 말씀은 아니다. 계획은 중요하지만 더 중요한 것은 삶의 방향을 올바르게 하는 것이다. 인생의 주인이 누구인지를 바로 알고 이에 따라 올바른 계획을 세워야 한다.
 * 여기서 '주님의 뜻이면,' 즉 '주님이 원하시면'(가정법 과거)은 모든 결정이 하나님께 달려 있음을 보여준다. 하나님이 무엇을 주시든 안 주시든 우리는 할 말이 없다. 우리의 생명은 우리의 것인 것 같지만 실상 우리의 것이 아니다. 모든 것은 하나님이 주신 선물이며 우리는 청지기일 뿐이다. 우리는 하나님의 주권을 인정해야 한다.
 * 인간은 유한한 존재다. 우리는 내일 일도 알지 못한다. "너희 생명이 무엇이냐 너희는 잠깐 보이다가 없어지는 안개니라"라고 하였다(14절). 주님이 말씀하신 어리석은 부자의 비유를 보라. "어리석은 자여 오늘 밤에 네 영혼을 도로 찾으리니 그러면 네 준비한 것이 누구의 것이 되겠느냐"라고 하였다(눅12:20). 주님이 거두시는 날에 모든 것이 끝난다.

나. 허탄한 자랑을 하지 말라.

13절, "들으라 너희 중에 말하기를 오늘이나 내일이나 우리가 어떤 도시에 가서 거기서 일 년을 머물며 장사하여 이익을 보리라 하는 자들아…"

* 본문에서 '이익을 보리라'는 말과 함께 사용된 '가서'와 '장사하여'는 자신의 영광을 위한 계획임을 보여주는 단어들이다(중간태). 화제의 주인공은 모든 것을 선물로 주신 하나님에 대한 관심은 없고 어리석은 부자처럼 오로지 자신만을 생각한다.

* 그런데 내가 벌었다, 내가 만들었다, 내가 성취했다는 생각에서 허탄한 자랑이 시작된다. 하나님은 이러한 사람들에게 "너희가 허탄한 자랑을 하니 그러한 자랑은 다 악한 것이라"고 하신다. 여기서 '자랑하다'(수동, 디포)는 자랑이 하나의 유혹임을 보여준다. 성도는 나를 자랑하고 싶은 유혹을 물리치고 오직 모든 것을 선물로 주신 하나님을 자랑해야 한다.

* 요즈음 세상에서 큰소리치며 '갑질'을 하는 사람은 허탄한 자랑을 하는 사람이다. 하나님이 주신 선물을 가지고 자신을 드러내며 허세를 부리는 것은 옳은 행위가 아니다. 이러한 행위는 악한 것으로서 하나님이 싫어하신다. 성도는 청지기로서 하나님이 주신 선물을 가지고 착한 일을 해야 한다.

다. 하나님을 자랑하고 선을 행하라.

15절, "너희가 도리어 말하기를 주의 뜻이면…"

* 본문에서 '주님의 뜻이면'은 '주님이 허락하셔야 할 수 있다'는 뜻과 함께 '모든 것에는 하나님의 뜻이 있다'는 말씀이다. 하나님이 달란트를 주실 때에는 주신 만큼 영광을 돌려 드리기를 원하신다. 하나님이 주신 것으로 자기를 자랑하고 허세를 부리는 것은 옳지 않다.

* 하나님의 뜻은 하나님이 주신 것으로 하나님을 자랑하고 선을 행하는 것이다. "사람이 선을 행할 줄 알고도 행하지 아니하면 죄니라"라고 하였다(17절). 여기서 죄(ἁμαρτία 하마르티아)는 '과녁을 벗어나다'인데, 성도가

집중하여야 할 과녁은 하나님을 뜻대로 선을 행하는 것이다. 대부분 하나님의 뜻이 무엇인지 잘 알고 있다. 그런데 알면서드 선을 행하지 않는 것이 문제다.

* 성도는 선을 행하되 모든 것으로 모든 일에 선을 행하여야 한다. 여기서 '선을 행하다'(분사)는 계속적으로, 모든 것으로, 그리고 어디에서나 선을 행하는 것을 말한다. 일정 부분은 선한 일에, 나머지는 악한 일에 사용하는 것은 성도의 올바른 자세가 아니다.

라. 참된 자랑이 인격을 만든다.
16절, "이제도 너희가 허탄한 자랑을 하니..."

* 본문에서 '자랑하다'(중간태)는 그 결과가 자신에게 돌아온다는 뜻을 담고 있는 말이다. 어떤 자랑을 하며 사는지에 따라 인격과 삶의 모습이 만들어진다. 선행으로 하나님을 자랑하는 사람들은 참으로 인격적이고 멋있는 사람이 된다.

* 본문에서 '허탄한'(ἀλαζονεία알라조네이아)은 '방탕'이라는 말에서 유래하였다. 즉 유혹을 이기지 못하고 자기자랑을 하게 되면 결국은 방탕한 길로 나아가게 된다는 것을 암시한다. 실상 자기를 자랑하고 허세를 부리는 사람들을 보면 인격과 삶이 아름답지 못한 경우가 허다하다. 자랑은 바르게 해야 한다.

* 하나님을 자랑하고 선을 행하는 사람들은 어떻게 될까? 모든 것과 함께 생명을 주신 하나님께 감사하며 헌신한다. 자신의 모든 것을 하나님의 뜻에 따라 하나님께 영광을 돌리는 곳에 사용한다. 그러나 모든 것이 나의 것이라고 생각하고 정욕대로 세상의 악한 풍조에 따라 사는 사람들은 결코 인격적인 삶을 살지 못한다. 오직 하나님을 자랑하고 선을 행하는 사람들의 인격은 결국 아름답게 된다.

 요한일서 1장 5-7절
하나님은 빛이시라

그가 빛 가운데 계신 것 같이 우리도 빛 가운데 행하면 우리가 서로 사귐이 있고 그 아들 예수의 피가 우리를 모든 죄에서 깨끗하게 하실 것이요(7절).

가. 하나님은 세상을 밝히시는 빛이시다.

5절, "우리가 그에게서 듣고 너희에게 전하는 소식은 이것이니 곧 하나님은 빛이시라 그에게는 어둠이 조금도 없으시다는 것이라."

 ※ 하나님은 세상의 어둠을 밝히시는 빛이시다. 이것은 사도 요한이 예수님께 직접 듣고 전했던 소식이다. 요한은 예수님의 제자로서 하나님은 세상의 빛이라고 하시던 말씀을 또렷하게 기억하고 있었을 것이다.

 ※ 하나님의 아들 예수님도 세상을 밝히는 빛으로 세상에 오셨다. 예수님이 세상에 오실 때에 하늘에는 그를 예표로 보여주는 큰 별이 있었다. 동방의 박사들은 그 별을 보고 찾아와 아기 예수께 경배하였다. 이에 앞서 이사야는 "흑암에 행하던 백성이 큰 빛을 보고 사망의 그늘진 땅에 거하던 자에게 빛이 비취도다"라고 예언하였다(사9:2). 이처럼 예수님은 세상을 밝히시는 빛이시다.

 ※ 하나님의 말씀도 인생의 길을 밝히는 빛이다. 시편에 보면, "주의 말씀은 내 발의 등이요 내 길에 빛이니이다"라고 고백하였다(시119:105). 하나님은 인생을 불행하게 만드는 어둠의 세력을 몰아내고 희망과 기쁨을 주시기 위하여 세상을 밝히는 빛을 주신다.

나. 어둠에 행하면 참 신앙이 아니다.

6절, "만일 우리가 하나님과 사귐이 있다 하고 어둠에 행하면 거짓말을 하고 진리를 행하지 아니함이거니와..."

∗ 이는 성도가 하나님을 믿는다고 하면서도 계속하여 어둠 속에서 산다면 이는 거짓말을 하는 것이다. 성도는 당연히 빛 가운데 살아야 한다. 그런데 계속 어둠에 행한다면 이는 참 신앙이 아니다. 하나님께는 어둠이 조금도 없으시다. 우리가 어둠에 행한다면 우리의 신앙에 문제가 있다.

∗ 성도는 구체적으로 빛 가운데 살아야 한다. 하나님을 믿는 사람은 진리를 행해야 한다. 주님을 사랑한다고 하면서 그의 계명을 지키지 않는다면 거짓이다. 그리스도를 믿는다고 하면서 그의 걷음을 따르지 않는다면 거짓이다. 주님과 동행한다고 하면서 그의 말씀에 순종하지 않는다면 거짓이다.

∗ 사도 요한은 예를 들어 설명하였다. "빛 가운데 있다고 하면서 그 형제를 미워하는 자는 지금까지 어둠에 있는 자요 그의 형제를 사랑하는 자는 빛 가운데 거하여 자기 속에 거리낌이 없으나"라고 하였다(요일2:9-10). 즉 성도가 계속하여 어둠 속에서 산다면 그의 신앙은 참 신앙이 아니다. 성도는 이것을 경계해야 한다.

다. 성도는 빛 가운데 행해야 한다.

7절, "그가 빛 가운데 계신 것 같이 우리도 빛 가운데 거하면..."

∗ 빛이신 하나님을 믿는 성도들은 빛 가운데 행하는 것이 정상이다. 이것은 주님의 명령이며 성경의 가르침이다. 예수님은 "너희는 세상의 빛이라...이같이 너희 빛이 사람 앞에 비치게 하여 그들로 너희 착한 행실을 보고 하늘에 계신 너희 아버지께 영광을 돌리게 하라"고 하셨다(마5:14-16).

∗ 바울도 성도들에게 빛의 자녀답게 살라고 하였다. "너희가 전에는 어둠이더니 이제는 주안에서 빛이라 빛의 자녀들처럼 행하라"고 하였다(엡5:8). 또 "밤이 깊고 낮이 가까웠으니 그러므로 우리가 어둠의 일을 벗고 빛

의 갑옷을 입자"라고 하였다(롬13:12). 하나님께 속한 성도는 빛 가운데 살아야 한다.

  * 바울은 빛의 열매를 "모든 착함과 의로움과 진실함"이라고 하였다(엡 5:9). 선함(ἀγαθωσύνη아가도쉬네)은 옳은 것을 추구하는 것이다. 의로움 (δικαιοσύνη디카이오쉬네)은 '벌' 에서 유래하였는데 벌을 받지 않도록 법을 지키는 것이다. 그리고 진실(ἀλήθεια알레이아)은 '숨기다' 에서 유래하였는데 '숨김이 없다' 는 뜻이다. 성도는 어둠의 일을 도모하지 말고 빛 가운데 살아야 한다.

라. 빛 가운데 행할 때 성화가 이루어진다.

  7절, "그가 빛 가운데 계신 것 같이 우리도 빛 가운데 거하면 우리가 서로 사귐이 있고 그 아들 예수의 피가 우리를 모든 죄에서 깨끗하게 하실 것이요..."

  * 우리가 빛 가운데 행하면 "우리가 서로 사귐이 있다"고 하였다. 여기서 사귐은 성도들의 교제가 아니다. 이것은 하나님과 예수 그리스도와 함께 하는 교제다. "우리의 사귐은 아버지와 그의 아들 예수 그리스도와 더불어 누림이라"고 하였다(3절). 요한은 포도나무의 비유에서 "나는 포도나무요 너희는 가지라 그가 내 안에 내가 그 안에 거하면 사람이 열매를 많이 맺나니 나를 떠나서는 너희가 아무 것도 할 수 없느니라"라고 하였다(요 15:5). 주님과의 인격적 연합에서 능력이 나타난다.

  * 본문에서 "예수의 피(생명)가 우리를 모든 죄에서 깨끗하게 하실 것이요"라고 하였다. 여기서 '깨끗하게 하다' (현재)는 성화를 가리킨다. 이는 "만일 우리가 죄를 자백하면 그는 미쁘시고 의로우사 우리 죄를 사하시며 (과거) 우리를 모든 불의에서 깨끗하게 하실(과거) 것이요"라는 말씀과 비교된다(9절). '깨끗하게 하다' 의 과거형은 속죄를 말하고 현재형은 성화를 말한다. 빛 가운데 거할 때 성화가 이루어지고 하나님의 자녀답게 된다.

누가복음 5장 36-39절
복음을 담아내는 성도가 되자

새 포도주를 낡은 가죽 부대에 놓는 자가 없나니 만일 그렇게 하면 새 포도주가 부대를 터뜨려 포도주가 쏟아지고 부대도 못쓰게 되리라 새 포도주는 새 부대에 넣어야 할 것이니라(37-38절).

가. 성도는 복음을 담아내는 그릇이 되어야 한다.
38절, "새 포도주는 새 부대에 넣어야 할 것이니라."

* 여기서 '새 포도주'는 주님의 복음, 즉 구원의 진리와 가르침을 가리킨다. 그리고 '새 부대'는 복음을 담아내기에 합당한 성도를 가리킨다. 성도는 복음을 담아내는 그릇이 되어야 한다.

* 성도가 복음의 진리를 담아내는 길은 주님의 가르침을 실천하는 데 있다. '부대'(ἀσκός 아스코스)와 '실천하다'(ἀσκέω 아스케오)는 같은 말에서 유래하였다. 즉 포도주를 부대에 넣으라는 것은 단순히 복음을 담는 것이 아니라 말씀을 실천하여 복음의 진리를 담아내라는 말씀이다.

* 주님과 그의 복음의 진리를 담아내는 것이 성도의 사명이다. 이 시대에 예수님의 주현은 성도들의 삶을 통해서 나타난다. "이와 같이 너희 빛이 사람 앞에 비치게 하여 그들로 너희 착한 행실을 보고 하늘에 계신 너희 아버지께 영광을 돌리게 하라"고 하였다(마5:16). 또 "우리는 구원받는 자들에게나 망하는 자들에게나 하나님 앞에서 그리스도의 향기"라고 하였고(고후2:15), "너희는 우리로 말미암아 나타난 그리스도의 편지"라고 하였다(고후3:3). 이런 말씀들은 성도의 사명이 복음을 담아내는 것임을 보여준다.

나. 누더기 신앙으로는 안 된다.

36절, "비유하여 이르시되 새 옷에서 한 조각을 찢어 낡은 옷에 붙이는 자가 없나니…"

* 누더기 신앙으로는 복음을 담아내는 사명을 감당할 수 없다. 누더기 신앙은 하나님의 뜻이 아니며 주님과 복음에 어울리지 않는다. 즉 부분적인 성화로는 부족하다는 말이다. 주님은 온전함을 원하신다. 성도는 주님을 왕으로 영접한 사람으로서 하나님의 모든 말씀을 실천해야 한다.

* 주님의 뜻은 "너희 하나님이 온전하심과 같이 너희도 온전하라"이다(마5:48). 또 "항상 기뻐하라 쉬지 말고 기도하라 범사에 감사하라 이는 그리스도 예수 안에서 너희를 향하신 하나님의 뜻"이라고 하였다(살전5:16-18). 다섯 달란트를 받은 사람은 다섯 달란트를 남겨 드리는 것이 하나님의 뜻이다(마25장). 하나님은 우리가 언제나, 어디에서나, 모든 것을 가지고 복음의 진리를 담아내기 원하신다. 이처럼 주님의 뜻은 온전함을 이루는 것이다.

* 누더기 신앙은 아주 위험하다. 말씀에 "새 포도주를 낡은 가죽 부대에 넣은 자가 없나니 만일 그렇게 하면 새 포도주가 낡은 부대를 터뜨려 포도주가 쏟아지고 부대도 못쓰게 되리라"고 하였다(37절). 실제로 누더기 신앙으로 인하여 자신뿐만 아니라 복음까지 부끄럽게 하는 성도가 많이 있다.

다. 옛 사람을 벗고 새 사람을 입으라.

39절, "묵은 포도주를 마시고 새 것을 원하는 자가 없나니 이는 묵은 것이 좋다 함이니라."

* 그러면 복음을 담아내는 새 부대가 되려면 어떻게 하여야 하나? 성도는 이를 위하여 옛 사람을 벗어버리고 새 사람을 입어야 한다. 바울은 "너희는 유혹의 욕심을 따라 썩어져 가는 구습을 따르는 옛 사람을 벗어버리고, 오직 너희 심령이 새롭게 되어, 하나님을 따라 의와 진리의 거룩함으로 지으심을 받은 새 사람을 입으라"고 하였다(엡4:22-24). 성도는 새 사람, 즉

성령에 충만하여 하나님의 말씀에 온전히 순종하는 새로운 피조물이 되어야 한다.

   * 그런데 문제는 미련이다. "묵은 것이 좋다"는 말은 미련의 문제를 보여준다. 즉 옛 것에 미련을 두고 새 것을 거부하는 것이 문제다. 성도가 세례를 받는 것은 세상에 속한 옛 것에 대하여 죽고 영에 속한 새로운 것으로 살라는 뜻이다. 이스라엘 백성이 홍해바다를 건넌 것이 세례의 모델이다. 이스라엘이 애굽(옛것)을 버리고 약속의 땅(새것)을 취함으로서 약속의 백성이 되었듯이, 성도는 세속의 육적인 삶에 대한 미련을 버리고 온전히 거듭나서 새 사람이 되어야 한다.

라. 복음을 담아내는 성도는 주님과 어울린다.
  36절, "새 옷에서 찢은 조각이 낡은 것에 어울리지 아니하리라."
   * 이 말씀은 옛 사람은 주님과 그의 복음에 어울리지 아니함을 보여준다. 이를 바꾸어 말하면, 새 사람 즉 말씀실천을 통하여 복음을 담아내는 성도가 주님과 어울린다는 뜻이 된다.

   * 여기서 '어울리다' (συμφωνέω쉼포네오)는 '같은 소리를 내다' 라는 뜻이다. 마찬가지로 주님과 어울리려면 모양과 더불어 같은 소리를 내야 한다는 것을 시사한다. 야곱이 에서의 모습은 흉내를 냈으나 음성까지는 같게 할 수 없었음을 참조하라. 형식적인 신앙으로는 주님과 어울릴 수 없다. 주님의 말씀을 온전히 실천해야 같은 소리를 낼 수 있으며, 주님과 온전히 어울릴 수 있다.

   * 그런데 주님과 어울리는 사람은 행복하다. 즈님과 어울리는(형용사) 사람이 주님과 온전히 어울릴(동사) 수 있다. 본문에서 '어울리다'는 동사다. 주님과 온전히 어울리는 사람은 그의 은총에 연합한다. 주님과 어울릴 때에 '주는 내 안에, 나는 주 안에' 있게 되고, 주님과 온전한 성령의 교통하심을 누리게 된다.

예레미야 2장 9-13절
하나님이 생명의 근원이다

내 백성이 두 가지 악을 행하였나니 곧 그들이 생수의 근원되는 나를 버린 것과 스스로 웅덩이를 판 것인데 그것은 그 물을 가두지 못할 터진 웅덩이들이니라(13절).

가. 하나님은 참 생명의 근원이시다.

13절, "내 백성이 두 가지 악을 행하였나니 곧 그들이 생수의 근원되는 나를 버린 것과…"

＊ 본문에서 하나님은 자신을 참 생명의 근원이 된다고 소개하셨다. 본문의 '생수' (חיים מים 하이욤 마임)는 '참 생명'을 가리키는 말이다. 여기서 '하이' (생) 즉 '살아 있는' 또는 '활력 있는' 이라는 단어를 사용하여 하나님을 생명을 주시는 분, 활력을 주시는 분으로 소개하였다.

＊ 본문에서 '생수'는 창세기의 '생기' (נשמת חיים 하이욤 니쉬마트)와 같은 것이다. "하나님이 사람을 흙으로 만드시고 그 코에 생기를 불어넣으시니 생령이 된지라"라고 하였다(창2:7). 여기서 '생령'은 '참 생명을 가진 혼이 살아있는 사람'을 가리킨다.

＊ 하나님께로부터 나서 참 생명을 가진 사람이 참다운 성도다. "하나님께로부터 난 자는 다 범죄하지 아니하는 줄을 우리가 아노라 하나님께로부터 '나신 자가 그를 지키시매' (난 자는 자신을 지키매) 악한 자가 그를 만지지도 못하느니라"라고 하였다(요일5:18). 비록 사람의 육신은 약할지라도 참 생명을 가진 사람은 자신을 온전하게 지킬 수 있다.

나. 헛된 것을 추구하는 것이 문제다.

11절, "그러나 나의 백성은 그의 영광을 무익한 것과 바꾸었도다."

* 하나님은 사람에게 참 생명을 주셔서 영광스러운 삶을 살게 하셨다. 그러나 사람들은 그것을 무익한 것들과 바꾸었다. 하나님이 주신 아름다운 삶을 버리고 세상의 추한 것들을 추구하고 있다. 이것이 문제다.

* 하나님은 이렇게 무익한 것을 추구하는 것은 헛수고라고 고발하신다. 말씀에 "내 백성이 두 가지 악을 행하였나니 곧 그들이 생수의 근원되는 나를 버린 것과 스스로 웅덩이를 판 것인데 그것은 그 물을 가두지 못할 터진 웅덩이들이니라"라고 하였다(13절). 여기서 '터진 웅덩이' 즉 '밑 빠진 독'은 헛수고의 상징이다. 하나님이 주신 참 생명을 세상의 헛된 것들과 바꾸는 것은 헛수고에 불과하다.

* 하나님은 이렇게 하는 것을 아주 심각한 일이라고 타이르셨다. "너 하늘아 이 일로 말미암아 놀랄지어다 심히 떨지어다 두려워할지어다"라고 하셨다(12절). 이것은 보통 일이 아니다. 하나님은 이 일로 이스라엘 백성들과 싸우시겠다고 벼르신다. 하나님이 "그러므로 내가 다시 싸우고 너희 자손들과도 싸우리라 여호와의 말씀이니라"라고 하신 것을 참조하라(9절).

다. 성도는 참 생명을 추구해야 한다.

11절, "어느 나라가 그들의 신들을 신이 아닌 것과 바꾼 일이 있느냐 그러나 나의 백성은 그의 영광을 무익한 것과 바꾸었도다."

* 본문에서 하나님은 그의 백성이 무익한 것을 추구하고 있는 것을 지적하셨다. 본문에서 '무익한 것' (בלו יועיל 벨로 요일)은 땅 아래의 것을 가리킨다. 여기서 '요일' (유익한)의 원형 '야알' 은 '위로 올라가다' 라는 뜻이다. 즉 우리의 삶을 위로 올라가게 하는 것은 유익한 것이요, 아래로 내려가게 하는 것은 무익한 것이다. 성도는 무익한 것을 추구하지 말고 더욱 고상한 것, 위의 것을 추구해야 한다.

* 성도는 참 생명인 위의 것을 추구해야 한다. 육신은 낡아져도 속사람

은 날로 새로워지게 해야 한다(고후4:16). 여기서 '새로워지다' (ἀνακαινόω 아나카이노오)도 위를 향하여 더욱 성숙해지는 것을 말한다. 바울은 "그러므로 너희가 그리스도와 함께 살리심을 받았으면 위의 것을 찾으라"고 하였다(골3:1).

＊ 성도는 이방인들처럼 땅의 것을 추구하지 말고 먼저 하나님의 나라와 그의 의를 구해야 한다(마6:33). 하나님이 주시는 참 생명인 위의 것을 추구하는 사람이 온전한 성도가 된다.

라. 하나님은 참 생명을 가진 백성을 보호하신다.

9절, "그러므로 내가 다시 싸우고 너희 자손들과도 싸우리라 여호와의 말씀이니라."

＊ 본문은 하나님이 주시는 참 생명을 버리고 세상의 무익한 것을 추구하는 사람들에게 경고하시는 말씀이다. 하나님은 그들뿐만 아니라 그들의 후손들과도 싸우겠다고 하셨다. 이는 하나님의 심판의 예고다. 하나님은 그의 백성들이 깨닫고 돌아오기를 바라시며 이 말씀을 주셨다.

＊ 하나님의 본심은 그의 백성을 위해 싸워주시는 것이다. 하나님은 야곱에게 '이스라엘' 이라는 이름을 주시며 '내가 너를 위해 싸우겠다' 고 약속하셨다(출32장 참조). 이스라엘은 하나님이 통치하신다는 뜻이다. 그리고 하나님은 야곱을 죽이려고 벼르는 에서의 마음을 돌려놓으시고 두 사람이 반갑게 만날 수 있도록 하셨다(창33장 참조).

＊ 하나님이 그의 백성들과 싸우실 때는 그들을 적의 손에 붙이신다. 그러나 하나님이 그의 백성을 위해 싸우실 때에는 적들을 그들의 손에 붙이신다. 하나님이 어떤 선택을 하실지는 백성들의 태도에 달려있다. 백성들이 하나님이 주시는 참 생명을 버리고 세상의 헛된 것을 추구하면 그들과 싸우시고, 그들이 하나님의 생명을 따라 고상하게 살면 그들을 위해 싸워주신다.

창세기 9장 4-7절
생명을 귀히 여기라

그러나 고기를 그 생명 되는 피째 먹지 말 것이니라 내가 반드시 너희의 피 곧 너희의 생명의 피를 찾으리니 짐승이면 그 짐승에게서, 사람이나 사람의 형제면 그에게서 그의 생명을 찾으리라 (4-5절).

가. 인간의 생명은 존귀하다.

6절, "다른 사람의 피를 흘리면 그 사람의 피도 흘릴 것이니 이는 하나님이 자기 형상대로 사람을 지으셨음이니라."

* 본문은 인간의 생명이 존귀한 이유를 보여준다. 인간은 하나님의 형상대로 창조된 고귀한 존재다. 인간은 하나님의 분신이요 그림자다. 하나님은 창조의 끝에 사람을 창조하셨다. 그리고 피조물들을 보시면서는 '보기에 좋다'라고 하셨는데 사람을 창조하신 후에는 '보기에 심히 좋다'라고 하셨다(창1:31).

* 일반적으로 하나님의 형상을 자연적 형상, 도덕적 형상, 정치적 형상으로 구분한다. 즉 사람은 지, 정, 의를 가진 인격적 존재요, 윤리적 가치를 추구하는 유일한 존재이며, 모든 것을 통치할 수 있는 만물의 영장이다. 인간은 최고의 피조물이다.

* 예수님은 인간의 가치를 높게 평가하시고, 사람의 생명은 천하보다 귀하다고 하셨다(마16:26 참조). 더욱이 예수님은 지극히 작은 자의 생명을 자신의 생명처럼 귀하게 여기신다(마25:45 참조). 요즈음 동물들의 생명도 귀히 여기는데 사람의 생명은 더욱 존귀한 줄을 알아야 한다.

나. 생명경시는 하나님에 대한 도전이다.

5절, "내가 반드시 너희의 피 곧 너희의 생명의 피를 찾으리니…"

＊ 본문은 피를 흘리게 하는 자 즉 생명을 해치는 사람은 하나님이 찾아 보복하시겠다는 말씀이다. 그런데 본 절은 '반드시' 로 시작하여 보복에 대한 하나님의 단호한 의지를 보여준다. 그리고 '찾는다'(다라쉬)는 말은 '짓밟다' 또는 '치다' 라는 뜻이 있는데 하나님이 철저하게 보복하실 것을 암시하고 있다.

＊ 왜 하나님은 피를 흘리게 하는 자에게 보복하시는가? 이는 생명경시가 하나님에 대한 도전이기 때문이다. 하나님의 형상대로 창조된 인간을 경시하는 것은 하나님에 대한 도전이다. 생명은 하나님께서 주신 것이므로 생명을 해치는 것은 하나님의 주권에 대한 도전이다.

＊ 그런데 우리의 현실에서는 하나님에 대한 도전이 계속되고 있다. 자신의 이기적 목적을 위해 사람의 생명을 해치는 일이 많다. 사람은 수단이 아니라 목적이라는 말이 무색하다. 날마다 일어나는 살인사건, 보험금을 받으려고 가족을 살해하는 끔찍한 일도 비일비재하다. 이는 하나님에 대한 도전이요 무서운 심판을 받을 행위다.

다. 성도는 생명을 귀히 여겨야 한다.

5절, "그러나 고기는 그 생명 되는 피째 먹지 말라."

＊ 하나님은 대 홍수 이후에 채소와 더불어 동물들을 먹을거리로 주셨다. 다만, 고기를 그 피째 먹지 말라고 하셨다. 이는 생명을 귀하게 여기라는 말씀이다. 그런데 모 이단종파는 이 말씀을 왜곡하여 수혈을 거절하므로 귀한 생명을 구할 수 있는 기회를 놓치는 경우가 많다.

＊ 본문에 '생명 되는 피' 에서 '생명'(네페쉬)은 숨, 영혼, 인격을 망라하는 단어다. 그러므로 생명을 귀히 여기라는 것은 목숨뿐만 아니라 인간의 영혼과 그의 인격까지도 귀하게 여기라는 말씀이 된다.

＊ 예수님은 사람의 목숨뿐만 아니라 인격의 살인까지 금하셨다(마5장 참

조). 생명을 귀히 여기고 살인하지 말아야 한다. 영혼을 귀히 여기고 구원을 위해 최선을 다하고 실족케 해서는 안 된다. 그리고 다른 사람의 인격을 경시하고 '갑질' 같은 행위로 인격을 짓밟는 일이 없어야 한다. "형제에게 노하는 자마다 심판을 받게 되고"라고 하셨다(마5:22). 슈바이쳐의 '생명에의 경외' 사상을 윤리와 봉사의 기본으로 삼아야 한다.

라. 생명을 귀히 여기는 사람이 좋은 날을 본다.

7절, "너희는 생육하고 번성하며 땅에 가득하여 그 중에서 번성하라 하셨더라."

＊ 본문은 하나님이 노아의 가족에게 생육하고 번성하기를 바라시는 강복의 말씀이다. 하나님은 사람이 생육하고 번성하기를 원하신다(1,7절). 이것이 하나님의 뜻이다. 그런데 생명경시는 하나님이 약속하신 복을 받는 데 장애물이므로 이를 경계해야 한다. 이것이 하나님께서 생명경시를 경고하신 이유다.

＊ 하나님은 사람의 생명을 해치는 자들을 철저히 추적하여 보복하시되 짓밟겠다고 하셨다. 하나님은 생명을 귀히 여기고 존중하는 자들에게는 생육하고 번성하여 땅에 충만하도록 복을 주시지만, 생명을 경시하는 자들에게는 저주를 내리신다.

＊ 하나님의 아벨의 핏소리를 들으시고 그를 죽인 가인을 저주하셨다. 가인에게 내린 저주는 생명을 경시하는 사람들에게 주신 하나님의 경고다. 생명을 경시하던 일본과 독일에 이어 공산주의가 심판을 받았다. 그러나 인권을 존중하는 민주주의 체제는 하나님께서 흥왕케 하셨다. 지금도 피는 피를 부른다. 그러나 생명을 귀히 여기는 자들에게는 하나님이 좋은 날을 주신다.

마태복음 16장 21-23절
사탄아 뒤로 물러가라

예수께서 돌이키시며 베드로에게 이르시되 사탄아 내 뒤로 물러가라 너는 나를 넘어지게 하는 자로다 네가 하나님의 일을 생각하지 아니하고 도리어 사람의 일을 생각하는도다 하시고(2-3절).

가. 예수님은 고난의 종으로 세상에 오셨다.

21절, "이 때로부터 예수 그리스도께서 자기가 예루살렘에 올라가 장로들과 대제사장들과 서기관들에게 많은 고난을 받고 죽임을 당하고…"

* 본문은 베드로가 "주는 그리스도시요 살아 계신 하나님의 아들이시니이다"라고 고백한 이후에 벌어진 일을 소개하고 있다. 예수님은 베드로의 신앙고백을 들으신 후에 비로소 장차 고난을 받고 죽임을 당하게 될 것을 말씀하셨다. 이로써 예수님은 자신이 고난의 종으로 오신 것을 알리셨다.

* 당시 유대인들은 심한 고난 가운데 살고 있었으므로 저들을 회복시켜 주실 정치적 메시아를 기다리고 있었다. 그러한 유대인들에게 고난의 종으로서의 메시아는 생소했을 것이다. 사람들은 이를 쉽게 이해하지 못했고 온전히 따르지 않았다. 본문도 여기에서 발생한 갈등의 문제를 중요하게 다루고 있다.

* 예수님은 많은 유혹을 물리치고 고난의 종으로서 하나님의 일에 충성하셨다. 그는 말씀하신 대로 고난을 받고 십자가에서 죽임을 당하기까지 충성하였다. 그는 세상 사람들을 구원하기 위하여 스스로 고난의 길을 가셨다. 예수님을 고난의 종으로 이해하는 것이 중요하다.

나. 욕심으로 주님을 따르는 것이 문제다.

22절, "베드로가 예수님을 붙들고 항변하여 이르되 주여 그리 마옵소서."

* 베드로는 예수님이 예루살렘에 올라가 고난을 받고 죽임을 당하겠다는 말씀을 듣고는 붙들며 거칠게 항변하였다. 여기서 베드로가 '붙들었다'와 '항변했다'는 말은 그가 이 일을 얼마나 심각하게 생각했는지를 보여준다. 예수님을 생각해서 그랬던 것처럼 보이지만 실상을 자신을 위해서 그렇게 한 것이다.

* 이 일로 인해 예수님은 베드로를 책망하셨다. 예수님이 돌이켜 이르시되 "사탄아 내 뒤로 물러가라 너는 나를 넘어지게 하는 자로다 네가 하나님의 일은 생각하지 아니하고 도리어 사람의 일을 생각하는도다"라고 책망하셨다(23절). 베드로가 세상의 욕심으로 주님을 따른 것이 문제였다.

* 베드로는 신앙고백으로 인하여 예수님께 칭찬을 들었다. 그런데 그는 칭찬을 받은 자리에서 또한 "사탄아 내 뒤로 물러가라"는 책망을 들었다. 이는 누구라도 사탄의 앞잡이가 될 수 있음을 보여준다. 하나님의 일을 생각하지 않고 세상의 욕심을 따라 사람의 생각을 앞세우면 사탄의 앞잡이가 된다. 그러므로 주님을 열심히 섬기되 그를 바로 알고 따라야 한다.

다. 뒤로 물러서서 주님을 따라야 한다.

23절, "예수님께서 돌이키시며 베드로에게 이르시되 사탄아 내 뒤로 물러가라."

* 예수님이 베드로를 책망하시면서 '내 뒤로 물러가라'고 하셨다. 여기서 '뒤로 물러가라'(Ὕπαγε ὀπίσω휘파게 오피소)는 뒤로 또는 아래로 내려가라는 말씀이다. 성도는 주님을 따르는 사람이다. 성도는 주님의 뒤에서 또는 아래에서 섬기며 그가 인도하시는 대로 따라야 한다. 우리가 주님을 앞서서 이끌려고 하면 안 된다.

* 예수님을 고난의 종으로 알고 그를 따르는 사람이 하나님의 일을 생각하는 사람이다. 그러나 예수님을 정치적 메시아로 생각하고 그를 통해 자

신의 유익을 구하는 사람은 사람의 일을 먼저 생각하는 사람이다. 세상에는 주님을 모시고 다니며 십자가의 길을 따르는 사람이 있고, 주님을 모시고 다니다가 필요할 때만 이용하려는 사람이 있다. 주님을 이용하려는 생각은 사탄의 생각이다.

　＊ 신앙생활에는 하나님의 일을 먼저 생각하는 '우선순위'가 필요하다. 그러므로 주님을 온전히 따르려면 자신을 비워야 한다. 예수님은 "누구든지 나를 따라오려거든 자기를 부인하고 자기 십자가를 지고 나를 따를 것이니라"라고 하셨다(24절 참조).

라. 예수님의 고난을 따르면 부활에 이른다.

　21절, "이 때로부터 예수 그리스도께서 자기가 예루살렘에 올라가 장로들과 대제사장들과 서기관들에게 많은 고난을 받고 죽임을 당하고 제 삼일에 살아나야 할 것을 비로소 나타내시니…"

　＊ 주님이 가신 길은 고난을 받고 십자가에서 죽임을 당하는 길이지만 결국은 부활에 이르는 길이다. 십자가 뒤에는 부활이 있고, 고난 뒤에는 영광이 있다. 이것이 성도들의 영원한 희망이다.

　＊ 바울은 주님의 부활을 체험한 사람이다. 그는 "이 썩을 것이 썩지 아니함을 입고 이 죽을 것이 죽지 아니함을 입을 때에는 사망을 삼키고 이기리라고 기록된 말씀이 이루어지리라"라고 고백하였다(고전15:54). 성도들은 우리의 수고가 주 안에서 헛되지 않은 줄 알아야 한다.

　＊ 십자가를 더하기(＋)로 생각하는 사람들이 많다. 그러나 십자가의 공식은 빼기(－)다. 빼지 않고 더하기 하려는 사람은 신앙생활을 잘 할 수 없다. 빼지 않고 더하려는 것은 기복신앙이다. 십자가의 길은 분명히 빼기(－)다. 그러나 하나님은 우리가 뺀 것만큼 30배, 60배, 100배로 채워주신다. 하나님은 우리가 고난에 참여하면 비교할 수 없는 부활의 영광에 이르게 하신다.

 ## 고린도전서 7장 29-35절
하나님께 집중하라

우는 자들은 울지 않는 자 같이 하며 기쁜 자들은 기쁘지 않은 자 같이 하며 매매하는 자들은 없는 자 같이 하며 세상 물건을 쓰는 자들은 다 쓰지 못하는 자 같이 하라 이 세상의 외형은 지나감이니라(30-31절).

가. 성도는 종말론적인 삶을 살아야 한다.
29절, "형제들아 내가 이 말을 하노니 그 때가 단축하여진 고로…"
＊ 본문은 성도들에게 종말론적인 삶을 살라는 교훈의 말씀이다. 여기서 '때'(καιρός카이로스)는 '달력의 시간'(χρόνος크르노스)과 구별된다. 대부분 노년이 되면 달력의 시간으로 얼마 남지 않았음을 깨닫고 철들며 성숙해진다. 그러나 오늘이 나의 마지막이라는 생각으로 결단하며 살아가는 시간(카이로스) 안에서는 청년도, 젊은 사람도, 장년도 모두 철들고 성숙해질 수 있다.
＊ 사도 바울 시대에는 임박한 재림사상을 가지고 하루하루를 마지막 날로 알고 철저하게 신앙생활을 하며 지냈다. 지금은 주의 재림이 늦추어졌으므로 상황은 다르다. 그러나 우리도 언제 주님 앞에 서야할지 모르는 형편이므로 초대교회의 성도들과 같은 마음으로 결단하며 살아야 한다.
＊ 참다운 종말론은 장래의 천국과 지옥에 대한 믿음(미래적 종말론)을 넘어선다. 진정한 종말론은 성도가 천국의 백성임을 깨닫고, 천국의 가치관으로 무장하고, 오늘 하루하루를 최선을 다하여 주님의 뜻대로 사는 것이다(실존적 종말론).

나. 세상의 일은 지나가는 껍데기에 불과하다.

31절, "세상 물건을 쓰는 자들은 다 쓰지 못하는 자 같이 하라 이 세상의 외형은 지나감이라."

＊ 바울은 본문 29-31절에서 "아내 있는 자들은 없는 자 같이 하며," "매매하는 자들은 없는 자 같이 하며," "세상 물건을 쓰는 자들은 다 쓰지 못하는 자 같이 하라"고 하였다. 왜 그래야 하나? 그것은 결혼, 상업, 그리고 모든 소비생활이 지나가는 외형(σχῆμα스케마) 즉 껍데기에 불과하기 때문이다. 성도들은 이 껍데기에 목숨을 걸면 안 된다.

＊ 주님은 노아 홍수 심판의 시대를 지적하시며 "노아가 방주에 들어가던 날까지 사람들이 먹고 마시고 장가들고 시집가고 있으면서 홍수가 나서 그들을 다 멸하기까지 깨닫지 못하였다"고 하셨다(마24:38-39). 이는 물론 세상의 일들이 필요 없다는 말씀이 아니다. 이것은 사람들이 껍데기에 매달려 살면서 그것이 담아내야 할 알맹이를 놓쳤음을 지적하신 말씀이다.

＊ 성도들은 세상의 일, 즉 껍데기에 목숨을 걸지 말고, 그것이 담아내야 할 알맹이를 찾아야 한다. 그것은 바로 하나님께 영광을 돌리고 그를 기쁘시게 해드리는 것이다. 그리고 알맹이를 찾아야 자신의 삶이 아름답게 된다.

다. 하나님을 기쁘시게 하는 일에 집중하라.

34절, "마음이 갈라지며 시집가지 아니한 자와 처녀는 주의 일을 염려하여 몸과 영을 다 거룩하게 하려 하되 시집간 자는 세상일을 염려하여 어찌하여야 남편을 기쁘게 할까 하느니라."

＊ 본문은 성도들의 마음이 갈라져서 하나님을 기쁘시게 하는 일에 집중하지 못하는 것을 염려하는 말씀이다. 그러므로 결혼생활을 하더라도, 장사를 하더라도, 어떤 사회생활을 하더라도 오직 하나님을 기쁘시게 해드리려고 최선을 다하라는 말씀이다(나실인 참조).

＊ 여기서 '갈라지며'(수동)는 세상의 일이 우리의 마음을 빼앗아 갈라지

게 하기에 충분한 힘이 있음을 보여준다. 마치 물질(맘몬)이 신처럼 우리의 마음을 빼앗아 하나님을 섬기지 못하게 하는 강력한 세력인 것과 마찬가지다. 세상의 일들은 가볍게 다룰 수 있는 것들이 아니다. 성도는 세상의 일에 마음을 빼앗기지 않도록 신중해야 한다.

  * 성도는 곧 지나가는 껍데기에 목숨을 걸지 말고 그것이 담아내야 할 알맹이 즉 하나님을 기쁘시게 하는 일에 집중해야 한다. "한 사람이 두 주인을 섬기지 못한다"고 하신 주님의 말씀을 경청하라(마6:24). 둘 사이에서 머뭇거리지 말고 결단해야 한다(왕상18:21절 참조).

라. 하나님을 기쁘시게 하는 삶은 품위가 있다.
  35절, "내가 이것을 말함은 너희의 유익을 위함이요 너희에게 올무를 놓으려 함이 아니니 오직 너희로 하여금 이치에 합당하게 하여 흐트러짐이 없이 주를 섬기게 하려 함이라."

  * 하나님을 기쁘시게 하는 일에 집중하면 우리에게도 유익한 결과를 가져온다. 여기서 '유익함'(σύμφορος 쉼포론)은 '함께 열매를 맺다' 라는 뜻이다. 참다운 유익은 너에게도 좋고 나에게도 좋아야 한다. 즉 하나님께 집중하면 하나님께도 좋고 우리에게도 좋은 결과를 가져 온다. 주님을 따르는 것이 결코 올무가 아니다.

  * 하나님께 집중하면 결국 "이치에 합당하게 행하여 흐트러짐이 없이 주를 섬기게" 된다. 흐트러짐이 없이 주를 섬기게 됨은 신앙생활의 유익이요, 이치에 합당하게 행함은 삶의 유익이다. 특별히 '이치에 합당하게'(εὐσχήμων 유스케몬)는 '외형(스케마)을 올바르게 행하다(유)' 라는 뜻이다. 하나님을 기쁘시게 하는 일에 집중하면 결국은 삶의 외형을 올바르게 행함으로 품위 있는 삶을 살게 된다.

  * 이처럼 성도가 천국의 백성임을 깨닫고, 천국의 가치관을 갖고, 하루하루를 최선을 다하여 종말론적인 삶을 살면 결국에는 품위 있는 사람이 되는 유익이 따른다.

# 이사야 26장 1-4절
하나님이 구원의 성벽이다

그 날에 유다 땅에서 이 노래를 부르리라 우리에게 견고한 성읍이 있음이여 여호와께서 구원을 성벽과 외벽으로 삼으시리로다 너희는 문들을 열고 신의를 지키는 의로운 나라가 들어오게 할지어다(1-2절).

가. 여호와 하나님이 구원의 성벽이시다.

1절, "그 날에 유다 땅에서 이 노래를 부르리라 우리에게 견고한 성읍이 있음이여 여호와께서 구원을 성벽과 외벽으로 삼으시리로다."

* 본문은 이스라엘이 구원의 날에 부를 소망의 노래다. 하나님의 백성들이 이러한 노래를 부르게 될 날이 올 것이다. 여호와는 이러한 노래를 부르게 하실 수 있는 능력의 하나님이시다. 하나님이 우리를 위해 싸워주시면 우리는 승리의 노래를 부를 수 있다. 여호와가 우리의 소망이요 국방이시기 때문이다.

* 전통적으로 성읍을 견고하게 지키기 위해서 사람들은 성을 쌓았다. 성벽을 쌓고 또 외벽을 만들기도 하였다. 성(성벽)을 쌓고 성루(외벽)를 만들었다. 이런 것들은 모두 성의 안전을 위한 최선의 방책이었다. 그러나 성을 튼튼히 쌓았다고 해서 성이 안전한 것은 아니다.

* 성은 하나님이 지켜주셔야 안전하다. 하나님의 구원이 성벽과 외벽이 되어야 안전하다. 한 시인은 "여호와께서 집을 세우지 아니하시면 세우는 자의 수고가 헛되며 여호와께서 성을 지키지 아니하시면 파수꾼의 경성함이 허사로다"라고 노래하였다(시127:1).

나. 백성이 하나님을 떠난 것이 문제다.

2절, "너희는 문들을 열고 신의를 지키는 의로운 나라가 들어오게 할지어다."

* 이 말씀은 당시 이스라엘 백성의 영적인 상태를 보여준다. 여기서 '나라'(고이)는 백성들을 가리킨다. 즉 신의를 지키는 의로운 사람들이 성 밖으로 쫓겨나 있는 상태를 보여준다. 그들이 들어올 수 있는 문은 굳게 닫혀 있다. 이것이 하나님을 떠난 나라들의 보편적인 모습이다.

* 여기서 말하는 '신의'(אמונה 에무님)와 '의로움'(צדיק 차디크)은 하나님 나라의 핵심가치다. 그런데 하나님이 가장 소중히 여기시는 핵심가치를 따르는 사람들을 성 밖으로 쫓아냈으니 이는 하나님에 대한 도전이다. 이런 나라가 하나님의 사랑과 보호를 받지 못하는 것은 당연하다.

* 이제 문을 열고 신의를 지키는 의로운 사람들이 성안으로 들어오게 해야 한다. 그리고 부정과 부패로 타락한 사람들은 회개하고 바로 서야 한다. 니느웨 왕은 요나의 외침을 듣고 조서를 내려 "사람이든지 짐승이든지 다 굵은 베옷을 입을 것이요 힘써 하나님께 부르짖을 것이며 각기 악한 길과 손으로 행한 강포에서 떠날 것이라"고 명령하였다(욘3:9). 하나님께로 돌아오는 것이 살길이다.

다. 여호와 하나님을 영원히 신뢰하라.

4절, "너희는 여호와를 영원히 신뢰하라 주 여호와는 영원한 반석이심이로다."

* 본문에서 '반석'(צור 추르)은 은유적으로 하나님이 '이스라엘의 피난처'가 되심을 보여준다. 또한 이 말은 칼로 사용된 '부싯돌'로 쓰이기도 하였다. 즉 하나님은 그를 찾고 신뢰하는 백성들에게는 반석이 되시고, 그를 떠난 백성들에게는 심판의 칼이 되실 수 있다. 여호와를 신뢰하는 것이 살길이다.

* 여기서 '신뢰하다'(בטח 바타흐)는 본래 의미가 '피난처를 찾아 서둘러 가다'이다. 그리고 '바타흐(수동)'는 하나님이 피난처라는 확신에서 강하게

이끌려가는 것을 말한다. 새우깡의 맛에 이끌려 손이 가듯이, 하나님의 능력에 이끌려 그에게 자신을 맡기게 된다. 이렇게 믿음으로 끌리는 것이 진정한 신뢰다.

* 그리고 하나님에 대한 신뢰(분사)는 항상 그리해야 한다. 하나님 앞에 심지가 견고해야 한다(3절). 심지가 견고한 것은 하나님 앞에 두 마음을 품지 않는 것을 말한다. 하나님과 바알을 동시에 의지하는 것은 잘못이다. 하나님과 재물을 동시에 섬길 수 없다. 이는 모두 우상숭배에 해당한다. 나라의 군사력과 경제력은 큰 힘이지만 오직 하나님을 의지해야 한다.

라. 하나님을 신뢰하는 이들에게 평강이 있다.

3절, "주께서 심지가 견고한 자를 평강하고 평강하도록 지키시리니 이는 그가 주를 신뢰함이니이다."

* 이 말씀은 오직 하나님을 중심에 두고 그를 신뢰하면 평강하도록 지켜주신다는 약속의 말씀이다. 하나님은 우리의 성벽이시며 반석이시다. 그를 의지하는 사람들은 주 안에서 평강을 얻는다.

* 하나님은 그의 백성들이 평강을 누리기를 원하신다. 하나님이 모세에게 주신 축복의 기도에 "여호와는 그의 얼굴을 네게 비추사(기뻐하시며) 은혜 베푸시기를 원하며 여호와는 그 얼굴을 네게로 향하여 드사(웃으시며) 평강 주시기를 원하노라"라는 말씀이 있다(민6:25-26). 하나님은 이 말씀으로 백성들을 축복하라고 하셨다. 이것은 우리를 향하신 하나님의 소원이다.

* 하나님은 그를 온전히 신뢰하였던 사무엘이 사는 날 동안에는 그 땅에 평강을 주셨다. "이에 블레셋 사람들이 굴복하여 다시는 이스라엘 지역 안에 들어오지 못하였으며 여호와의 손이 사무엘이 사는 날 동안에 블레셋 사람을 막으시매…이스라엘이 그 사방 지역을 블레셋 사람들의 손에서 도로 찾았고 또 이스라엘과 아모리 사람 사이에 평화가 있었더라"라고 하였다(삼상7:13-14참조).

창세기 50장 15-21절
믿음 안에서 생각하라

요셉이 그들에게 이르되 두려워하지 마소서 내가 하나님을 대신 하리이까 당신들은 나를 해하려 하였으나 하나님은 그것을 선으로 바꾸사 오늘과 같이 많은 백성의 생명을 구원하게 하시려 하셨나니(19-20절).

가. 만사를 믿음 안에서 생각해야 한다.

17절, "너희는 이같이 요셉에게 이르되 네 형들이 네게 악을 행하였을지라도 이제 바라건대 그들의 허물과 죄를 용서하라…하매 요셉이 그들이 그에게 하는 말을 들을 때에 울었더라."

* 본문은 야곱이 죽자 불안해진 요셉의 형들이 아버지의 유언을 전하며 자신들을 용서해달라고 하는 이야기로 시작한다. 저들이 아버지의 유언이라고 전한 것은 사실이 아니라 지어낸 말이다. 야곱이 이 말을 했다면 훨씬 이전에 요셉에게 직접 하였을 것이다.

* 형들의 이러한 생각은 일반적인 상황에서는 얼마든지 있을 수 있다. 부모가 살아있을 때에는 참고 있다가 사후에 형제의 정을 끊는 경우가 많기 때문이다. 요셉이 믿음으로 생각하는 사람이 아니었다면 그렇게 했을 것이다. 믿음으로 생각하지 않는 세상에서는 그러한 일들이 상식이다.

* 그러나 요셉은 이미 이 문제를 초월해 있었다. 그는 형들의 말을 들을 때에(듣자마자) 울었다. 만일 요셉이 보복할 생각이 있었다면 듣고 울기는커녕 웃었을 것이다. 그가 듣자마자 울었다는 것은 이미 믿음 안에서 생각하며 하나님의 뜻을 따르고 있었음을 보여준다.

나. 믿음으로 생각하면 하나님의 뜻이 보인다.

20절, "당신들은 나를 해하려 하였으나 하나님은 그것을 선으로 바꾸사…"

∗ 요셉이 형들을 용서한 것은 형들의 죄가 가벼워서가 아니다. 하나님이 형들의 악을 선으로 바꾸셨을지라도 악은 악이다. 다만 요셉은 믿음 안에서 생각하면서 그의 가족을 구원하기 위한 하나님의 섭리를 보았다. 그는 형들의 악을 선으로 바꾸신 하나님의 깊은 뜻을 보았기 때문에 형들을 용서하고 또 악을 선으로 갚았다.

∗ 본문에서 '바꾸사'(חשב하샤브)는 '생각하다' 또는 '고안하다' 라는 뜻이다. 하나님은 깊이 생각하시는 가운데 형들의 악을 선으로 바꾸셨음을 보여준다. 이러한 하나님의 깊은 뜻은 믿음 안에서 생각할 때에 찾을 수 있다. 요셉이 믿음 안에서 생각하였기 때문에 하나님이 악을 선으로 바꾸어 백성들을 살리는 기회로 만드신 것을 깨닫게 되었고 하나님의 뜻을 따랐다.

∗ 하나님은 사랑하는 자들에게 모든 것을 합력하여 선을 이루게 하시는 분이시다(롬8:28). 세상 사람들도 '인간지사 새옹지마' 라는 말을 한다. 하나님이 섭리하시고 운영하시는 세계 역사 안에는 이러한 원리가 작용하고 있다. 성도는 육적인 생각을 넘어서 믿음으로 생각하여 하나님의 뜻을 보아야 한다.

다. 믿음 안에서 생각하고 하나님께 맡겨라.

19절, "요셉이 그들에게 이르되 두려워하지 마소서 내가 하나님을 대신하리이까."

∗ 요셉은 형들의 큰 죄에 대하여 보복하지 않았다. 그것은 아버지 때문이 아니었다. 그것은 하나님의 뜻을 깨달았기 때문이었다. 그가 믿음 안에서 생각하고 모든 결과를 하나님께 맡겼기 때문에 가능했다.

∗ 여기서 '대신하리이까' 에는 하나님 앞에 월권하지 않겠다는 신앙고백이 담겨 있다. 본문에서 '대신에'(תחת타하트)는 '아래' 라는 뜻도 갖고 있다.

인간은 원래 하나님을 대신할 수 없는 존재 즉 하나님의 아래에 있는 존재다. 요셉은 이를 잘 알고 있었고, 그래서 하나님 앞에서 월권하지 않겠다고 한 것이다.

 * 하나님은 살아계시며 그를 찾는 자들에게는 상을 주시고, 그를 거역하는 자들에게는 벌을 내리신다(히11:6). 상을 주시든지, 벌을 주시든지 이 모든 것은 하나님의 주권에 달려 있다.

 * 스스로 복수하려는 생각은 하나님 앞에 월권이다. 하나님께 벌을 주라고 간청하는 것도 월권이다. 성경은 "원수 갚는 것은 내게 속한 것이니"라고 하였으며, 복수는 하나님의 권리임을 강조한다(롬12:19). 성도는 믿음으로 생각하고 모든 결과를 하나님께 맡겨야 한다.

라. 믿음으로 생각하는 사람에게는 여유가 있다.

21절, "당신들은 두려워하지 마소서 내가 당신들과 당신들의 자녀를 기르리이다 하고 간곡한 말로 위로하였더라."

 * 요셉은 형제들을 용서했다. 그뿐 아니라 하나님의 뜻을 따라 형들과 그의 자녀들을 양육하겠다고 약속했다. "당신들과 당신들의 자녀를 기르리이다"라고 한 것은 용서를 넘어 악을 선으로 갚은 것이다. 용서도 훌륭하지만 악을 선으로 갚는 것은 더욱 위대한 행동이다.

 * 여기서 '간곡한'(לֵב 레브)은 '심장'을 가리키며 진정성 있는 위로를 암시한다. 또한 '기르리이다'(אֲכַלְכֵּל 아칼켈)는 언제까지나(미완료) 책임지고(강조) 양육하겠다는 약속이었다. 요셉이 믿음으로 생각하였으므로 하나님의 섭리를 보았고 따라서 자신이 은총을 베푸는 사람이 되었다.

 * 성경은 "아무에게도 악으로 악을 갚지 말고 모든 사람 앞에서 선한 일을 도모하라"고 하였다(롬12:17). 요셉처럼 믿음 안에서 생각할 때에 하나님의 뜻을 깨닫게 되고, 원수를 용서할 뿐만 아니라 악을 선으로 갚는 여유를 누리는 사람이 될 수 있다.

요한계시록 14장 1-5절
하늘의 영광을 바라보라

그들이 보좌 앞과 네 생물과 장로들 앞에서 새 노래를 부르니 땅에서 속량함을 받은 십사만 사천 밖에는 능히 이 노래를 배울 자가 없더라(3절).

가. 하나님의 나라는 영광의 나라다.

1절, "또 내가 보니 보라 어린 양이 시온 산에 섰고…"

* 본문은 하나님의 나라에 들어간 성도들의 영광스러운 모습을 보여주는 말씀이다. 하나님의 나라는 영광의 나라다. 이미 요한은 변화산에서 예수님의 변모된 모습을 보았다. 그런데 하나님은 환상을 통하여 하나님 나라가 얼마나 영화로운지 그 영광의 실체를 보여주셨다. 요한이 변화산에서 하나님 나라의 영광을 본 것이 맛보기였다면 환상을 통해서는 영광의 실체를 보았다.

* 시온산의 '시온'은 히브리어 '치온'(ןויצ 눈에 띈다)에서 유래하였다. 시온산은 예루살렘을 상징하는 산이며 영적으로 하나님 나라의 도성을 상징한다. 이 영광스러운 성이 성도의 소망이다.

* 요한은 하나님의 도성을 보고 이렇게 기록하였다. "내가 새 하늘과 새 땅을 보니 처음 하늘과 처음 땅이 없어졌고 바다도 다시 있지 않더라 또 내가 보니 거룩한 성 예루살렘이 하나님께로부터 하늘에서 내려오니 그 준비한 것이 신부가 남편을 위하여 단장한 것 같더라"라고 하였다(계21:1-2). 주님을 따르는 길은 어려운 길이지만 결국은 영광의 나라에 이르는 길이다.

나. 하나님의 나라는 아무나 들어가지 못한다.

1절, "또 내가 보니 보라 어린 양이 시온 산에 섰고 그와 함께 십사만 사천이 서 있는데…"

＊ 요한이 본 환상에는 어린 양과 함께 서서 노래하는 성도들의 수가 십사만 사천이라고 하였다. 이것은 상징적인 숫자인데 하나님의 나라에는 아무나 들어가지 못한다는 것을 보여준다.

＊ 어떤 이들은 여기서 십사만 사천의 수는 '무제한의 제한'을 보여주는 것이라고 해석한다. 이 숫자를 실제적인 수로 계산하면 안 된다. 많은 이단들은 그들이 추종하는 종교단체에 들어와야 십사만 사천에 속하고 영생을 누릴 수 있다고 가르친다. 자신들만이 참 종교인 것처럼 현혹하는데 이는 큰 잘못이다. 구원의 문은 누구에게든지 열려있으나 아무나 들어가지 못할 뿐이다.

＊ 요한이 전한 복음 중의 복음은 "하나님이 세상을 이처럼 사랑하사 독생자를 주셨으니 이는 그를 믿는 자마다 멸망하지 않고 영생을 얻게 하려 하심이라"는 말씀이다(요3:16). 여기서 '믿는 자다다'의 '마다'(ΠΑΣ파스)는 '누구든지' 또는 '모두'로서 '누구든지 믿는 자는 모두' 구원받는다는 것을 보여준다. 하나님은 모든 사람이 구원에 이르기를 원하신다. 그러나 진정으로 믿는 사람만 들어갈 수 있다.

다. 하나님의 자녀로 인침을 받아야 한다.

1절, "그들의 이마에는 어린 양의 이름과 그 아버지의 이름을 쓴 것이 있더라."

＊ 하나님의 영광의 나라에는 믿는 성도들이 들어간다. 참으로 신실한 믿음의 사람이 들어간다. 참으로 신실한 믿음의 사람은 하나님의 자녀로 인침을 받은 사람이다. 어린 양의 이름과 하나님의 이름으로 인침을 받고(분사), 언제나 어디서나 하나님의 자녀로 살아야 영광에 들어갈 수 있다.

＊ 여기서 이마에 인침을 받는 것은 의미가 있다. 이마에는 뇌의 사령부에 해당하는 전두엽이 있다. 이 전두엽이 하나님의 통치를 받으면 참으로

하나님의 사람이 된다. 물론 이 전두엽에 사탄의 표를 받고 지배를 받는 사람은 마귀의 자녀가 된다. 성도는 하나님의 자녀로 인침을 받고 자녀답게 살아야 한다.

* 이마에 하나님의 자녀로 인침을 받은 사람들이 어떤 사람인지는 다음과 같다. "이 사람들은 여자와 더불어 더럽히지 아니하고 순결한 자라 어린 양이 어디로 인도하든지 따라가는 자며 사람 가운데에서 속량함을 받아 처음 익은 열매로 하나님과 어린 양에게 속한 자들이니 그 입에 거짓이 없고 흠이 없는 자들이더라"(4-5절). 하나님의 자녀로서 신실한 믿음의 사람이 영광의 나라에 들어간다.

라. 구원받은 사람들이 하늘잔치에 참여한다.

3절, "그들이 보좌 앞과 네 생물과 장로들 앞에서 새 노래를 부르니 땅에서 속량함을 받은 십사만 사천 밖에는 능히 이 노래를 배울 자가 없더라."

* 구원받은 사람들은 하늘잔치에 참여하여 새 노래를 부르며 하나님께 영광을 돌린다. 그런데 여기서 '새 노래'가 무엇인지 아는 것이 중요하다. 새 노래는 구원받은 십사만 사천 외에는 부를 수 없는 노래다. 이것은 구원받은 사람들이 구원의 감격을 가지고 부르게 될 노래다.

* 이 노래는 아무나 부를 수 없다. 홍해 바다를 건넌 후에 이스라엘이 불렀던 노래는 아무나 부를 수 없는 것과 같다. 가사와 음정은 따라 부를지라도 그들의 감격은 따를 수 없다. 이처럼 구원받은 사람만이 그 구원의 감격을 가지고 새 노래를 부르게 된다. 이것은 성도가 누릴 영원한 특권이다.

* 새 노래를 부를 수 없는 사람들이 있다. 구원의 무리에 들지 못한 사람들은 쫓겨나 이를 갈며 슬피 울게 될 것이다. 쫓겨난 사람들이 당할 슬픔은 아무도 모른다. 그 날에야 그 감격과 슬픔의 크기를 알게 될 것이다. 성도는 그 날에 구원의 감격 속에 새 노래를 부르도록 준비해야 한다.

요한3서 1장 1-4절
진리 안에서 행하라

사랑하는 자여 네 영혼이 잘됨 같이 네가 범사에 잘되고 강건하기를 내가 간구하노라 형제들이 와서 네게 있는 진리를 증언하되 네가 진리 안에서 행한다 하니 내가 심히 기뻐하노라(2-3절).

가. 성도는 진리 안에서 행하여야 한다.

3절, "형제들이 와서 네게 있는 진리를 증언하되 네가 진리 안에서 행한다 하니 내가 심히 기뻐하노라."

＊ 본문은 사도 요한이 가이오 성도가 진리 안에서 행한다는 말을 듣고 크게 기뻐하며 축복한 말씀이다. 사도 요한은 성도들이 진리 안에서 행하는 것보다 더 기쁜 일은 없다고 하였다. 이는 모든 목회자의 마음이며 또한 하나님도 같은 마음을 갖고 계신다고 믿는다.

＊ 교회 안에 여러 종류의 신자가 있다. 천국에 가기 위하여 이름만 걸어놓고 형식적으로 신앙생활을 하는 성도들이 있다. 또 교회생활을 열심히 하기는 하는데 오직 복을 받는데 관심을 기울이는 성도들도 있다. 그리고 교회 안에서 으뜸이 되기를 좋아하고, 섬기려고 하지 않고 섬김을 받으려는 성도들도 있다(9절 참조). 이는 십자가의 진리를 모르는 사람들이다.

＊ 하나님은 진리 안에서 행하는 성도, 즉 성숙한 성도를 기뻐하신다. 예수님은 자신이 '길이요 진리요 생명'이라고 하셨다(요14:6). 진리를 행하지 않고는 주님을 따를 수 없다. 성도가 성숙하면 성숙할수록 주님의 진리를 깨닫고 진리 안에서 행해야 한다.

나. 진리를 행함은 바른 길을 가는 것이다.

2절, "사랑하는 자여 네 영혼이 잘됨 같이…"

* 본문 2절은 사도 요한이 가이오 성도에게 축복한 것으로 아주 유명한 말씀이다. 여기서 사도 요한은 진리를 행하는 것을 영혼의 잘됨과 연계하여 설명한다. 즉 진리를 행하는 것이 영혼이 잘되었다는 증거라고 할 수 있다. 진리는 깨닫는 것도 중요하지만 그것을 실천하여 열매를 맺는 것은 더 중요하다.

* 진리를 행하려면 영혼이 잘되어야 한다. 그리고 영혼이 잘되려면 하나님의 생기로 혼이 살아나야 한다. 하나님은 사람을 흙으로 지으시고 생기를 불어 넣으심으로 생령(혼이 살아있는 존재)이 되게 하셨다. 사람은 혼이 살아 있어야 짐승과 달리 인격적인 삶을 살 수 있다.

* 그리고 '영혼이 잘됨 같이'에서 '잘됨'(εὐοδόω 유오도오)은 '길을 바르게 가다' 또는 '번영하다' 라는 뜻을 갖고 있다. 이는 구약에서 '복'(אֶשֶׁר 예사르)의 어원인 '야사르'가 '똑바로 가다' 또는 '번영하다' 라는 뜻을 갖고 있는 것과 같다. 진정으로 잘되는 복은 똑바로 가면서 번영하는 것이다. 삐뚤어진 길을 가는데도 잘된다면 이는 복이 아니다. 언젠가는 높이 올라가다가 추락할 것이기 때문이다.

다. 한결같은 마음으로 진리를 행해야 한다.

4절, "내가 내 자녀들이 진리 안에서 행한다 함을 듣는 것보다 더 기쁜 일이 없도다."

* 본문에서 가이오 성도는 진리를 행하되 한결같이 행하는 사람이었다. 여기서 '행한다'(περιπατέ 페리파테오, 분사)는 한결같은 마음으로 진리를 행하는 것을 말한다. 사람은 누구나 일시적으로는 진리 안에서 행할 수 있다. 또 이익이 되거나 좋은 조건에서는 진리 안에서 행할 수 있다. 그러나 좋은 조건에서나 나쁜 조건에서나 변함없이 진리 안에서 행하는 것이 중요하다.

* 또 '행한다'(페리파테오)에서 '페리'는 '두루' 또는 '둘레'라는 뜻을 갖고 있는 전치사다. 결국 이 말은 중심에 있을 때뿐만 아니라 주변에 있을 때에도 진리를 행하는 것을 암시한다. 대부분의 사람들이 큰길에서는 올바르게 행하여도 골목이나 변두리에서는 잘못하는 경우가 많다. 성도는 하나님 앞에 서 있는 존재임을 잊지 말고 항상 진리 안에서 행하여야 한다. '코람데오'의 신앙을 유지해야 한다.
 * 구약에서 '진리'(אֶמֶת 에메트)는 성실과 정직의 뜻을 갖고 있으며, 처음과 중간과 끝이 한결같이 같음을 내포하고 있다. 하나님이 한결같으신 것처럼 성도들도 한결같아야 한다.

라. 진리를 행하는 사람들에게는 복이 있다.
2절, "사랑하는 자여 네 영혼이 잘됨 같이 네가 범사에 잘되고 강건하기를 내가 간구하노라."

 * 사도 요한이 가이오 성도에게 한 축복의 말씀은 하나님의 뜻을 잘 보여준다. 하나님은 우리가 영혼이 잘됨 같이 범사가 잘되고 강건하기를 원하신다. 여기서 '영혼이 잘됨'은 혼이 살아 있어 진리를 행함이요, '범사가 잘됨'은 모든 일이 바르게 사는 가운데 번성하게 되는 것이며, '강건함'은 육체의 건강과 함께 건전한 생활을 의미한다.
 * 여기서 '~같이'는 '~만큼'이라는 뜻도 있어 상호연관성을 보여준다. 즉 영혼이 잘되는 것이 범사의 잘됨과 강건함에 영향을 미친다는 것이다. 이런 것들은 별개의 복이 아니다. 범사에 번성함과 강건함은 영혼이 잘되어 진리 안에서 행하는 사람들에게 하나님이 주시는 복이다.
 * 성경말씀은 사람이 심은 대로 거두는 기본원칙을 보여준다. 이 원칙은 본문의 말씀에서도 그대로 적용된다. 하나님이 그를 경배하고 섬기는 자들에게 합당한 은총을 주시듯이, 영혼이 잘되어 진리를 행하는 사람들에게는 바르게 살면서 번성하게 하고 강건함(건전함)을 누리게 하신다.

 **마태복음 5장 13절**
세상의 소금이 되라

너희는 세상의 소금이니 소금이 만일 그 맛을 잃으면 무엇으로 짜게 하리요 후에는 아무 쓸 데 없어 다만 밖에 버려져 사람에게 밟힐 뿐이니라(13절).

가. 성도에게는 세상을 향한 사명이 있다.
13절, "너희는 세상의 소금이니…"

* 본문은 세상을 향한 교회(성도)의 사명을 소개하는 말씀이다. 여기서 "너희는 세상의 소금이니"는 "너희는 세상의 빛이니"라는 말씀과 함께 세상에서 성도의 사명이 무엇인지를 잘 보여준다. 즉 성도들(교회)은 세상에서, 세상을 위해, 세상을 변화시키는 사명을 감당해야 한다.

* 교회를 '에클레시아'라고 한다. 이는 성도들이 세상으로부터 불러내어진 무리라는 뜻이다. 그리고 사람을 불러내는 일을 전도라고 한다. 그러나 '하나님의 선교' 신학이 등장하면서 세상으로부터 불러내어진 교회는 다시 세상을 향해 나아가 하나님의 사역에 동참하는 사명을 강조한다. 그리스도가 세상을 위해 오셨던 것처럼 교회는 세상을 위해 일해야 한다.

* 교회는 세상과 적대관계에 있지 않다. 그렇지만 교회가 세상에 속하는 것도 안 된다. 교회는 세상에서 불러내어졌으나 다시 세상으로 돌아가 그리스도 예수를 통하여 이루시고자 원하시는 하나님의 사역에 동참해야 한다. 리챠드 니버의 "그리스도와 문화"에서 '세상의 변혁자로서의 그리스도'를 참조하라.

나. 성도는 세상을 위한 밑거름이 되어야 한다.

13절, "너희는 세상의 소금이니…"

* 여기서 '세상의 소금'(τὸ ἅλας τῆς γῆς·할라스 테스 게스)은 문자적으로는 '땅의 소금'을 말한다. 이것은 '세상의 빛'(τὸ φῶς τοῦ κόσμου·포스 투 코스무)과 비교된다. 빛이 세상에 드러나는 것이라면 소금은 흙속에 녹아 스며드는 성질이 강조된다. 이로서 '땅의 소금'이 되라는 사명은 세상을 위한 밑거름이 되라는 것이다.

* 물론 소금은 여러 가지 쓸모가 있다. 음식물에 맛을 내는 조미료의 기능도 있다. 그러나 본문에서는 '땅의 소금'이 되라는 사명을 주셨는데 이는 조미료가 되는 역할 그 이상을 말한다.

* 소금은 방부제로도 사용되었다. 그러나 땅의 소금으로서 역할은 방부제 그 이상이다. 옛날 유대인들은 척박하고 딱딱한 땅을 부드럽고 비옥한 땅으로 만들기 위해 소금을 밑거름으로 사용하였다고 한다. 이런 생각에서 "너희 속에 소금을 두고 서로 화목하라"는 말씀을 하셨음을 참조하라(막 9:50).

* 성도는 세상을 위한 밑거름이 되어야 한다. 그리스도가 자신을 죽여 세상을 구원하신 것처럼, 성도는 자신을 녹여 세상을 아름답고 넉넉한 곳으로 만드는 사명을 잘 감당해야 한다.

다. 밑거름이 되려면 영적 지혜로 무장해야 한다.

13절, "너희는 세상의 소금이니 소금이 만일 그 맛을 잃으면.."

* 소금이 그 맛을 잃으면 세상을 위한 밑거름이 되는 사명을 감당할 수 없다. 그런데 여기서 '맛을 잃으면'(μωρανθη모란데, 가정법, 과거수동)은 '어리석게 되다'라는 뜻이다. 성도가 지혜를 잃고 어리석게 되면 아무 쓸데없어 버림을 받게 된다. 그러므로 성도는 항상 영적 지혜로 철저하게 무장하고 있어야 한다.

* 어리석은 사람은 하나님을 모른다. 그리고 하나님을 모르는 사람은 이

웃에 대하여 관심이 없다. 오직 자신밖에 모르고 자기중심적으로 산다. 예수님은 비유에서 자신밖에 모르고 현재 세상밖에 모르는 사람은 어리석은 사람이라고 지적하셨다(눅12:13-21). 성도는 하나님의 지혜의 말씀으로 무장하여 현세와 더불어 내세를 준비하고 자신과 더불어 하나님과 이웃을 위해 헌신해야 한다.

＊ 그런데 여기서 '맛을 잃으면' (수동)은 외부의 힘에 의해 맛을 잃게 되는 것을 말한다. 세상에는 성도들의 지혜를 무력하게 만드는 강한 세력이 있다. 즉 육신의 정욕, 세상의 악한 풍조, 그리고 사탄의 유혹이 그것이다. 성도는 세상에서 살아야 하지만 세상에 빠져서 맛을 잃으면 안 된다.

라. 사명을 감당하는 성도가 존재가치가 크다.

13절, "너희는 세상의 소금이니 소금이 만일 그 맛을 잃으면 무엇으로 짜게 하리요 후에는 아무 쓸 데 없어 다만 밖에 버려져 사람에게 밟힐 뿐이니라."

＊ 소금이 그 맛을 잃으면 아무 쓸 데가 없다. 이는 성도가 어리석게 되면 아무 쓸모가 없다는 비유다. 그런데 '쓸모가 있다' (이스퀴오)는 '힘이 있다' 또는 '가치가 있다' 라는 뜻을 갖고 있다. 성도가 사명을 감당하지 못하면 무능하고 결국 존재가치가 없다는 것을 보여준다. 그러나 성도가 영적 지혜로 무장하고 세상을 변화시키는 밑거름으로서 힘을 발휘할 때 존재가치가 커진다.

＊ 그런데 쓸모없는 것은 버려지고 밟힌다. 여기서 "다만 밖에 버려져 사람에게 밟힐 뿐이니라"라고 하신 것은 무서운 심판을 예고하는 말씀이다. 예수님은 "무릇 내게 붙어 있어 열매를 맺지 아니하는 가지는 아버지께서 그것을 제해 버리시고"라고 말씀하셨다(요15:2참조).

＊ 기독교는 흥망성쇠의 길을 걸어왔다. 세상에서 빛과 소금의 사명을 잘 감당할 때에는 힘을 얻었다. 지금 개독교라고 비난을 받는 현실에서 성도들(교회)은 땅의 소금이 되는 사명을 다시 일깨워야 한다.

마태복음 16장 24-28절
주님의 길로 따라 가라

이에 예수께서 제자들에게 이르시되 누구든지 나를 따라오려거든 자기를 부인하고 자기 십자가를 지그 나를 따를 것이니라 누구든지 제 목숨을 구원하고자 하면 잃을 것이요 누구든지 나를 위하여 목숨을 잃으면 찾으리라(24-25절).

가. 주님이 가시는 길로 따라가야 한다.

24절, "누구든지 나를 따라 오려거든 자기를 부인하고 자기 십자가를 지고 나를 따를 것이니라."

＊ 본문은 예수께서 예루살렘에 올라가서 십자가를 지고 삼일 만에 부활하실 것을 예고하신 후에 이어서 하신 말씀이다. 베드로가 주님의 말씀을 듣고 놀라 항변하며 반대하였는데, 예수님은 "사탄아 내 뒤로 물러가라 너는 나를 넘어지게 하는 자로다 네가 하나님의 일을 생각하지 아니하고 도리어 사람의 일을 생각하는도다"라고 책망하시면서 이 말씀을 하셨다.

＊ 여기서 '따르다' (ἀκολουθέω아콜루데오)는 '같은 길에 있다' 라는 뜻이다. 그러므로 주님을 따르는 것은 주님과 같은 길은 가는 것을 의미한다. 주님을 따른다고 하면서도 자신의 길을 고집한다면 이는 올바른 자세가 아니다. 주님은 항변하는 베드로에게 '사탄아 내 뒤로 물러가라' 라고 책망하셨다.

＊ 그런데 주님을 따르는 사람은 '누구든지' 주님이 가신 길로 가야 한다. 이는 특별히 부름 받은 사람에게만 아니라 모두에게 요구되는 보편적인 신앙의 자세다. 목회자나 평신도 모두에게 적용해야 한다.

나. 자기를 부인하고 주님을 따라야 한다.

24절, "누구든지 나를 따라 오려거든 자기를 부인하고…"

＊ 예수님은 자기를 따르는 사람들에게 자기를 부인하라고 하셨고, 또한 자기 십자가를 지고 따르라고 하셨다. 여기서 '부인하다' (ἀπαρνέομαι 아파르네오마이)는 '인연을 끊다' 라는 뜻이다. 이는 자신의 생각, 세속적 생각을 철저히 부인하라는 말이다. 하나님이 이스라엘로 하여금 애굽의 미련을 버리게 하시려고 홍해로 건너가게 하신 깊은 뜻을 참조하라. 이것이 세례의 의미이기도 하다.

＊ 그런데 '부인하다' 는 단호한 결단을 요청한다(과거, 명령). 또한 이것은 사람이 자신을 부인하는 것인 만큼 결코 쉬운 일이 아니므로 많은 노력이 필요하다(중간태). 자신의 말을 가장 듣지 않는 것은 바로 자신이다. 사도 바울이 자신의 구원을 위해 자신의 몸을 쳐서 복종케 하던 노력이 우리에게도 필요하다 "내가 내 몸을 쳐서 복종하게 함은 내가 남에게 전파한 후에 자신이 도리어 버림을 당할까 두려워함이로다"(고전9:27). 자신에게 지나친 아량을 베푸는 것을 삼가야 한다.

＊ 그리고 '부인하다' 는 희생을 감수해야 하는 어려운 일이지만 소명감을 갖고 기쁨으로 참여하여야 한다(디포). 지금은 힘든 일이지만 때가 되면 큰 구원을 이루는 길이다.

다. 자기 십자가를 지고 주님을 따라야 한다.

24절, "자기 십자가를 지고 나를 따를 것이니라."

＊ 주님을 따르는 사람은 자기를 부인해야 할 뿐만 아니라 자기 십자가를 져야 한다. 주님이 지고 가신 십자가도 귀하지만 우리가 지고 가야할 '자기 십자가' 를 생각하라는 말씀이다.

＊ 우리의 보편적인 신앙은 주님의 십자가를 중심으로 한다. 물론 주님의 십자가에는 구속의 은총과 능력이 있다. 문제는 우리가 주님의 십자가를 통해 주시는 은총에만 관심을 갖고 있다는 점이다. 대부분의 성도들이 주

님의 십자가 아래에서 죄의 문제를 해결하고, 천국을 소망한다. 심지어 주님의 십자가의 능력으로 우리의 모든 질고까지 해결해 주시기를 기원하며 복을 빈다.

* 그런데 정작 우리가 지고 가야 할 십자가에는 관심이 없다. 성도는 받은 은총을 감사하며 주님을 위해 자기 십자가를 져야 한다. 이를 망각하거나 기피하는 성도들이 많은데 이는 성숙한 성도라고 할 수 없다. 성숙한 성도가 되려면 은총을 받기 위하여 주님의 십자가를 의지하는 차원을 넘어서서 주님을 위해 자기 십자가를 지고 섬기는 자세로 따라가야 한다.

라. 주님을 따르면 행한 대로 갚으신다.

27절, "인자가 아버지의 영광으로 천사들과 함께 오리니 그 때에 각 사람이 행한 대로 갚으리라."

* 세상에 공짜가 없듯이 신앙의 일에도 공짜는 없다. 하나님은 우리가 행한 대로 갚아주신다. 지금은 주님을 위해 고난을 당하더라도 때가 되면 주님이 오셔서 갚아주신다. 암행어사가 출두하는 날 불의한 자들을 벌하고 고난 받는 사람들을 구출하는 것을 참조하라.

* 주님이 재림하셔서 갚아주신다는 약속이 문자적으로는 이루어지지 않았다. 그러나 곧 갚아주신다는 약속은 언제나 유효하다. 주님은 어떤 모양으로든지 행한 대로 갚아주신다.

* 그런데 여기서 '행한 대로' 즉 '행한 것'은 단수이다. 그러므로 '행한 것'(단수)은 우리의 개별적인 행동들(복수)이 아니라 목숨까지도 버리고 주님을 따르려는 순교자적인 신앙의 자세 자체를 가리킨다. "누구든지 제 목숨을 구원하고자 하면 잃을 것이요 누구든지 나를 위하여 제 목숨을 잃으면 찾으리라"라고 하였다(26절). 성도가 순교자적인 신앙의 자세로 십자가를 지고 주님을 따르면 하나님은 비교할 수 없는 하늘의 큰 영광으로 갚아주신다.

고린도전서 1장 18-28절
십자가의 도가 능력이다

우리는 십자가에 못 박힌 그리스도를 전하니 유대인에게는 거리끼는 것이요 이방인에게는 미련한 것이로되 오직 부르심을 받은 자들에게는 유대인이나 헬라인이나 그리스도는 하나님의 능력이요 하나님의 지혜니라(23-24절).

가. 십자가의 도에 구원의 능력이 있다.

18절, "십자가의 도가 멸망하는 자들에게는 미련한 것이요 구원을 받는 우리에게는 하나님의 능력이라."

* 본문은 십자가의 도(λόγος 로고스, 말씀)가 구원을 받는 성도들에게 하나님의 능력이라고 소개한다. 물론 십자가는 구원의 능력이다. 그런데 십자가의 말씀은 '구원을 받는'(현재, 분사) 성도가 하나님의 자녀답게 살아갈 수 있도록 이끄는 능력이다. 구원받은 성도는 십자가의 정신으로 살아야 한다.

* 본문에서 '멸망하는' 과 '구원을 받는' 을 현재분사형 동사를 사용하여 말씀하신 것은 의미가 있다. 일반적으로 '구원을 받았다'(과거)와 '구원을 받는다'(미래)에 대해서는 익숙하다. 그런데 구원을 받는 성도가 현재 세상에서는 어떻게 살아야 하는지에 대해서는 소홀하다.

* 성도는 이미 그리스도의 은혜로 구원을 받았다. 성도는 이미 영생에 들어간 사람들이다. 그러나 이것이 신앙생활의 전부가 아니다. 구원을 받은 성도는 하나님 나라에 이르기까지 십자가의 말씀(정신)을 따라 믿음으로 살아야 한다. 십자가의 정신이 성도를 성도답게 한다.

나. 세상의 지혜에는 한계가 있다.

20절, "지혜 있는 자가 어디 있느냐 선비가 어디 있느냐 이 세대에 변론가가 어디 있느냐 하나님께서 이 세상의 지혜를 미련하게 하신 것이 아니냐."

* 본문은 세상의 지혜로는 하나님의 뜻을 이루는 데 한계가 있다는 것을 보여준다. 여기서 '지혜 있는 자'와 '선비' 그리고 '변론가'는 당대에 세상을 이끌던 능력 있는 대표적인 사람들이었다. 그러나 그들의 지혜는 하나님의 지혜에 미치지 못한다. 세상의 지혜에는 한계가 있음을 알아야 한다.

* 본문에 "하나님의 지혜에 있어서는 이 세상이 자기 지혜로 하나님을 알지 못하므로"라고 하였다(21절). 여기서 하나님을 안다는 것은 인격적인 관계를 맺는 것이다. 그리고 인격적인 관계 안에서 변화가 일어난다. 세상의 지혜로는 하나님에 대한 피상적인 지식은 얻을지라도 주님과의 인격적인 관계는 맺기 어렵다.

* 세상의 지혜는 자기중심적이다. 세상의 지혜에는 하나님과 이웃에 대한 자리가 없다. 성숙한 성도가 되려면 내가 죽고 그리스도로 사는 십자가의 말씀이 필요하다. 신자가 비신자보다 마음의 평화지수는 훨씬 높으나 윤리도덕지수는 별로 차이가 없다고 한다. 이는 성도들이 세상의 지혜를 뛰어넘지 못했다는 증거다.

다. 성도는 십자가의 말씀을 따라야 한다.

23-24절, "유대인은 표적을 구하고 헬라인은 지혜를 찾으나 우리는 십자가에 못 박힌 그리스도를 전하니…"

* 유대인이 표적을 구하는 이유는 자신의 욕구를 충족시키기 위해서였다. 당시 유대인들은 예수님께 정치적 메시아가 될 것을 요구했다. 자신들의 병을 고쳐주고 어려운 살림살이에 힘을 주시기를 원했다. 그들은 주님의 능력으로 인하여 자신들의 어려운 문제가 해결되기를 바라고 따랐다.

* 헬라인들이 지혜를 구한 것은 자신들의 행복을 추구하기 위해서였다.

당시 대표적인 스토아학파, 에피쿠로스학파, 그리고 회의주의 학파까지 방법은 달라도 결국 공통적으로 추구하던 것은 인간의 행복이었다. 그런 사람들에게 십자가는 미련한 것에 불과하다.

＊ 성도는 십자가의 말씀을 따라야 한다. 그 길은 미련하고 어리석게 보일지라도 구원을 받는 성도들이 가야 할 최고의 길이다. 십자가를 지고 주님을 따르는 길은 바보들의 행진처럼 보인다. 그러나 자신의 욕구, 자신의 행복을 넘어 하나님의 뜻을 이룰 때 진정 승리자가 된다.

라. 십자가의 말씀은 세상 지혜를 능가한다.

25절, "하나님의 어리석음이 사람보다 지혜롭고 하나님의 약하심이 사람보다 강하니라."

＊ 여기서 '하나님의 어리석음' 과 '하나님의 약하심' 은 십자가의 말씀을 가리킨다. 십자가의 길은 어리석고 약하게 보이지만 예수님은 십자가로 세상을 이기셨다. 주님은 승리를 선언하셨다. "세상에서는 너희가 환난을 당하나 담대하라 내가 세상을 이기었노라"(요한16:33). 십자가의 말씀은 어리석어 보여도 사람들의 지혜를 능가하고, 약해 보여도 사람들의 능력을 능가한다.

＊ 예수님의 말씀은 십자가의 말씀이다. 예수님은 낮아짐과 섬김을 통하여 높임을 받는 것을 가르치셨다(마20:26-27). 또한 좁은 문으로 들어가기를 힘쓰라고 말씀하셨다. 멸망으로 인도하는 문은 크고 그 길이 넓지만, 생명으로 인도하는 문은 좁고 그 길이 협착하다고 하셨다(마7:13-14).

＊ 지는 것이 이기는 것이라는 말이 있다. 세상은 십자가의 말씀을 따르는 사람들에 의해 아름다워진다. 룻은 헌신적인 사랑(חסד헤세드)으로 바보들의 행진에 합류하였다. 그런데 하나님은 모든 것을 합력하여 선이 되게 하시고 룻에게 전화위복의 복을 주셨다. 룻은 결국 능력자인 보아스를 만났고 예수님의 조상이 되는 영광을 얻었다.

출애굽기 3장 7-12절
하나님은 정의를 세우신다

이제 가라 이스라엘 자손의 부르짖음이 내게 달하고 애굽 사람이 그들을 괴롭히는 학대도 내가 보았으니 이제 내가 너를 바로에게 보내어 너에게 내 백성 이스라엘 자손을 애굽에서 인도하여 내게 하리라(9-10절).

가. 하나님은 백성의 부르짖음을 들으신다.

7절, "여호와께서 이르시되 내가 애굽에 있는 내 백성의 고통을 분명히 보고 그들이 그들의 감독자로 말미암아 부르짖음을 듣고 그 근심을 알아…"

* 본문은 애굽에서 고통당하고 있던 이스라엘 백성을 구원하시기 위하여 모세를 부르시는 중에 하신 말씀이다. 하나님은 이 말씀을 통해 그의 백성의 고통과 그들의 부르짖음에 대하여 깊은 관심을 갖고 계심을 보여준다. 하나님은 백성의 아픔을 아시는 따뜻한 분이시다.

* 본문에서 하나님의 행위를 보여주는 단어들, 즉 '듣고,' '보고,' '알아' 는 모두 완료형 동사들이다. 하나님이 백성의 고통을 확실하게 듣고, 보고, 알고 있다는 말이다. 여기서 '분명히 보고' 는 '보고 또 보고' 로서 자세히 살펴보시는 것을 말한다. 백성을 향한 하나님의 뜨거운 관심을 읽을 수 있다.

* 우리가 믿는 하나님은 이신론의 하나님, 즉 초연한 존재가 아니다. 시계를 잘 만들어 놓고 멀리 서서 구경만 하는 장인과 같은 그런 하나님이 아니다. 하나님은 세상을 감찰하신다. 그는 아벨의 피가 호소하는 소리를 들으셨고, 고통중에 부르짖는 백성의 탄식을 들으셨다.

나. 포학이 문제다.

9절, "이제 가라 이스라엘 자손의 부르짖음이 내게 달하고 애굽 사람이 그들을 괴롭히는 학대도 내가 보았나니..."

* 하나님은 백성의 부르짖음에 귀를 기울이시며 그들을 괴롭히는 사람들의 포학한 행동을 간과하지 않으신다. 하나님은 포학을 싫어하신다. 포학은 하나님 나라의 정의에 어긋난다. "그러나 네 두 눈과 마음은 탐욕과 무죄한 피를 흘림과 압박과 포악을 행하려 할 뿐이니라"라고 하였다(렘 22:17). 하나님은 모든 것을 보고 계신다. 예레미야를 통해 보여주신 하나님의 탄식의 말씀이다.

* 하나님은 정의를 원하시지만 불의를 행하는 사람들로 인하여 포학과 부르짖음이 일어난다. 하나님은 "무릇 만군의 여호와의 포도원은 이스라엘 족속이요 그가 기뻐하시는 나무는 유다 사람이라 그들에게 정의(מִשְׁפָּט미쉬파트)를 바라셨더니 도리어 포학(מִשְׂפָּח미스파흐)이요 그들에게 공의(צְדָקָה체다카)를 바라셨더니 도리어 부르짖음(צְעָקָה체아카)이었도다"라고 탄식하셨다(사5:7). 정의가 없으면 포학이 일어난다. 그리고 포학이 심해지면 결국 백성들은 못살겠다고 부르짖게 된다. 포학이 문제다.

다. 하나님은 정의를 세우신다.

8절, "내가 내려가서 그들을 애굽인의 손에서 건져내고 그들을 그 땅에서 인도하여..."

* 하나님은 포학으로 인하여 부르짖는 백성의 탄식을 들으시고 일어나신다. 하나님은 포학을 심판하시고 정의의 실현을 위해 일하신다. 본문에서 하나님의 행동을 보여주는 단어들, 즉 '건져내고' (히필)와 '인도하여' (히필)는 하나님의 강력한 의지를 담고 있는 것들이다. 하나님은 단지 구경꾼이 아니시다.

* 하나님은 애굽 사람의 포학을 심판하시고 이스라엘 백성을 고통으로부터 건져내셨다. 하나님은 남의 눈에 눈물 나게 하는 사람에게 피눈물 나

게 하심으로 정의를 세우신다. 이는 하나님의 변함없는 사역이다. 하나님은 아벨의 핏소리를 들으시고 가인을 징계하심으로 정의를 세우셨다(창4장 참조). 하나님은 나봇의 핏소리를 들으시고 그의 핏값을 아합과 이세벨에게 갚으셨다(왕상21장 참조). 하나님은 사람들의 포학을 심판하시고 정의를 세우신다.

＊ 하나님은 3.1운동을 통하여 나타난 우리 민족의 부르짖음을 들으셨다. 하나님은 포학한 일본을 징계하셨고, 우리에게는 해방을 허락하심으로 정의를 세우셨다. 성도는 하나님의 정의를 세우는 사역에 적극적으로 참여하여야 한다.

라. 하나님의 사역에 동참해야 한다.

10절, "이제 (가라) 내가 너를 바로에게 보내며 너에게 내 백성 이스라엘 자손을 애굽에서 인도하여 내게 하리라."

＊ 하나님은 모세를 오랫동안 훈련하시고 지도자로 삼아 애굽으로 보내셨다. 하나님은 모세를 '바로 왕'에게 보내셨다. 하나님의 정의를 세우고 고통당하는 백성을 구원하는 일은 결코 쉽지 않다. 그래도 가야 한다. 하나님은 사람들로 하여금 그의 사역에 동참하기를 원하신다.

＊ 모세는 하나님의 엄청난 부르심 앞에서 떨었다. 그런데 두려워하며 회피하려는 모세에게 하나님은 함께 하시겠다고 약속을 하셨다. "내가 반드시 너와 함께 있으리라"(12절). 성도는 하나님이 함께 하실 줄 믿고 포학한 바로 왕 앞으로 나아가야 한다. 하나님이 함께 계심을 믿고 '골리앗 장군' 앞에 나갔던 다윗처럼 포학한 세력 앞에 믿음으로 담대하게 나아가야 한다(삼상17장 참조).

＊ 3.1운동은 하나님의 정의 운동에 참여한 기독교 운동이라 할 수 있다. 절대 다수의 기독교 지도자들과 성도들의 참여로 성취한 3.1운동의 정신을 이어받아 하나님의 사역에 참여하자.

창세기 35장 1-5절

영적 긴장을 늦추지 말라

하나님이 야곱에게 이르시되 일어나 벧엘로 올라가서 거기 거주하며 네가 네 형 에서의 낯을 피하여 도망하던 때에 네게 나타났던 하나님께 거기서 제단을 쌓으라 하신지라(1절).

가. 환경 가운데 하나님의 음성을 들어야 한다.

1절, "하나님이 야곱에게 이르시되 일어나 벧엘로 올라가서 거기 거주하며 네가 네 형 에서의 낯을 피하여 도망하던 때에 네게 나타났던 하나님께 거기서 제단을 쌓으라 하신지라."

＊ 본문은 야곱이 외삼촌의 집에서 돌아와 여러 해가 지났을 때의 일이다. 그는 형을 두려워하고 있었으나 하나님의 은혜로 무사히 만나 화해하였다. 그 후에 그는 고향으로 돌아가던 길을 멈추고 세겜에 정착하려 하였다. 그는 세겜에 땅을 샀으며 거기에 제단을 쌓고 '엘엘로헤이스라엘' 이라고 불렀다(창33:19-20).

＊ 그런데 세겜에 있는 동안 사건이 터졌다. 야곱의 딸 디나가 추장 세겜에게 욕을 당하고, 결혼 이야기가 오고가고, 세겜 사람들이 결혼조건으로 할례를 받고, 그들이 고통중에 있을 때 레위와 시므온이 세겜의 남자들을 모두 죽이는 사건이 터졌다. 이 사건은 야곱을 아주 위태롭게 만들었다.

＊ 그때에 야곱은 '벧엘로 올라가라' 는 하나님의 음성을 들었다. 그는 환경을 통해서 들려주시는 하나님의 음성을 들었다. 성도는 환경을 통하여 들려주시는 하나님의 음성을 들을 수 있어야 한다.

나. 영적 긴장을 늦추는 것이 문제다.

2절, "야곱이 이에 자기 집과 사람과 자기와 함께 한 모든 자에게 이르되 너희 중에 있는 이방 신상들을 버리고 자신을 정결하게 하고 너희들의 의복을 바꾸어 입으라."

* 야곱의 문제는 영적 긴장을 늦춘 데 있었다. 형과의 만남이 순조로이 이루어지자 긴장이 풀렸던 것 같다. 고향으로 무사히 돌아오게 하시면 벧엘로 올라가 제단을 쌓고 십일조를 드리겠다고 한 서원을 잊어버렸다. 그는 세겜에 땅을 사서 거주하였고 제단을 쌓고 '엘엘로헤이스라엘'이라고 하였는데 이는 적당히 평안을 누리는 것으로 만족하는 신앙생활의 태도를 보여준다. 이는 영적 긴장이 풀린 모습이다.

* 그러는 동안 야곱의 가족들은 이방의 신상을 섬겼으며, 자신을 정결하게 지키지 못했고, 하나님의 백성으로서 성별된 삶을 살지 못했다. 영적 긴장이 풀린 사람들의 전형적인 모습이다.

* 영적 긴장이 풀리면 신앙의 위기가 닥쳐온다. 하나님은 이스라엘 백성들에게 가나안에 들어가 "네 소유가 다 풍부하게 될 때에 네 마음이 교만하여 네 하나님 여호와를 잊어버릴까 염려하노라"라고 말씀하셨다(신 8:13-14). 하나님은 우리가 삶의 여유 가운데 영적 긴장을 늦추는 것을 염려하셨다.

다. 성도는 순례자의 삶을 잘 마쳐야 한다.

3절, "우리가 일어나 벧엘로 올라가자 내 환난 날에 내게 응답하시며 내가 가는 길에 나와 함께 하신 하나님께 내가 거기서 제단을 쌓으려 하노라."

* 야곱은 하나님의 음성을 듣자마자 즉각적으로 순종하였다. 가족들을 정결하게 하고 모든 이방 신상들을 상수리나무 밑에 묻고 벧엘로 올라갔다. 여기서 '벧엘'은 하나님의 집을 상징하며 '올라가다'(עָלָה 알라)는 영적 순례를 가리킨다. 성도는 하나님의 나라에 이르기까지 영적 순례를 잘 마쳐야 한다.

＊ 현실적으로 세겜에 거주하는 것이 벧엘 광야로 올라가는 것보다 훨씬 유리하다. 사람들은 영적 순례자의 삶을 살기보다는 세상에 안주하여 물질적 풍요와 육체적 쾌락을 추구하면서 즐겁게 살기를 원한다. 그러나 성도는 언약의 땅으로 올라가야 한다. 하늘나라 가치관에 맞춰 순례자의 삶을 살아야 한다.

＊ 성도는 하나님의 성을 향하여 나아가는 순례자다. 성경은 순례자들을 가리켜 "그들이 이제는 더 나은 본향을 사모하니 곧 하늘에 있는 것이라"고 하였다(히11:16). 순례자 모세는 세상의 영화에 안주하지 않고 하나님의 나라를 택하였다. 순례자 모세의 믿음의 삶을 참조하라(히11:24-26).

라. 하나님은 따르는 백성을 보호하신다.

5절, "그들이 떠났으나 하나님이 그 사면 고을들로 크게 두려워하게 하셨으므로 야곱의 아들들을 추격하는 자가 없었더라."

＊ 야곱은 난처하고 두려운 가운데 세겜을 떠났다. 추장 집안의 남자들을 모두 죽인 사건은 아주 큰일이다. 어떤 보복을 당할지도 모르는 상황이었다. 그러나 하나님은 세겜을 떠나가는 야곱의 가족을 보호하셨다. 하나님은 세겜의 사면 고을들로 두려워하게 하였으므로 추격하는 이가 하나도 없었다.

＊ 여기서 하나님이 '두렵게 하셨다'는 것은 하나님의 개입을 보여준다. 힘으로는 야곱의 족속이 세겜의 족속을 이길 수 없다. 하나님이 싸워주시면 적들은 겁을 먹고 도망간다. 이는 군사의 수나 무기의 조건과 상관이 없다. 하나님이 누구의 편이신가가 중요하다.

＊ 하나님은 야곱의 이름을 이스라엘이라고 하시며 싸워주시겠다고 약속하셨다(창32장). 하나님은 라반의 계획에 개입하셔서 야곱에게 손을 대지 못하게 막으셨다. 또한 하나님은 에서의 마음에 개입하셔서 뜻을 돌이키게 하시어 야곱과 반갑게 만날 수 있도록 하셨다. 하나님은 그를 따르는 백성을 보호하신다.

 **요엘서 2장 12-14절**

진정한 회개가 살길이다

여호와의 말씀에 너희는 이제라도 금식하고 울며 애통하고 마음을 다하여 내게로 돌아오라 하셨나니 너희는 옷을 찢지 말고 마음을 찢고 너희 하나님 여호와께로 돌아올지어다(12-13절).

가. 진정한 회개가 살길이다.

12절, "너희는 이제라도 금식하고 울며 애통하며 마음을 다하여 네게로 돌아오라 하셨나니..."

* 요엘서 2장은 여호와의 날을 예비하라는 경고의 말씀이다. 이스라엘 백성들은 여호와의 날을 구원의 날로 기대하고 있었으나 실상 불순종의 백성들에게는 심판의 날이기도 하다. 본문에는 하나님이 메뚜기 떼와 같은 군대를 보내어 징벌하시겠다는 경고의 말씀이 전해진다.

* 하나님의 말씀은 이제라도 회개하고 돌아오는 것이 살길임을 선포한다. 여기서 '이제라도'는 늦은감이 있을지라도 회개하고 돌아와야 살 수 있다는 것이다. 하나님의 징계가 코앞에 있을지라도 포기하지 말고 회개하여야 한다. 하나님의 징계는 이런저런 방책으로 피할 수 없다. 회개가 대책이 될 것 같지 않지만 실상은 회개가 살길이다.

* 회개(שוב슈부)는 단순히 뉘우치는 것을 넘어서 유턴을 의미한다. 진정한 회개는 잘못 가던 길에서 제자리로 돌아오는 것을 말한다. 그래서 회개에는 진성성이 필요하다. "금식하며 울며 애통하며 마음을 다하여" 회개하여야 한다. 형식적인 회개로는 하나님의 뜻을 돌이킬 수 없다.

나. 형식적인 회개는 안 된다.

13절, "너희 옷을 찢지 말고…"

∗ 유대인들에게 옷을 찢는 행위는 내면적인 슬픔을 겉으로 표현하는 공식적인 방법이었다. 그러나 대부분 진정으로 슬픔을 표현하기보다 형식적인 것에 그치는 경우가 많았다. 그래서 요엘은 의례적인 행사로서의 회개가 아니라 마음에 진정한 변화를 요구하였다.

∗ 옷을 찢는 것은 '껍데기' 즉 '잘못된 행위의 결과'를 후회하고 용서를 구하는 것을 말한다. 그리고 다시는 그렇게 하지 않겠다고 다짐하는 것이다. 이것은 하나님과 사람 앞에서 중요한 것임에 틀림없다. 그러나 마음속에 있는 근본적인 문제를 해결하지 않으면 다시 잘못된 행동을 행하게 된다. 그러므로 옷을 찢는 형식적인 회개를 넘어 마음을 찢고 변화되어야 한다. 행위의 결과에 대한 회개도 중요하지만 행위의 원인에 대한 회개는 더 중요하다.

∗ 성경에 "그러므로 너희는 마음에 할례를 행하고 다시는 목을 곧게 하지 말라"고 하였고(신10:16), "무릇 표면적 유대인이 유대인이 아니요 육신의 할례가 할례가 아니니라"라고 하였다(롬2:28).

다. 마음을 찢고 변화되어야 한다.

13절, "너희 옷을 찢지 말고 마음을 찢고 너희 하나님 여호와께로 돌아올지어다."

∗ 진정으로 회개하고 유턴을 하기 위해서는 마음을 찢고 변화되어야 한다. 근본적으로 변하지 않으면 아무리 후회를 하더라도 다시 잘못을 행하는 것을 반복하게 된다. 잘못 가는 줄 알면 유턴을 해야 한다. 잘못을 깨달아도 이를 반복하는 것은 올바른 회개가 아니다.

∗ 마음(בבל레바브)은 정신, 감정, 지성, 의지, 행동양식 등을 함축하고 있다. 그러므로 마음을 찢는 것은 상당히 복잡한 내용이며 결코 쉽지 않는 과정을 거쳐야 한다. 수술을 통하여 오장육부에 있는 암 덩어리를 제거하듯

이 마음속에 있는 악한 것들을 제거해야 한다.

* 첫째, 우리의 썩은 정신을 살려야 한다. 짐승의 정신에서 그리스도의 정신으로 이끌어야 한다. 둘째, 건전한 감정을 회복해야 한다. 슬퍼하는 자와 함께 슬퍼하고 기뻐하는 자와 함께 기뻐할 수 있어야 한다. 셋째, 하나님의 정의를 따라 판단할 수 있도록 올바른 판단력(지성과 지혜)을 회복해야 한다. 넷째, 매사에 작심삼일로 끝나지 않도록 강한 의지를 회복해야 한다. 다섯째, 나쁜 습관을 버리고 도덕적 가치관에 따라 덕을 세울 수 있도록 올바른 행동양식을 익혀야 한다.

라. 주께로 돌아오는 사람에게는 복이 있다.

14절, "주께서 혹시 마음과 뜻을 돌이키시고 그 뒤에 복을 내리사 너희 하나님 여호와께 소제와 전제를 드리게 하지 아니하실는지 누가 알겠느냐."

* 사람이 유턴하면 하나님도 유턴하신다. 하나님은 회개하고 돌아오는 사람들에게는 관대하시다. "그는 은혜로우시며 자비로우시며 노하기를 더디하시며 인애가 크시다"(13절). 하나님은 심판하시기로 작정하였을지라도 회개하고 돌아오면 뜻을 돌이켜 복을 주시겠다고 약속하셨다(렘18:9-8절).

* 여기서 "소제와 전제를 드리게 하다"는 하나님과의 관계회복을 의미한다. 하나님은 "성회를 모이면서도 악을 행하는 것을 견디지 못하겠다"고 하시며 "헛된 제물을 가져오지 말라"고 하셨다(이사야1:13). 또한 "너희가 손을 펼 때에 내가 내 눈을 너희에게서 가리고 너희가 많이 기도할지라도 내가 듣지 아니하리니 이는 너희의 손에 피가 가득함이라"고 하셨다(사1:15). 그러므로 예배를 드리게 하심은 관계의 회복이요 하나님의 백성으로 인정하심이다.

* 그리고 복(בְּרָכָה 베라카)은 '무릎을 꿇다'(בָּרַךְ 바라크)에서 유래하였는데 하나님을 경배하는 자들에게 주시는 것이다. 이처럼 주께로 돌아와 경배하는 백성에게는 하나님이 복을 주신다.

 **요한복음 3장 1-8절**
거듭나야 한다

예수께서 대답하시되 진실로 진실로 네게 이르노니 사람이 물과 성령으로 나지 아니하면 하나님의 나라에 들어갈 수 없느니라 육으로 난 것은 육이요 영으로 난 것은 영이니 내가 네게 거듭나야 하겠다는 말을 놀랍게 여기지 말라(5-7절).

가. 하나님의 백성은 거듭나야 한다.

3절, "진실로 진실로 네게 이르노니 사람이 거듭나지 아니하면 하나님의 나라를 볼 수 없느니라."

* 본문에서 예수님은 사람이 거듭나야 할 필요성에 대하여 말씀하셨다. 만일 "사람이 거듭나지 아니하면 하나님의 나라를 볼 수 없다"고 하심으로 반드시 거듭나야 된다고 하셨다.

* 여기서 '거듭나다'(γεννηθῇ ἄνωθεν 겐네데 아노텐)는 '위로부터 태어나다' 라는 뜻이다. 베드로는 '거듭나다'(ἀναγεγεννημένοι 아나게겐네모노이)를 '위를 향하여 태어나다' 라고 하였다(벧전1:3). 이것들은 육체로 태어난 육신의 삶과 대조적인 영적인 삶을 말한다. "육으로 난 것은 육이요 영으로 난 것은 영이니"라고 말씀하신 것을 참조하라(6절).

* 그런데 '위로부터'(ἄνωθεν 아노텐)나 '위를 향하여'(ἄνω 아노)는 모두 '반대하는'(ἀντι 안티)에서 유래하였다. 즉 성도가 위를 향하여 거듭난 삶을 살고자 한다면 하나님의 나라와 그의 의를 거스르는 세상의 가치관에 대해서 강한 거부감을 가져야 한다. 세상의 것들을 배설물로 여기고 푯대를 향하여 달려가는 바울을 참조하라(빌3장).

나. 교육과 훈련으로는 부족하다.

4절, "니고데모가 이르되 사람이 늙으면 어떻게 날 수 있사옵나이까."

＊ 니고데모라는 이름은 '사람들 중에 성공한 사람'이라는 뜻을 갖고 있다. 그는 유대인의 지도자(ἄρχων아르콘)였는데 산헤드린 회원이었다. 그는 세상에서 존경받는 사람이요 성공한 사람이었다.

＊ 그는 또한 율법에 충실한 바리새인이었다. "바리새인 중에 니고데모라 하는 사람이 있으니"라고 하였다(1절). 예수님은 그에게 사람이 거듭나야 하나님의 나라를 볼 수 있다고 가르치셨다. 그러나 교육과 훈련을 받으면 넉넉하다고 생각하는 니고데모로서는 이 말씀을 쉽게 이해할 수 없었다. 그래서 그는 어처구니 없는 말을 하고 말았던 것이다.

＊ 니고데모는 예수님을 향하여 '하나님께로부터 오신 선생'이라고 하였다. 이는 니고데모가 예수님에게서 교훈을 얻고자 했던 것을 보여준다. 그러나 예수님은 거듭나야 한다고 가르치셨는데 이는 교육과 훈련으로는 하나님의 나라에 들어갈 수 없다는 것을 보여주신 것이다.

＊ 잘 믿는다고 자부하는 사람들은 이 말씀을 들어야 한다. 직분을 받았어도, 성경을 많이 알아도, 열심히 교회생활을 해도 거듭나지 않으면 하나님의 나라에 들어갈 수 없음을 알아야 한다.

다. 물과 성령으로 거듭나야 한다.

5절, "사람이 물과 성령으로 거듭나지 아니하면…"

＊ 사람이 하늘을 향하여 다시 태어나려면 물과 성령으로 거듭나야 한다. 여기서 물을 세례로 보는 이들이 있다. 또한 물을 말씀으로 해석하는 이들도 있다. 사실 베드로는 "너희가 거듭난 것은…살아 있고 항상 있는 하나님의 말씀으로 되었느니라"라고 하였다(벧전1:23).

＊ 그런데 여기서 '물'(ὕδατος휘다토스)은 '비'(ὑετός휘에토스)에서 유래하였다. 성경에서 비는 주로 은혜를 상징한다. 하나님은 이스라엘에게 이른 비와 늦은 비를 약속하셨는데 이는 은혜의 약속이다(요엘2:23). 세례가 중요

하고 말씀도 중요하지만 사람을 거듭나게 하는 것은 세례와 말씀 등을 통해서 주시는 하나님의 은혜다. 사람이 거듭나려면 하나님이 주시는 은혜의 물에 손을 깨끗이 씻어야 한다.

 * 사람이 거듭나려면 손을 씻을 뿐만 아니라 성령님을 주인으로 모셔야 한다. 주인이 바뀌어야 한다. 자신이 주인으로 행세하는 한 사람이 거듭날 수 없다. 성령님은 능력의 하나님이시다. 성령님이 인격을 온전히 통제하고 그의 능력이 의지를 온전히 지배할 때 사람이 거듭난다.

라. 거듭난 사람은 하나님의 나라를 누린다.

5절, "사람이 물과 성령으로 거듭나지 아니하면 하나님의 나라에 들어갈 수 없느니라."

 * 요한은 "사람이 거듭나지 아니하면 하나님의 나라를 볼 수 없다"고 하였다(3절). 그리고 다시 "사람이 거듭나지 아니하면 하나님의 나라에 들어갈 수 없다"고 하였다(5절). 여기서 '보다' 라는 말과 '들어가다' 라는 말을 결국 같은 것이다. 하나님의 나라는 거듭난 사람들만이 누릴 수 있다는 말이다.

 * 본문에서 '들어가다' (εἰσέρχομαι 에이스에르코마이)는 '공유하다' 또는 '무엇을 누리기에 이르다' 라는 뜻이다. 거듭난 사람은 하나님의 나라에 들어갈 뿐만 아니라 그것을 누리게 된다.

 * 요한이 하나님의 나라를 본다고 한 것이나 하나님의 나라에 들어간다고 한 것은 모두 현재형이다. 우리는 구원받은 성도는 미래에 하나님의 나라에 이르는 것을 믿는다. 그러나 미래의 구원이 중요하지만 현재 세상에서 하나님의 나라를 누리는 것도 중요하다. 바울은 "하나님의 나라는 먹는 것과 마시는 것이 아니요 오직 성령 안에 있는 의와 평강과 희락이라"고 하였다(롬14:17). 거듭난 성도들은 세상에서도 성령 안에서 의와 평강과 희락을 누리는 복 있는 사람이 된다.

# 마태복음 4장 8-11절
사탄의 유혹을 물리치라

이에 예수께서 말씀하시되 사탄아 물러가라 기록되었으되 주 너의 하나님께 경배하고 다만 그를 섬기라 하였느니라 이에 마귀는 예수를 떠나고 천사들이 나아와서 수종드니라(10-11절).

가. 사탄의 달콤한 유혹을 경계해야 한다.

8절, "마귀가 또 그를 데리고 지극히 높은 산으로 가서 천하만국과 그 영광을 보여주며…"

＊ 예수님이 40일간 금식하며 기도하시던 중 마귀는 세 번이나 예수님을 시험하였다. 본문의 이야기는 그 세 번째 시험인데, 마귀에게 절하면 세상의 천하만국과 그 영광을 모두 주겠다는 유혹이었다. 여기서 마귀는 마치 자기가 천하만국의 주인인 것처럼 행세를 하고 있다. 이것은 천하의 주인이신 하나님을 따르는 사람들을 미혹하려는 엄청난 속임수다.

＊ 사탄의 유혹은 인간의 야망에 불을 지른다. 사탄은 그를 따르면 세상의 부귀영화를 다 줄 것처럼 말한다. 돌로 떡을 만들어 먹으라는 유혹도 달콤하다. 성전 꼭대기에서 뛰어내리면 천사들이 받들어 줄 것이고 그러면 많은 영광을 얻으리라는 유혹은 더욱 달콤하다. 오늘날의 번영신앙이나 신비주의 신앙은 이런 종류의 유혹을 따르고 있다.

＊ 첫 사람 아담과 하와를 유혹한 마귀의 말도 달콤하였다. 마귀는 "너희가 그것을 먹는 날에는 너희 눈이 밝아져 하나님과 같이 되어 선악을 알 줄을 하나님이 아심이니라"라고 유혹하였다(창3:5).

사순절 4주

나. 사탄에게 무릎을 꿇으면 파멸이다.

9절, "이르되 만일 내게 엎드려 경배하면 이 모든 것을 네게 주리라."

* 사탄은 천하만국과 그 영광을 모두 주겠다고 하면서 한 가지 조건을 제시하였다. 그것은 바로 "만일 내게 엎드려 경배하면"이었다. 그런데 여기서 '엎드리다'(πίπτω 핍토)는 '무릎을 꿇다' 또는 '박살나다' 라는 뜻을 갖고 있다. 이러한 말은 마귀에게 엎드려 경배하면 천하만국과 그 영광을 얻게 될 것 같지만 실제로는 오히려 박살나고 파멸에 이르게 된다는 메시지를 준다.

* 그리고 "만일 엎드려 경배하면"에서 '만일'(εἰ 에이, ἐάν 에안)과 '과거형 명령'(엎드려)이 만나면 한 번만 해보라는 뜻이 된다. 즉 마귀가 예수님께 말한 것은 한 번만 내게 절하면 모든 것을 주겠다는 유혹이다. 즉 '한 번만 해보라' 또는 '딱 한 번만' 이런 것들이 마귀가 유혹하는 방식이다. 그러나 한 번 하면 두 번 하게 되고, 두 번 하면 세 번 하게 되는 것이므로 조심해야 한다.

* 자신의 욕심을 이루기 위해 예수님을 따랐던 가롯 유다는 사탄의 유혹을 받아 예수님을 배반하였는데 결국은 비참한 최후를 맞았고 천추의 한을 남기고 죽었다.

다. 하나님만 섬기고 경배하여야 한다.

10절, "이에 예수께서 말씀하시되 사탄아 물러가라 기록되었으되 주 너희 하나님께 경배하고 다만 그를 섬기라 하였느니라."

* 사탄의 유혹은 아무리 달콤할지라도 허세를 부리는 거짓말에 불과하다. 사탄은 세상의 모든 것의 주인인 것처럼 예수님을 높은 산으로 데리고 올라가서 유혹하였다. 그러나 예수님은 즉시 '물러가라'고 하셨다. 여기서 '물러가라'(ὑπάγω 휘파고)는 '아래로 내려가라' 는 뜻이다. 즉 예수님은 사탄의 허세를 무너뜨리고 오직 하나님만이 세상의 주권자이심을 선포하였다. 사탄은 산 위에 높이 설 수 있는 존재가 아니다.

* 그리고 여기서 사용된 '섬기다'(λατρεύω 라트류오)는 오직 하나님을 경배하는 데에만 사용되었다. 이것은 우리의 삶의 주인으로서 영광을 받으실 분은 오직 하나님 한 분이심을 보여준다.

* 예수님은 마귀의 시험을 하나님의 말씀으로 물리치셨다. 첫 번째 시험에 대해서는 "사람이 떡으로만 살 것이 아니요 하나님의 입으로부터 나오는 모든 말씀으로 살 것이니라"라고 하셨다(4절). 두 번째는 "주 너의 하나님을 시험하지 말라"는 말씀으로 물리치셨다(7절). 그리고 세 번째로 "주 너희 하나님께 경배하고 다만 그를 섬기라"는 말씀으로 물리치셨다(10절). 하나님의 말씀에는 능력이 있다. 하나님의 말씀에 굳게 설 때 시험을 이길 수 있다.

라. 하나님은 섬기는 자들을 도와주신다.

11절, "이에 마귀는 떠나고 천사들이 나아와 수종드니라."

* 본문의 "하나님께 경배하고 다만 그를 섬기라"에서 '섬기다'(λατρεύω 라트류오)는 '봉사하다' 또는 '예배하다'라는 뜻을 갖고 있다(10절). 그런데 '봉사하다'는 일반적인 봉사를 말하는 것이 아니다. 이것은 '개인의 삶이 하나님을 위한 거룩한 봉사'가 되게 하는 것이다. 개인의 공부, 사업, 그리고 모든 사역이 하나님을 위한 봉사가 될 때 하나님께 영광을 돌릴 수 있다. 즉 이것은 우리의 몸으로 드릴 산 제사를 가리킨다(롬12:1참조).

* 성도가 하나님을 섬기면 하나님은 섬기는 성도들을 도와주신다. 천사들이 나아와 수종들었다는 것은 결국 하나님이 도와주시는 것으로 생각할 수 있다.

* 천사들이 수종들기 위하여 '나아오다'(προσέρχομαι 프로세르코마이)는 '동의하다' 또는 '종사하다'라는 뜻이다. 즉 성도의 삶이 하나님께 동의가 되면 하나님이 도와주시는 것을 보여준다. 성도들이 하나님의 뜻에 맞게 살면 하나님은 기쁜 마음으로 도와주신다.

마태복음 18장 27-35절
용서는 은총의 선물이다

> 내가 너를 불쌍히 여김과 같이 너도 네 동료를 불쌍히 여김이 마땅하지 아니하냐 하고 주인이 노하여 그 빚을 다 갚도록 그를 옥졸들에게 넘기니라(33-34절).

가. 용서는 은총의 선물이다.

27절, "그 종의 주인이 불쌍히 여겨 놓아 보내며 그 빚을 탕감하여 주었더니…"

* 본문의 비유는 하나님께 용서를 받은 성도는 형제를 용서해야 한다는 말씀이다. 하나님께 갚을 수 없는 죄를 용서받았으면서도 형제의 작은 죄를 용서하지 못한다면 하나님의 은혜를 깨닫지 못하는 사람이다. 성도는 하나님께 은총으로 용서받은 것임을 알아야 한다.

* 본문은 주인이 일만 달란트 빚진 자를 탕감하여 준 비유의 말씀으로 우리가 갚을 수 없는 죄를 용서하신 하나님의 큰 은총을 설명한다. 주님은 우리를 불쌍히 여기시고 우리의 모든 죄를 용서하여 주셨다. 이는 하나님의 용서가 매우 큰 은총의 선물임을 보여준다.

* 하나님은 용서받을 수 없는 죄인을 은혜로 구원하셨다. 바울은 로마서 5장에서 이를 잘 소개하였다. "우리가 아직 연약할 때에 그리스도께서 경건하지 않은 자를 위하여 죽으셨도다"라고 하였다(6절). 또 "우리가 아직 죄인 되었을 때에" 그리고 "우리가 원수 되었을 때에" 그리 하셨다고 한 것을 참조하라(8, 10절).

나. 용서를 받았으면 용서해야 한다.

30절, "허락하지 아니하고 이에 가서 그가 빚을 갚도록 옥에 가두거늘…"

* 본문에 나오는 종은 우리들의 모습을 보여준다. 그것은 하나님께 용서 받았으면서도 형제를 용서하지 못하는 비열한 모습이다. 종은 주인에게 일만 달란트를 탕감 받았다. 그러나 그는 백 데나리온 빚진 동료를 용서하지 못하고 갚을 때까지 옥에 가두게 하였다. 하나님께 용서를 구하면서도 형제를 용서하지 못한다면 심각한 문제가 있다는 것을 알아야 한다.

* 본문에서 종은 아주 완악한 사람이다. 주인은 종의 빚을 과감하게 탕감하여 주었다(ἀφίημι아피에미, 과거). 그러나 종은 동료를 계속 괴롭히고(κρατέω크라테어, 붙잡고, 분사) 빚을 갚을 때까지 끊임없이 압박하였다(πνίγω프니고, 목을 조르다, 미완료). 그리고 결국은 인정사정없이 옥에 가두기까지 하였다.

* 주인은 동료를 용서하지 않는 종에게 "악한 종아 네가 빌기에 내가 네 빚을 탕감하여 주었거늘 내가 너를 불쌍히 여김과 같이 너도 네 동료를 불쌍히 여김이 마땅하지 아니하냐"라고 말했다(32-33절). 악한 종은 윤리적으로 비열하고 무가치한 사람이라는 뜻이다. 자기밖에 모르는 사람은 하나님의 나라에 어울리지 않는다.

다. 주님의 마음으로 용서해야 한다.

33절, "내가 너를 불쌍히 여김과 같이 너도 네 동료를 불쌍히 여김이 마땅하지 아니하냐…"

* 주님은 종을 불쌍히 여겨 갚을 수 없는 죄를 용서하셨다. 그리고 "내가 너를 불쌍히 여김과 같이 너도 네 동료를 불쌍히 여김이 마땅하지 아니하냐"라고 물으신다. 하나님께 용서받은 사람이 형제를 용서하는 것은 마땅한 일이다. 여기서 '마땅하다'(δεῖ데이)는 '반드시 해야 한다'는 말이다. 하나님께서 은총으로 우리를 용서하셨으니 우리도 은총으로 형제를 용서해야 옳다.

* 여기서 종을 용서하는 주님의 마음은 불쌍히 여기는 마음이다. 이는 인간의 연약함을 알고 자비를 베푸는 마음이다. 하나님은 죽을 수밖에 없는 죄인을 불쌍히 여겨 친히 십자가를 지고 죄를 담당하셨다. 성도들은 이런 마음을 가지고 서로 용서해야 한다.

* 성도는 용서받은 죄인일 뿐이요 결코 의인이 아니다. 하나님은 은혜로 용서하시고 우리를 죄가 없는 것처럼 여겨주실 뿐이다. 우리는 용서를 받았을지라도 하나님 앞에서는 항상 빚을 갚는 심정으로 살아야 한다. 그리고 우리에게 죄 지은 자에 대하여는 빚진 자의 심정을 이해하고 불쌍히 여기며 용서해야 한다.

라. 용서하는 사람이 용서받는다.

35절, "너희가 각각 마음으로부터 형제를 용서하지 아니하면 나의 하늘 아버지께서도 너희에게 이와 같이 하시리라.

* 본문은 성도가 형제를 용서해야 하나님도 용서하시겠다는 말씀이다. 비유에서 주인은 일만 달란트 빚진 종을 용서하였으나 그가 백 데나리온 빚진 동료를 용서하지 않자 다시 책임을 물었다. 이는 하나님이 성도를 용서하셨을지라도 언제든지 다시 책임을 물으실 수 있다는 것을 보여준다. 한번 용서받고 구원을 받으면 끝이라는 생각은 위험하다. 우리는 끝까지 성도의 책임을 다 해야 한다.

* 성도는 하나님께 받은 사랑과 은혜와 용서를 형제에게 흘려보내야 한다. 이런 사명을 감당하지 않는 것은 배은망덕이다. 이런 배은망덕은 아주 위험하다. 배은망덕으로 은혜가 취소될 수 있음을 알아야 한다.

* 만일 우리가 형제를 용서하지 않으면 하나님도 우리의 죄를 용서하지 않으신다. 즉 우리가 형제를 용서해야 하나님도 우리의 죄를 용서하신다. 주님의 기도에서 "우리가 우리에게 죄 지은 자를 용서하여 준 것 같이 우리 죄를 사하여 주시옵고"라고 가르쳐 주신 것을 참조하라(마5:12).

 **갈라디아서 4장 1-7절**

우리는 하나님의 자녀다

너희가 아들이므로 하나님이 그 아들의 영을 우리 마음 가운데 보내사 아빠 아버지라 부르게 하셨느니라 그러므로 네가 이 후로는 종이 아니요 아들이니 아들이면 하나님으로 말미암아 유업을 받을 자니라(6-7절).

가. 우리는 하나님의 자녀다.

6절, "너희는 아들이므로..."

* 우리는 예수 그리스도로 말미암아 하나님의 자녀라는 명분을 얻었다. 말씀에 "너희가 다 믿음으로 말미암아 그리스도 예수 안에서 하나님의 아들이 되었으니"라고 하였고(갈3:26), 또 "이는 혈통으로나 육정으로나 사람의 뜻으로 나지 아니하고 오직 하나님께로부터 난 자들"이라고 하였다(요1:13).

* 우리는 원래 하나님을 아버지라 부를 수 없는 연약한 존재였다. 이에 대하여 바울은 "전에는 우리도 다 그 가운데서 우리 육체의 욕심을 따라 지내며 육체와 마음이 원하는 것을 하여 다른 이들과 같이 본질상 진노의 자녀이었더니"라고 고백하였다(엡2:3). 탕자와 같은 우리를 자녀로 받아주시는 하나님의 은혜를 잊지 말아야 한다.

* 우리는 하나님의 자녀로서 존엄성을 지켜야 한다. 이제 더 이상 종이 아니다. 자녀이면 자녀답게, 백성이면 백성답게 품위를 지켜야 한다. 아기(νήπιος 네피오스)가 자라서 아들(υἱός 휘오스)이 되고, 또한 성숙한 아들이 되어 상속자(κληρονόμος 클레로노모스)가 되어야 한다.

나. 종의 믿음이 문제다.

3절, "이와 같이 우리도 어렸을 때에 이 세상의 초등학문 아래에 있어서 종노릇 하였더니…"

* 여기서 '어렸을 때'는 '우리가 아직 아기였을 때'를 말한다. 아기가 태어나면 아들이라도 아직 성숙하지 못하였으므로 상속자가 되지 못한다. "유업을 이을 자가 모든 것의 주인이나 어렸을 동안에는 종과 다름이 없다"고 하였다(1절). 사람들이 아기를 귀여워하지만 그에게 아무 것도 맡기지 않는 것과 같다.

* 어린아이와 같다는 것은 종의 믿음을 말한다. 이 세상의 초등학문 아래서 종노릇 하는 믿음이다(3절). 바울은 우리가 빨리 성장하여 종의 믿음에서 아들의 믿음으로 나아가기를 바란다.

* 종의 믿음은 노예의지를 극복하지 못한 상태를 말한다. 해야 할 일을 하지 못하고, 하지 말아야 할 일을 중단하지 못한다. 일을 하더라도 주인의 눈치를 살피는 일꾼과 같다. 시키는 일만 한다. 기쁨으로 하지 못하고 벌을 받을까 두려워서 한다. 고작해야 복을 받으려고 하는 경우도 마찬가지다. 이런 상태로서는 하나님을 기쁘시게 할 수 없다.

다. 성령을 따라 살아야 한다.

6절, "너희가 아들이므로 하나님이 그 아들의 영을 우리 마음 가운데 보내사 아빠 아버지라 부르게 하셨느니라."

* 하나님은 자녀들에게 아들의 영, 즉 성령을 보내주신다. 하나님이 성령을 보내주시는 것은 자녀들로 하여금 자녀답게 양육하기 위해서다. 이는 예수님을 구주로 영접하도록 인도하는 선행은총과 더불어 하나님의 자녀를 자녀답게 만드는 성화의 은총을 말한다. 성령은 자녀들로 하여금 진리로 인도하여 성숙한 자녀가 되게 하신다(요한14장 참조). 우리는 성령의 인도하심에 따라 아들의 믿음을 회복하고 기쁨으로, 자발적으로 섬기는 사람이 되어야 한다.

* 성도가 성령의 내주사역에 따라 성령의 열매, 즉 사랑과 희락과 화평과 오래 참음과 자비와 양선과 충성과 온유와 절제의 열매를 맺으면 성숙한 자녀가 된다(갈5:22). 또 성도가 성령의 능력사역에 힘입어 은사를 받으면 능력 있는 하나님의 백성이 된다(고전12장 참조).

* 하나님은 영을 따르는 성숙한 자녀들에게는 하나님을 아버지라 부르도록 허락하신다. 하나님을 아버지라고 부르도록 허락을 받지 못한다면 그러한 교인은 문제가 있다. 성령은 우리를 진리로 인도하여 하나님의 자녀답게 만드신다. 우리는 성령의 인도를 온전히 따라야 한다.

라. 성숙하면 하나님의 상속자가 된다.

7절, "네가 이 후로는 종이 아니요 아들이니 아들이면 하나님으로 말미암아 유업을 받을 자니라."

* 교인이면서도 종의 믿음을 가진 어린아이와 같다면 하나님의 상속자가 될 수 없다. 주인이라도 어렸을 동안에는 종과 다름이 없다. 아버지가 정한 때까지 후견인이나 청지기 아래에 있어야 하는 아기처럼 성숙하지 못한 교인은 상속자가 되지 못한다(2절 참조).

* 여기서 상속자(κληρονόμος클레로노모스)는 '제비를 뽑아 재산을 분배하는 법'에서 유래한 말이다. 하나님의 유업은 인간의 노력으로 쟁취할 수 있는 것이 아니다. 오직 하나님께서 허락하시는 사람이 제비를 뽑게 하신다. 즉 하나님이 기뻐하시는 사람을 상속자가 되게 하신다는 말이다. 세종대왕이 태종의 여러 아들 중에서 선택된 것과 같다. 우리는 모두 상속자가 될 수 있는 성도가 되어야 한다.

* 같이 교회를 다니면서도 하나님을 아버지라고 부르지 못하는 사람과 아버지라고 부르도록 허락받은 사람은 다르다. 단순히 교회를 다니는 사람이 아니라 하나님의 자녀다운 성도가 되어야 하고 나아가 하나님의 유업을 이를 상속자가 되어야 한다.

스바냐 2장 1-3절
더 나은 것을 갈망하라

수치를 모르는 백성아 모일지어다 모일지어다 명령이 시행되어 날이 겨 같이 지나가기 전, 여호와의 진노가 너희에게 내리기 전, 여호와의 분노의 날이 너희에게 이르기 전에 그리할지어다 (1-2절).

가. 성도는 더 나은 것을 사모해야 한다.

1절, "수치를 모르는 백성아 모일지어다 모일지어다."

* 본문은 자신들이 잘 하고 있는 줄로 생각하고 더 나은 것을 사모하지 않는 사람들에게 주시는 말씀이다. 여기서 '수치'(קָסַף카사프)는 '창피를 당하다' 또는 '갈망하다' 라는 뜻을 갖고 있다. 즉 '수치를 모른다' 는 것은 자신들의 형편이 창피스러운데도 더 나은 것을 갈망하지 않는다는 말이다. 성도는 항상 자신의 부족함을 고백하고 더 나은 것을 바라보고 달려가야 한다.

* 성경말씀은 성도가 완전을 향하여 달려가기를 바란다. 예수님은 "하늘에 계신 너희 아버지가 온전하심과 같이 너희도 온전하라"고 하셨다(마 5:48). 이는 레위기의 "너희는 거룩하라 나 여호와 너희 하나님이 거룩함이니라"라고 하신 말씀과 맥을 같이 한다(레19:2). 이에 베드로는 "오직 너희를 부르신 거룩한 이처럼 너희도 모든 행실에 거룩한 자가 되라"고 하였다(벧전1:15).

* 성도는 현재에 만족하지 말고 위를 향해 달려가야 한다. 존 웨슬리가 강조한 '더 고상한 삶'(Higher Life)을 참조하라.

나. 잘하고 있다고 생각하는 교만이 문제다.

1절, "수치를 모르는 백성아…"

* 사람이 수치를 모르는 것은 현재 자신이 잘하고 있다고 생각하기 때문이다. 이는 영적 교만의 문제다. 사람은 하나님 앞에 한없이 부족한 존재다. 하나님 앞에서 항상 부족함을 느껴야 계속 성장할 수 있다.

* 그러나 성경은 사람이 자신이 약하다는 이유로 완전의 목표를 포기하는 것을 거부한다. 사람은 약하지만 하나님의 은총은 강하기 때문이다. 존 웨슬리의 '은총의 낙관주의'를 참조하라. 성도는 하나님의 은총을 의지하여 더 나은 것을 향하여 달려가야 한다.

* 또한 성경은 자신이 완전하다고 생각하고 더 나은 것을 사모하지 않는 것도 거부한다. 예수님은 모든 것을 잘 하고 있다고 자신 있게 말하는 부자 청년에게 "네게 한 가지 부족한 것이 있다"고 하시며 더 나은 것을 사모하라고 하셨다(눅18:22). 성도가 완전을 추구하되 교만하면 안 된다.

* 본문 3절에 보면 "너희는 여호와를 찾으며 긍의와 겸손을 구하라"고 하였다. 자신의 부족함을 아는 겸손이 없이는 하나님을 찾을 수도 없고 더 나은 것을 갈망할 수 없다. 여기서 '겸손'(아나브)은 '비참함'이라는 뜻을 갖고 있으며 자신의 부족함과 비참함을 아는 것을 말한다.

다. 하나님을 찾고 그의 공의를 구하라.

3절, "여호와의 규례를 지키는 세상의 모든 겸손한 자들아 너희는 여호와를 찾으며 공의와 겸손을 구하라."

* 이 말씀은 희망이 전혀 없는 사람들에게 주신 말씀이 아니다. "여호와의 규례를 지키는 세상의 모든 겸손한 자들"에게 주신 말씀이다. 달리는 말에 채찍질하듯이 잘하는 사람들에게 더 잘하기를 바라는 말씀이다. 성도들은 이 말씀에 의지하여 더 나은 것을 추구해야 한다.

* 더 나은 것을 추구하는 길은 여호와를 찾는 것이다. 거룩하신 하나님을 찾는 것은 세상의 가치관을 거부하고 하나님 나라의 가치관을 추구하

는 것이다. 그리고 하나님 나라의 핵심가치인 '의'를 추구하는 것이다. 하나님은 그의 백성이 공의(צֶדֶק체데크)와 정의(מִשְׁפָּט미쉬파트)를 이루기를 원하신다.

* 여기서 '의'는 단순히 칭의의 의가 아니다. 이는 실제로 하나님의 은혜 안에서 의로운 사람이 되는 것을 말한다. 하나님의 은혜로 의롭다고 여김을 받는 칭의가 율법의 의를 포기하는 것은 아니다. 사람이 은총으로 의롭다고 여김을 받았으면(칭의) 그리스도의 믿음을 따라 하나님의 의를 이루어야 한다(성화).

라. 하나님의 사람은 진노의 날에 보호를 받는다.
3절, "너희가 혹시 여호와의 분노의 날에 숨김을 얻으리라."

* 공의를 요구하는 하나님은 심판하시는 주님이시다. 오직 하나님의 공의를 따르는 사람들이 심판의 날에 구원을 받는다. 여기서 '혹시'라는 말을 사용한 것은 의미가 있다. 이는 공의를 따르는 사람이 구원을 받는다는 것을 확신할 수 있으나 최종 결정은 하나님께 달려 있음을 알아야 한다. 그러나 최선을 다하면 하나님은 은총으로 구원하신다.

* 성경은 하나님의 심판의 날을 경고하시며 그 날이 이르기 전에 회개할 것을 촉구한다. 본문에서도 "명령이 시행되어 날이 겨 같이 지나가기 전, 여호와의 진노가 너희에게 내리기 전, 여호와의 분노의 날이 너희에게 이르기 전에 그리할지어다"라고 하였다(2절). 하나님의 심판은 더딘 것 같지만 때가 되면 분명하게 임한다. 성도는 항상 하나님의 심판의 날을 준비하며 살아야 한다.

* 하나님의 심판은 우리 자신의 힘으로는 피할 수 없다. 여기서 '숨김을 얻으리라'(סָתַר싸타르, 수동)는 하나님의 보호하심을 가리킨다. 현재 우리 자신의 의로 하나님의 심판을 피할 수 있다는 생각은 착각이다. 우리는 오직 겸손하게 더 나은 의를 추구해야 한다.

 **요한복음 12장 12-19절**
주님 외로운 길을 가시다

그 이튿날에는 명절에 온 큰 무리가 예수께서 예루살렘으로 오신다는 것을 듣고 종려나무 가지를 가지고 맞으러 나가 외치되 호산나 찬송하리로다 주의 이름으로 오시는 이 곧 이스라엘의 왕이시여 하더라(12-13절).

가. 주님은 참으로 외로운 길을 가셨다.

12절, "그 이튿날에는 명절에 온 큰 무리가 예수께서 예루살렘으로 오신다는 것을 듣고…"

＊ 종려주일은 예수님의 예루살렘 입성을 기념하는 날이다. 예수님은 유월절에 십자가를 지기 위하여 예루살렘으로 올라가셨다. 세례 요한은 일찍이 예수님을 가리켜 "세상 죄를 지고 가는 어린 양"이라고 소개한 바 있다(요1:29). 예수님이 예루살렘으로 입성하신 것은 유월절에 세상의 모든 죄를 지고 가는 어린 양이 되시기 위한 발걸음이었다.

＊ 그 날에 큰 무리가 예수님을 대대적으로 환영하였다. 사람들은 승리를 상징하는 종려나무 가지를 흔들며 환영하였다. 그리고 '호산나'를 외치며 이스라엘 백성을 구원하여 달라고 간청하였다. 이것은 가롯 유다를 비롯한 열심당원들의 작품이었다.

＊ 종려주일에 예수님을 환영하는 대대적인 행사 속에 실상 예수님은 외로운 길을 가셨다. 아무도 예수님이 예루살렘으로 입성하시는 뜻을 몰랐기 때문이다. 제자들마저 누가 높은 자리를 차지할 것인가를 놓고 경쟁을 한 것을 보면 예수님이 얼마나 외로우셨을지 알 수 있다.

나. 예수님에 대한 오해가 문제다.

18절, "이에 무리가 예수를 맞음은 이 표적 행하심을 들었음이러라."

* 많은 사람들이 모여 예수님을 환영한 데는 나사로를 무덤에서 불러내어 죽은 자 가운데서 살리신 증언을 들었기 때문이었다(17절 참조). 사실 유대인들은 표적을 좋아하는 민족이었기 때문에 표적을 행하시는 예수님에게 왕이 되어주기를 기대하는 것은 자연스럽다. 오병이어의 표적이 있은 후에도 유대인들은 예수님에게 왕이 되어주기를 간청한 바 있다(요6장 참조).

* 여기서 유대인들의 오해는 시작되었다. 큰 표적을 행하시는 예수님이 저들의 욕구를 채워줄 정치적 메시아에 부합하였기 때문이었다. 그러나 이러한 오해가 결국 예수님을 외롭게 만들었다. 결국에는 가룟 유다는 예수님을 팔았고, 환호하며 호산나를 외치던 무리들은 예수님을 십자가에 못 박으라고 소리쳤다.

* 지금도 많은 사람들이 예수님을 따르면서도 오해를 하고 있다. 자신의 욕구의 충족을 위해 주님을 따르는 동상이몽이 예수님을 외롭게 한다. "멸시 천대 십자가는 주님 지고 가셨으니, 존귀 영광 모든 권세 내가 홀로 받으리라"라고 찬송을 거꾸로 부르는 사람들 때문에 예수님은 외롭다.

다. 예수님의 길은 고난의 길이다.

14절, "예수는 한 어린 나귀를 보고 타시니…"

* 예수님은 예루살렘으로 입성하시며 작은 나귀새끼를 타셨다. 이는 스가랴의 예언을 이루기 위함이었다. "시온 딸아 두려워하지 말라 보라 너의 왕이 나귀 새끼를 타고 오신다 함과 같으니라"라고 하였다(15절 참조). 그런데 스가랴는 메시야가 나귀 새끼를 타시는 이유로 '겸손하여'를 덧붙였었다.

* 여기서 나귀 새끼를 탄 이유인 '겸손함'의 뜻을 아는 것이 중요하다. 스가랴서에서 '겸손'(עָנִי아니)은 '아나' (עָנָה힘쓰다, 고난을 당하다)에서 유

래하였다. 즉 예수님의 겸손은 고난을 당하시되 자신을 비워 순종하시는 것이다. "그는 곤욕을 당하며 괴로울 때에도 그의 입을 열지 아니하였음이여 마치 도수장으로 끌려가는 어린 양과 털 깎는 자 앞에서 잠잠한 양 같이 그의 입을 열지 아니하였도다"라고 하였다(사53:7). 예수님은 십자가를 지기까지 자신을 비우시고 낮추셨다(빌2장 참조).

　＊ 그리고 예수님을 태운 나귀 새끼는 마치 십자가를 지고 가시는 예수님의 모습을 연상케 한다. 예수님은 주님을 태우고 힘들어 하던 나귀 새끼처럼 무거운 십자가를 지고 고난의 길을 가셨다.

라. 고난 뒤에는 영광이 있다.

16절, "제자들은 처음에 이 일을 깨닫지 못하였다가 예수께서 영광을 얻으신 후에야…"

　＊ 예수님을 따르는 길은 고난의 길이다. 많은 사람이 예수님에 대하여 오해를 하고 동상이몽을 꿈꾸며 곁길로 따르고 있다. 성경에서 '따르다'는 '같은 길에 있다' 는 말이다. 예수님을 따르려면 힘들어도 주님이 가신 길에 같이 있어야 한다. 그리고 주를 따르는 길에 영광이 있음을 알아야 한다.

　＊ 예수님의 제자들도 처음에는 고난 뒤에 영광이 있다는 것을 알지 못했다. 실상 주님의 길은 일견 어리석은 길이다. 제자들은 예수님의 길을 받아들이지 못하고 불평하며 만류하였다. 그러나 예수님은 모든 길을 가셨고, 영광을 얻으셨다. 그리고 바리새인들이 말하던 대로 많은 사람을 얻으셨다. "너희 하는 일이 쓸 데 없다 보라 온 세상이 그를 따르는도다"(19절).

　＊ 예수님은 자신을 비워 겸손하게 십자가를 지셨다. 그런데 하나님은 그를 높여주셨다. "이러므로 하나님이 그를 지극히 높여 모든 이름 위에 뛰어난 이름을 주사 하늘에 있는 자들과 땅에 있는 자들로 모든 무릎을 예수의 이름에 꿇게 하시고"라고 하였다(빌2:9-10).

마태복음 20장 24-28절
섬기는 이가 큰 사람이다

너희 중에는 그렇지 않아야 하나니 너희 중에 누구든지 크고자 하는 자는 너희를 섬기는 자가 되고 너희 중에 누구든지 으뜸이 되고자 하는 자는 너희의 종이 되어야 하리라(26-27절).

가. 섬기는 사람이 큰 사람이다.

26절, "너희 중에는 그렇지 않아야 하나니 너희 중에 누구든지 크고자 하는 자는 너희를 섬기는 자가 되어야 하리라."

* 본문은 크고자 하는 이들에게 주시는 말씀이다. 이는 야고보와 요한의 어머니가 아들들과 함께 나아와 하나는 주의 우편에 하나는 좌편에 앉게 하라고 부탁하였을 때 주셨던 말씀이다. 예수님은 이 요청이 잘못된 것임을 지적하셨다. "너희는 너희가 구하는 것을 알지 못하는도다. 내가 마시려는 잔을 너희가 마실 수 있느냐"라고 대답하신 것을 참조하라(마20:22).

* 주님은 오히려 섬기는 사람이 큰 사람이요, 스스로 종이 되어야 으뜸이 되리라고 말씀하셨다. 이것이 하나님의 나라의 가치관이다. 이것은 이방 사람들의 가치관과 정면으로 대치된다. 이방인의 집권자들은 사람들 위에 군림하려 하고 약한 사람들에게 권세를 부린다. 성도는 이를 경계해야 한다.

* 앞서 제자들이 "천국에서는 누가 크니이까"라고 물었을 때에 예수님은 "누구든지 이 어린아이와 같이 자기를 낮추는 사람이 천국에서 큰 자니라"라고 대답하셨다(마18:1-5).

나. 높아지고자 하는 속성이 문제다.

24절, "열 제자가 듣고 그 두 형제에 대하여 분히 여기거늘…"

＊ 대체로 사람은 누구나 높아지고 군림하려고 한다. 세베대의 두 아들은 다른 제자들보다 높아지고 싶었다. 그런데 높아지켜는 세베대의 두 아들이나 이를 보고 분을 내는 다른 제자들이나 마찬가지다. 여기서 '분히 여기다'(ἀγανακτέω 아가나크테오)는 '몹시'(ἀγαν 아간) 분노하였음을 보여준다. 누구에게나 높아지고 싶은 욕구가 있다는 것을 보여준다.

＊ 이것은 보편적인 현상이다. 예수님은 제자들에게 말씀하시기를 "이방인 집권자들이 그들을 임의로 주관하고 그 고관들이 그들에게 권세를 부리는 줄을 너희가 알거니와"라고 하셨다(25절). 여기서 '너희가 알거니와'는 높아지고자 하는 것이 보편적 현상이요 당연하게 받아들이는 현실임을 보여준다. 그러나 이것은 이방인들의 가치관이므로 성도는 이를 극복해야 한다.

＊ 높아지고자 하는 속성은 원죄에 속한다. 아담과 하와는 하나님처럼 되려고 선악을 알게 하는 나무의 열매를 따 먹었다. 이는 사람들에 대해서도 마찬가지다. 그래서 예수님은 "무엇이든지 남에게 대접을 받고자 하는 대로 너희도 남을 대접하라"고 하셨다(마태7:12).

다. 예수님처럼 섬겨야 한다.

28절, "인자가 온 것은 섬김을 받으려 함이 아니라 도리어 섬기려 하고 자기 목숨을 많은 사람의 대속물로 주려 함이니라."

＊ 예수님은 세속적 가치관을 완전히 뒤엎으셨다. 성도들은 예수님을 따라 섬기는 사람이 되어야 한다. 여기서 '섬기다'(διακονέω 디아코네오)는 '심부름을 가다'라는 말에서 유래하였다. 사람은 하나님의 심부름꾼으로서 그의 뜻에 따라 이웃을 섬기는 것이 본분이다. 하나님의 위임사상을 참조하라.

＊ 그런데 사람들은 자신이 인생의 주인인 줄로 착각하고 있다. 본문에서

'임의로 주관하다'(κατακυριεύω카타큐리유오)는 '주인행세를 하다' 라는 뜻이다. 그리고 '권세를 부리다'(κατεξουσιάζω카텍수시아조)는 하나님이 위임하신 능력을 가지고 마치 자신의 것으로 생각하고 휘두르는 것을 말한다. 이는 속칭 '배달사고' 라 할 수 있다.

* 사람은 인생의 주인이 아니라 하나님의 심부름꾼이다. 청지기는 주인이 아니라 하나님의 종이다. 하나님이 맡겨주신 것들(지식, 물질, 재능, 권세 등)은 하나님의 뜻에 따라 섬기는 데 사용해야 한다. 이를 가지고 군림하는 것은 옳지 않다. 예수님이 섬기는 자의 모델이시다.

라. 섬기는 사람이 높임을 받는다.

27절, "너희 중에 누구든지 으뜸이 되고자 하는 자는 너희의 종이 되어야 하리라."

* 본문의 말씀은 종이 되어 섬기는 사람이 높임을 받는다는 역설의 진리를 선포한다. 기독교의 진리는 역설적이다. 십자가의 도는 낮아짐을 통하여 높임을 받는 길이다. 예수님은 낮아지고, 낮아지고, 낮아지셨는데 하나님은 그를 높이시고, 높이시고, 높이셨음을 참조하라(빌2장 참조).

* 아브라함은 지극한 정성으로 지나가는 나그네를 섬겼는데 부지불식간에 하나님과 천사를 대접한 것이 되었다(창18장 참조). "눈을 들어 본즉 사람 셋이 맞은편에 섰는지라 그가 그들을 보자 곧 달려 나가 영접하며 몸을 땅에 굽혀 이르되 내 주여 내가 주께 은혜를 입었사오면 원하건대 종을 떠나 지나가지 마시옵고"라고 하였다(창18:2-3). 그런데 하나님은 아브라함을 높여 하늘의 비밀을 알려주시고 그에게 소돔과 고모라를 위하여 간구할 수 있는 기회를 주셨다(창18:17).

* 사르밧 과부는 조금 남은 가루와 기름으로 마지막 떡을 만들어 먹고 죽으려고 하였으나 그 떡으로 하나님의 종 나그네 엘리야를 섬긴 결과 하나님은 그를 높여 삼년 가뭄에 피할 길을 주셨다(왕상17장 참조).

 ## 고린도전서 15장 42-49절
부활이 소망이다

죽은 자의 부활도 그와 같으니 썩을 것으로 심고 썩지 아니할 것으로 다시 살아나며 욕된 것으로 심고 영광스러운 것으로 다시 살아나며(42-43절).

가. 죽음 이후에 부활이 있다.

42절, "죽은 자의 부활도 이와 같으니 썩을 것으로 심고 썩지 아니할 것으로 다시 살아나며."

＊ 바울은 확신을 갖고 죽은 자의 부활을 선포한다. 바울은 부활을 씨가 떨어져 죽음으로 새로운 생명체로 다시 살아나는 것에 비유하였다. 즉 "네가 뿌리는 것은 장래의 형체를 뿌리는 것이 아니오 다만 밀이나 다른 것의 알맹이일 뿐"이라는 비유로 부활을 증명하였다(37절).

＊ 여기서 씨와 장래의 형체 사이에는 연속성과 불연속성이 있음을 보여준다. 연속성은 사과 씨를 심으면 사과나무가 나오고, 대추 씨를 심으면 대추나무가 나오는 것을 말한다. 이것은 언제나 변함이 없다. 마찬가지로 부활은 새 생명이지만 이 세상의 생명과 연속성을 갖고 있다. 새로운 몸을 입을지라도 개인의 정체성에는 변함이 없다.

＊ 또한 불연속성은 이 세상의 몸과 부활의 새 생명은 전혀 다른 몸을 입는다는 것을 말한다. 이 세상의 몸은 약하고 썩을 것이지만 새 생명은 강하고 썩지 않는 신령한 몸이다. 성도는 예수님이 부활하셔서 보여주신 신령한 몸을 입고 영생을 누리게 된다.

나. 부활이 소망이다.

44절, "육의 몸으로 심고 신령한 몸으로 다시 살아나나니 육의 몸이 있은즉 영의 몸도 있느니라."

* 예수님이 보여주신 부활의 몸은 신령한 몸이다. 뼈와 살이 있고 만질 수 있는 몸이었으나 시간과 공간을 초월하는 몸이었다. 또한 이 세상에서 사용하던 몸처럼 썩을 몸은 아니었지만 확실한 육체의 몸이었다. 예수님은 이를 증명하시기 위하여 제자들과 함께 떡을 나누어 드셨고(눅24:30), 생선을 잡수시기까지 하였다(요한21:13).

* 성도는 죽을지라도 다시 신령한 몸을 입고 부활한다. 이것이 성도의 소망이다. 육신을 입고 있는 사람은 죽음을 두려워할 수밖에 없다. 그러나 육체를 입고 세상에 오신 예수님이 십자가에서 죽으셨으나 삼일 만에 부활하심으로 육체를 가진 사람들에게 큰 소망을 주셨다.

* 인생은 결코 죽음으로 끝나지 않는다. 그렇다고 구천을 떠도는 귀신이 되는 것도 아니다. 성도는 비록 육신의 몸은 죽을지라도 부활하여 신령한 몸을 입고 천국에서 영생을 누리게 된다. 요한계시록은 영적전쟁에서 승리한 성도들이 받을 부활과 영생의 소망을 확실하게 보여준다.

다. 예수 그리스도가 희망이다.

45절, "첫 사람 아담은 생령이 되었다 함과 같이 마지막 아담은 살려 주는 영이 되었나니."

* 예수님은 부활을 보여주심으로 소망을 주실 뿐만 아니라 부활의 소망을 이루어 주시는 분이시다. 바울은 마지막 아담인 예수님을 '살려주는 영'이라고 소개하였다. 이는 우리가 첫 사람 아담에 속하여 세상에서 육신을 입고 사는 것처럼 예수 그리스도에 속한 사람은 새 생명을 입고 영생을 누리게 될 것을 보여준다.

* 예수님이 희망이다. 예수께서 말씀하시기를 "나는 부활이요 생명이니 나를 믿는 자는 죽어도 살겠고 무릇 살아서 나를 믿는 자는 영원히 죽지 아

니하리라"라고 하셨다(요한11:25-26). 예수님은 나사로를 죽은 지 나흘 만에 다시 살리심으로 이를 증명하셨다. 예수님은 죽은 자를 살리시는 이, 생명을 주시는 이, 즉 영원한 새 생명을 주시는 분이시다.

* 이처럼 예수님은 부활의 첫 열매가 되셨으며 또한 그를 믿는 자들에게 영생을 주신다. 마태는 예수님이 부활하시던 날에 무덤들이 열리며 자던 성도들이 많이 일어났다고 증언하였다(마27:52).

라. 부활신앙은 성도를 성숙하게 한다.

48-49절, "무릇 흙에 속한 자들은 흙에 속한 자와 같고 하늘에 속한 자들은 저 하늘에 속한 자와 같으니, 우리가 흙에 속한 자의 형상을 입은 것 같이 또한 하늘에 속한 이의 형상을 입느니라."

* 사람은 흙에 속한 사람으로서 아담의 형상을 입고 세상을 살아간다. 그러나 천국에서는 하늘에 속한 자가 되어 그리스도의 형상을 입게 될 것이다. 이것이 부활의 소망이다.

* 부활의 소망을 가진 사람들은 하늘에 속한 자로 살게 된다. 사람은 세상에서 육신의 몸을 입고 아담을 따라 살 수밖에 없다. 그러나 부활을 믿는 성도는 하늘에 속한 자로서 소망을 가지고 예수님을 따라 살게 된다. 우리는 장차 하늘에 속한 자의 형상을 입을 사람들인데 하늘에 속한 자 예수 그리스도를 따라 사는 것은 마땅하다. 이렇게 부활신앙은 성도를 성숙하게 한다.

* 성도는 '흙에 속한 자' 즉 흙에서 왔다가 흙으로 돌아가는 인생에 소망을 두면 안 된다. 이에 바울은 "그러므로 너희가 그리스도와 함께 살리심을 받았으면 위의 것을 찾으라 거기는 그리스도께서 하나님 우편에 앉아 계시느니라"라고 하였다(골3:1). 성도는 땅만 쳐다보지 말고 하늘을 쳐다보고 살아야 한다. 그리고 하늘을 쳐다보고 살다보면 자연스럽게 성숙한 사람이 된다.

마태복음 28장 1-6절
예수님 다시 살아나셨다

천사가 여자들에게 말하여 이르되 너희는 무서워하지 말라 십자가에 못 박히신 예수를 너희가 찾는 줄을 내가 아노라 그가 여기 계시지 않고 그가 말씀하시던 대로 살아나셨느니라(5-6절).

가. 부활은 상상도 못할 놀라운 사건이다.

1절, "안식 후 첫날이 되려는 새벽에 막달아 마리아와 다른 마리아가 무덤을 보려고 갔더니…"

＊ 예수님의 부활은 상상도 하지 못한 일이었다. 막달라 마리아와 다른 마리아가 새벽에 일찍이 갔던 것은 오직 무덤을 보기 위해서였다. 그들은 예수님을 위하여 준비한 향품을 가지고 무덤으로 가며 "누가 우리를 위하여 무덤 문에서 돌을 굴려 주리요"라고 걱정하였다(막16:1-3참조). 그들은 예수님이 부활하리라고는 상상도 하지 못했다.

＊ 또한 천사는 무덤을 찾아온 여인들에게 "너희는 무서워하지 말라 십자가에 못 박히신 예수를 너희가 찾는 줄 내가 아노라"라고 하였다(5절). 천사는 그들이 단지 십자가에 죽으신 예수님을 찾는 줄 알고 있었다. 이것은 여인들이 예수님의 부활을 상상도 못했음을 보여준다.

＊ 예수님이 몇 차례나 십자가를 지실 것과 사흘 만에 다시 살아나실 것을 예고하셨으나 아무도 마음에 두지 않았고 믿지 않았다. 이처럼 부활은 상상도 하지 못한 일이었다. 지금도 많은 사람들이 부활을 믿으려고 하지 않는데 참으로 안타까운 일이다. 그러나 부활은 확실한 사실이다.

나. 예수님의 부활은 역사적 사실이다.

2절, "큰 지진이 나며 주의 천사가 하늘로부터 내려와 돌을 굴려내고 그 위에 앉았는데…"

＊ 본문은 부활의 아침에 있었던 일을 자세히 알려준다. 그 새벽에 큰 지진이 있었다. 주의 천사가 하늘에서 내려와 무덤의 돌을 굴려냈다. 천사의 모습은 그 형상이 번개 같고 그 옷은 눈 같이 희었다. 그리고 지키던 군병들은 무서워 떨며 죽은 사람과 같이 되었다(2-4절 참조).

＊ 여기서 중요한 점은 무덤을 지키던 이들이 있었다는 사실이다. 그들이 예수님의 부활이 역사적 사실임을 밝혀주는 산 증인들이다. 그들은 제사장들과 장로들이 보낸 사람들이었다. 예수님이 사흘 만에 다시 살아나겠다고 하신 말씀이 그들에게는 걱정이 되었다. 그들은 제자들이 시체를 옮겨 놓고 예수님이 부활했다고 소문을 낼까봐 걱정했다. 그래서 무덤을 지키게 했던 것인데 결국은 그들이 부활의 역사적 증인이 되었다. 이는 하나님의 섭리다.

＊ 후에 제사장들은 장로들과 의논하고 군인들에게 돈을 주며 밤에 예수님의 제자들이 와서 그를 도둑질하여 갔다고 소문을 내게 하였다(마28:11-14참조). 만일 제자들이 실제로 시신을 도둑질해 갔다면 지키던 군병들은 처벌을 받았을 것이다. 그러므로 그들의 억지주장은 오히려 부활이 역사적 사실임을 증명한다.

다. 예수님의 부활은 몸의 부활이다.

6절, "그가 여기 계시지 않고 그가 말씀하시던 대로 살아나셨느니라 와서 그가 누우셨던 곳을 보라."

＊ 예수님은 말씀하시던 대로 다시 살아나셨다. 예수님의 말씀은 이루어졌다. 그런데 중요한 것은 "그가 여기 계시지 않고"라는 천사의 말이다. 이어 천사는 "와서 그가 누우셨던 곳을 보라"고 하였다. 여기서 무덤이 비었다는 것은 예수님이 몸으로 부활하셨다는 것을 보여준다.

* 예수님은 영체로 부활하시지 않고 몸으로 부활하셨다. 여인들은 주님을 만났을 때에 그의 발을 붙잡고 경배하였다(마28:9). 예수님은 도마에게 "네 손가락을 이리 내밀어 내 손을 보고 네 손을 내밀어 내 옆구리에 넣어 보라"고 하시며 못 자국과 창 자국을 만져보게 하셨다(요20:27).

* 그러나 예수님의 부활의 몸은 신령한 몸이다. 시간과 공간을 초월하는 신령한 몸이다. 예수님은 제자들이 있던 곳에 문이 굳게 닫혀 있었으나 들어오셨다가 또 사라지셨다(요20:25). 이러한 부활의 신령한 몸이 땅에 있는 우리의 장막집이 무너지면 새롭게 입을 하늘에 있는 영원한 집이다(고후 5:1).

라. 부활은 신앙생활의 역전승의 깃발이다.

4절, "지키던 자들이 그를 무서워하여 떨며 죽은 사람과 같이 되었더라."

* 예수님의 무덤을 지키던 사람들은 부활의 현장을 목격하였다. 예수님은 부활하시어 떠나가시고 대신 천사가 무덤을 지키고 있었다. 천사의 모습은 번개와 같이 빛났고 그의 옷은 눈 같이 희었다. 이 모든 광경은 무덤을 지키던 로마 군병들을 두려워 떨며 죽은 사람과 같게 만들었다.

* 이는 예수님의 역전승을 보여준다. 십자가를 지고 죽은 자는 부활하여 일어나고 그를 희롱하고 창으로 찌르던 자들은 죽은 사람과 같이 되었다. 이는 분명한 역전승이다. 땅에서는 성도들이 영적전쟁으로 인하여 고난을 당할지라도 최후 부활의 날에는 역전승하게 될 것이다.

* 요한은 예수님의 역전승을 환상으로 보았다. "볼지어다 그가 구름을 타고 오시리라 각 사람의 눈이 그를 보겠고 그를 찌른 자들도 볼 것이요 땅에 있는 모든 족속이 그로 말미암아 애곡하리라"라고 하였다(계1:7). 예수님이 승리의 면류관을 쓰고 나타나실 날에 그를 찌른 자들과 그를 배척한 모든 사람들은 애곡할 것이다. 다만 신실하게 주님을 따르는 성도들은 그의 역전승에 참여하게 될 것이다.

 **마태복음 25장 1-10절**

조금 더 준비하자

미련한 자들은 등을 가지되 기름을 가지지 아니하고 슬기 있는 자들은 그릇에 기름을 담아 등과 함께 가져갔더니 신랑이 더디 오므로 다 졸며 잘새(3-4절).

가. 성도는 빛의 자녀로 살아야 한다.

1절, "그 때에 천국은 마치 등을 들고 신랑을 맞으러 나간 열 처녀와 같다 하리니…"

* 본문은 성도가 세상에서 빛의 자녀로 살아야 한다는 말씀이다. 여기에 나오는 등과 기름은 빛을 발하기 위해 필요한 것들이다. 여기서 '등'의 어원 '람포'는 '빛을 발하다'라는 뜻이다. 이는 이사야가 "일어나라 빛을 발하라"라고 한 말씀과 일맥상통한다(사60:1).

* 성도의 사명은 세상에서 빛을 발하는 것이다. 주님은 "너희는 세상의 빛이라…이같이 너희 빛이 사람 앞에 비치게 하여 그들로 너희 착한 행실을 보고 하늘에 계신 너희 아버지께 영광을 돌리게 하라"고 하셨다(마5:14-16). 바울도 "너희가 전에는 어둠이더니 이제는 빛의 자녀라 빛의 자녀들처럼 행하라"고 하였다(엡5:8). 성도는 빛이 되는 삶을 살아야 한다.

* 그런데 성도는 빛을 계속 발해야 한다. 본문의 '등을 들고'(분사)는 계속 빛을 발해야 함을 보여준다. 어떤 특별한 상황에서도 빛을 발하는 능력을 잃지 말아야 한다. 그러므로 결론적으로 말씀하시기를 "그런즉 깨어 있으라"고 권면하였다(13절).

나. 은혜의 부족이 문제다.

3절, "미련한 자들은 등을 가지되 기름을 가지지 아니하고…"

＊ 본문이 강조하는 문제점은 기름이 충분하도록 조금 더 준비해야 한다는 것이다. 그리고 여기에서 '기름'은 성도가 빛을 발할 수 있도록 온전히 성장하는 데 필요한 은혜를 가리킨다. 성도가 신앙생활을 잘 하려면 은혜 받는 일을 게을리해서는 안 된다.

＊ 본문에서 슬기로운 처녀들과 미련한 처녀들의 차이점은 크지 않다. 모두 신랑을 기다리기 위해 등불을 준비하였다. 신랑이 더디 오므로 함께 졸았고 함께 잠들었다. 그런데 미련한 처녀들은 등불만 준비하였고, 슬기로운 처녀들은 등불과 함께 별도의 그릇에 기름을 준비하였다(4절 참조). 예기치 못한 특별한 상황을 대비하여 기름을 조금 더 준비한 것이 결정적인 차이점이다.

＊ 여기서 '슬기롭다'(φρόνιμος ㅎ프로니모스)의 어원은 '고삐를 매다'라는 뜻이다. 이것은 철저한 준비 또는 철저한 마무리를 요구하는 말이다. 대부분 사람들이 일상에서는 빛을 발한다. 그러나 이해관계가 얽힌 상황과 같이 특별한 상황에서는 어둠의 모습을 드러내는 경우가 많은데 안타까운 일이다. 성도는 예기치 못한 돌발 상황에서도 빛을 발하는 데 부족하지 않도록 은혜를 충분히 받아야 한다.

다. 은혜 문제는 각자의 몫이다.

8절, "미련한 자들이 슬기 있는 자들에게 이르되 우리 등불이 꺼져가니 너희 기름을 좀 나누어 달라 하거늘…"

＊ 신랑이 더디 오는 예기치 못한 상황에서 미련한 처녀들의 등불은 꺼져 갔다. 급한 나머지 슬기로운 처녀들에게 기름을 좀 나누어 달라고 하였다. 그러나 슬기로운 처녀들은 "우리와 너희가 쓰기에 다 부족할까 하노니 차라리 파는 자들에게 가서 너희 쓸 것을 사라"고 하였다(9절 참조). 이 비유는 은혜는 결코 나눌 수 없다는 것을 보여준다.

* 어떤 이들은 기름을 나누어주지 아니한 자들이 인정이 없다고 지적한다. 그러나 이것은 비유를 통해 보여주시려는 예수님의 의도된 메시지가 아니다. 주님은 나눔에 대하여는 충분히 말씀하셨다. 여기서는 은혜는 나눌 수 없고 자신이 준비해야 한다는 점을 강조하셨다.

* 3절을 보면 "미련한 자들은 (자신들의) 등을 가지되 (자신들의) 기름은 가지지 아니하고"라고 하였다. 자신의 등과 기름은 각자가 준비해야 할 몫이다. 은혜 문제는 어느 누구에게 의존할 수 없다. 각자가 은혜를 받는 데 최선을 다해야 한다.

라. 조금의 차이가 천지차이가 된다.

10절, "그들이 사러 간 사이에 신랑이 오므로 준비하였던 자들은 함께 혼인 잔치에 들어가고 문은 닫힌지라."

* 슬기로운 처녀들은 신랑이 더디 오는 상황에서도 준비가 되어 있었으므로 신랑과 함께 혼인 잔치에 들어갔으나 미련한 처녀들은 기회를 놓쳤고 문은 닫혔다. 이 문은 한 번 닫히면(수동) 사람으로서는 어쩔 수 없는 문이다. 이는 종말론적으로 엄청난 차이가 있음을 보여준다.

* 은혜를 조금 더 받으면 우리의 삶의 현실에서도 큰 차이가 난다. 일상에서는 잘 하는 성도들 가운데에 특수 상황에서는 덕이 안 되게 행동하는 경우를 많이 본다. 예를 들면, 운전 중에 불쾌한 일을 당하면 성도라 할지라도 순간적으로 욕을 하는 사람이 많이 있다는 것이다. 이는 은혜가 부족한 까닭이다.

* 같은 성도라도 은혜를 충분히 받은 사람과 그렇지 않은 사람 사이에는 인격에 큰 차이가 난다. 은혜 받는 일을 게을리 해서는 안 된다(태만죄). 성도는 은혜를 충분히 받아 영적으로 무장하면 어떤 상황에서도 빛을 발할 수 있는 성숙한 사람이 된다.

예레미야 14장 19-22절
늦기 전에 깨어야 한다

주께서 유다를 온전히 버리시나이까 주의 심령이 시온을 싫어하시나이까 어찌하여 우리를 치시고 치료하지 아니하시나이까 우리가 평강을 바라도 좋은 것이 없고 치료 받기를 기다리나 두려움만 보나이다(19절).

가. 중보기도가 거절될 수 있다.

21절, "주의 이름을 위하여 우리를 미워하지 마옵소서 주의 영광의 보좌를 욕되게 마옵소서 주께서 우리와 세우신 언약을 기억하시고 폐하지 마옵소서."

* 본문은 유대 백성을 위한 예레미야의 중보기도다. 그는 백성들의 죄를 인정하고 그들을 위해 중보했다(20절). 그런데 하나님은 예레미야의 중보기도를 거절하셨다. 하나님은 "모세와 사무엘이 내 앞에 섰다 할지라도 내 마음은 이 백성을 향할 수 없나니 그들을 내 앞에서 내보내라"라고 하셨다(렘15:1).

* 물론 하나님은 광야에서 금송아지 사건 때에 모세의 중보를 들어주셨다(출32:11-14). 하나님은 이스라엘 개국 초기에 사무엘의 중보도 들어주셨다(삼상7장 참조). 그러나 예레미야의 시대는 때가 너무 늦었고 더 이상 하나님의 뜻을 돌이킬 수 없는 상태가 되었다.

* 하나님의 뜻은 확고하였다. 하나님은 "너는 이 백성을 위하여 복을 구하지 말라 그들이 금식할지라도 내가 그 부르짖음을 듣지 아니하겠고 번제와 소제를 드릴지라도 내가 그것을 받지 아니할 뿐 아니라 칼과 기근과 전염병으로 내가 그들을 멸하리라"라고 하셨다(11-12절).

나. 죄가 너무 깊은 것이 문제다.

20절, "여호와여 우리의 악과 우리 조상의 죄악을 인정하나이다 우리가 주께 범죄하였나이다."

※ 하나님께서 예레미야의 중보기도를 듣지 않으신 것은 백성의 죄가 너무 깊었기 때문이다. 여기서 "우리의 악과 우리 즈상의 죄악"을 언급한 것은 조상대대로 죄가 깊어진 것을 보여준다. 하나닉은 오래 참으신다. 그러나 때가 차고 죄악이 관영하면 하나님은 심판의 칼을 드신다.

※ 한동안 남왕국 유대는 죄가 깊지 않았었다. 다윗의 길을 따르는 경건한 왕들이 많이 있었다. 그러나 예레미야가 예언하던 시대에는 유대의 죄도 깊어졌다. 이것이 심각한 문제다.

※ 북왕국 이스라엘은 죄가 항상 깊었다. 개국 초기부터 우상숭배에 빠진 이래 이스라엘의 왕들은 여로보암의 길을 따라 하나님을 거역하였다. 이런 결과로 이스라엘에도 유대와 같은 수의 왕들이 통치하였으나 유대와는 달리 혁명이 아홉 번이나 일어났으며 유대보다 약 130년 이상 먼저 앗수르에 함락되었다.

※ 죄는 깊어지기 전에 회개하고 돌아와야 한다. 죄를 인정하고 탄식하며 주께로 돌아와야 한다. 하나님은 오래 참으시지만 죄가 깊어지면 하나님의 심판을 피할 수 없다.

다. 늦기 전에 여호와를 앙망하라.

22절, "이방인의 우상 가운데 능히 비를 내리게 할 자가 있나이까 하늘이 능히 소나기를 내릴 수 있으리이까 우리 하나님 여호와여 그리하는 자는 주가 아니시니이까 그러므로 우리가 주를 앙망하옵는 것은 주께서 이 모든 것을 만드셨음이니이다 하니라."

※ 본문은 비를 내리게 할 자가 누구인가 묻는다. 이방인들이 섬기는 우상 가운데는 비를 내리게 할 것이 없다. 비를 내리게 하실 이는 천지를 창조하신 여호와 하나님이시니 오직 여호와를 앙망해야 한다.

* 여기서 비는 은혜를 상징한다. 은혜의 비를 내려 우리를 살리실 이는 하나님이시다. 하나님이 하늘을 닫고 온 땅에 가뭄을 내리시면 살아남을 것이 없다. 하나님이 우리의 생명이시다.

* 늦기 전에 여호와를 앙망해야 한다. 여기서 '앙망하다'(קָוָה 카바)는 '함께 묶다'와 '강건하다'라는 뜻을 가지고 있다. 여호와를 앙망하는 것은 여호와와 연합하는 것을 기대한다. 그리고 여호와와 연합하는 자들은 힘을 얻고 강건하게 된다. 이사야는 "오직 여호와를 앙망하는 자는 새 힘을 얻으리니 독수리가 날개치며 올라감 같을 것이요"라고 하였다(사40:31).

라. 하나님의 은총에 살길이 있다.

19절, "주께서 유대를 온전히 버리시나이까 주의 심령이 시온을 싫어하시나이까 어찌하여 우리를 치시고 치료하지 아니하시나이까..."

* 본문 예레미야 14장은 가뭄에 대한 말씀이다. "가뭄에 대하여 예레미야에게 임한 여호와의 말씀이라"고 하였다(렘14:1). '가뭄'(בַּצֹּרֶת 밧초레트)은 '바차르'에서 유래하였는데 '절단하다' 또는 '베어내다' 라는 뜻을 갖고 있다. 즉 가뭄은 그를 거역하는 자들을 잘라내시는 하나님의 심판의 도구다. 가뭄은 전쟁과 전염병과 함께 하나님의 심판의 도구로 사용되었다.

* 하나님은 본문에서 가뭄을 내리시는 이유를 잘 설명하고 있다. 하나님은 유대 백성을 깨우치기 위하여 심각한 가뭄을 내리셨다. "땅에 비가 없어 지면이 갈라지니 밭가는 자가 부끄러워서 그의 머리를 가리는도다"라는 말씀이 이를 잘 보여준다(4절). 이에 대하여 하나님은 "그들이 어그러진 길을 사랑하여 그들의 발을 멈추지 아니하므로 여호와께서 그들을 받지 아니하고 이제 그들의 죄를 기억하시고 그 죄를 벌하시리라"라고 하셨다(10절).

* 하나님은 거역하는 자들에게는 가뭄을 통해 심판하시고, 그를 찾는 이들에게는 은총의 비를 내려 주신다.

 **아모스 5장 21-27절**

정의가 살길이다

네 노랫소리를 내 앞에서 그칠지어다 네 비파 소리도 내가 듣지 아니하리라 오직 정의를 물 같이, 공의를 마르지 않는 강 같이 흐르게 할지어다(23-24절).

가. 여호와의 날을 예비하라.

27절, "내가 너희를 다메섹 밖으로 사로잡혀 가게 하리라…"

* 본문은 여호와의 날을 막연하게 구원의 날로 기대하고 있는 이스라엘 백성에게 그 날이 심판의 날이 될 것임을 선포하며 회개를 촉구하는 말씀이다. 하나님은 이스라엘을 다메섹 밖으로 사로잡혀 가게 하겠다(히필, 완료)고 하셨는데 이는 하나님의 강력한 의지가 담긴 말씀이다.

* 아모스는 앞에서 "화 있을진저 여호와의 날을 사모하는 자여 너희가 어찌하여 여호와의 날을 사모하느냐 그 날은 어둠이요 빛이 아니라"고 하였다(18절). 여호와의 날을 막연하게 구원의 날로 기대하고 사모하는 것을 지적하는 말씀이다. 하나님의 뜻대로 살지 않으면서 하나님의 은총이나 구하는 것은 올바른 신앙생활이 아니다.

* 성도가 여호와의 날을 구원의 날이 되게 하려면 그 날을 잘 준비해야 한다. 막연한 기대는 금물이다. 신앙생활은 구원에 대한 희망만으로는 부족하다. 그 날을 잘 예비하기 위해서는 구원받는 믿음으로 살아야 한다. 본문에서는 하나님의 정의를 따르는 것이 살길임을 보여준다. 성도는 정의와 공의를 실천하여 여호와의 날을 예비해야 한다.

나. 의가 없는 제사는 문제가 많다.

22절, "너희가 내게 번제나 소제를 드릴지라도 내가 받지 아니할 것이요 너희의 살진 희생의 화목제도 내가 돌아보지 아니하리라."

* 본문은 예배가 필요 없다는 말씀이 아니다. 예배는 참으로 중요하다. 그러나 예배가 형식으로 끝나고 산 제사로 이어지지 않으면 하나님께서 받지 않으신다. 이것은 아모스와 동시대의 예언자들이 공통적으로 선포한 메시지이다. 공의로운 제물로 제사를 드려야 한다.

* 하나님은 형식적으로 모이는 절기나 성회를 미워하신다(21절). 하나님은 형식적으로 부르는 찬양과 비파소리도 싫어하신다(23절). 하나님은 예배가 삶의 향기로 채워지기를 원하신다.

* 이사야 선지자는 "헛된 제물을 다시 가져오지 말라 분향은 내가 가증히 여기는 바요 월삭과 안식일과 대회로 모이는 것도 그러하니 성회와 아울러 악을 행하는 것을 내가 견디지 못하겠노라"라고 하였다(사1:13). 하나님은 삶의 예배를 원하신다. 바울은 "너희를 권하노니 너희 몸을 하나님이 기뻐하시는 거룩한 산 제물로 드리라 이는 너희가 드릴 영적 예배니라"라고 하였다(롬12:1). 예배를 드리는 사람은 삶의 자리에서도 하나님께 영광을 돌려야 한다.

다. 하나님의 의가 강같이 흐르게 하라.

24절, "오직 정의를 물 같이, 공의를 마르지 않는 강 같이 흐르게 하라."

* 여기서 정의와 공의는 하나님의 의를 대변한다. 하나님께 예배를 드리는 사람은 하나님의 의를 따라야 한다. 예수님도 "너희는 먼저 그의 나라와 그의 의를 구하라"고 말씀하셨다(마6:33). 하나님은 정의와 공의가 충만한 하나님의 나라가 이루어지기를 원하신다.

* 본문에서 '흐르게 하라'(갈랄, 니팔)는 '물결이 굽이쳐 흐르게 하라'는 말이다. 하나님의 의가 우리의 삶의 전 영역에 충만하게 채워져야 한다. 또한 '강'(까나할)은 '지역을 점유하다'라는 뜻을 가진 말에서 유래하였다.

이는 옛날에 큰 강물이 땅을 삼키는 모습을 연상하게 한다. 즉 정의와 공의가 온 땅에 충만하여 삶의 모든 영역에서 하나님의 의가 실현되게 하여야 한다.

　＊ 이사야도 하나님의 의가 삶의 전 영역에서 실현되기를 기원하였다. "그 때에 정의가 광야에 공의가 아름다운 밭에 거하리니 공의의 열매는 화평이요 공의의 결과는 영원한 평안과 안전이라"라고 하였다(사32:16). 그러므로 정의는 '아름다운 밭'에만 아니라 '광야' 즉 '삶의 불모지'에까지 온전히 정착되어야 한다(거하리니, 완료).

라. 의를 따르는 것이 살길이다.

25절, "이스라엘 족속아 너희가 사십 년 동안 광야에서 희생과 소제물을 내게 드렸느냐."

　＊ 물론 이 질문에 대한 대답은 '아니오'이다. 시내산에서 두 번째 유월절 제사(예배)를 드렸다는 것 외에는 다른 기록이 없다. 할례도 광야에서는 하지 않았고 가나안 땅에 이르러 실행하였다. 그런데도 하나님은 이스라엘을 가나안 땅까지 인도하셨다는 말씀이다.

　＊ 하나님은 광야에서 희생제사를 요구하지 않으셨다. 예레미야는 대언하여 증언하기를 "사실은 내가 너희 조상들을 애굽 땅에서 인도하여 낸 날에 번제나 희생에 대하여 말하지 아니하며 명령하지 아니하고 오직 내가 이것을 그들에게 명령하여 이르기를 너희는 내 목소리를 들으라…너희는 내가 명령한 모든 길로 걸어가라 그리하면 복을 받으리라"라고 하였다(렘 7:22-23).

　＊ 하나님이 광야에서 이스라엘을 판단한 기준은 제사(예배)가 아니라 하나님의 말씀에 대한 순종의 여부였다. 순종한 사람들은 가나안 땅에 인도되었고, 불순종하던 많은 사람들은 광야에서 죽었다. 즉 예배도 중요하지만 하나님의 정의와 공의를 따르는 것이 살길임을 말씀하신다.

마태복음 11장 11-15절
신앙생활은 영적전쟁이다

세례 요한의 때부터 지금까지 천국은 침노를 당하나니 침노하는 자는 빼앗느니라 모든 선지자와 율법이 예언한 것은 요한까지니 만일 너희가 즐겨 받을진대 오리라 한 엘리야가 곧 이 사람이니라 (12-14절).

가. 하나님의 나라는 가까이 있다.

12절, "세례 요한의 때부터 지금까지…"

* 본문은 천국을 파괴하려는 악한 세력들의 공격에 맞서 하나님의 나라를 힘써 쟁취하라는 말씀이다. 신앙생활은 영적전쟁이다. 성도는 악한 세력과 맞서 싸워서 이겨야 한다. 주님은 싸워서 이기셨다. 이처럼 성도들도 주 안에서 이길 수 있다는 믿음을 갖고 힘써 싸워야 한다.

* 본문에서 "세례 요한의 때부터 지금까지"는 하나님의 나라가 가까이 왔다고 선포하신 기간이다. 세례 요한과 예수님은 공생애를 시작하면서 가장 먼저 "회개하라 천국의 가까이 왔느니라"라고 하였다. 여기서 "천국이 가까이 왔다"는 말은 하나님의 나라가 이미 와 있고 지금 가까이 접근해 오고 있다는 것을 말한다. 그러므로 이것은 지금 하나님의 나라를 위하여 결단을 해야 한다는 말씀이다.

* 하나님의 나라는 멀리 있지 않다. 천국이 죽음 이후에나 생각할 문제가 아니다. 성도는 이미 가까이 와 있는 천국에 동참해야 하고 함께 이루어 가야 할 책임이 있다. 이를 위해서는 결단이 필요하다. 힘써 싸워서 쟁취해야 한다. 신앙생활은 그렇게 쉬운 것이 아니다.

나. 하나님의 나라는 영적전쟁이다.

12절, "천국은 침노를 당하나니…"

* 하나님의 나라는 폭력자들에 의해 공격을 당하고 있다. 신앙생활은 이들로부터 천국을 지키려고 싸우는 영적전쟁이다. 여기서 '침노를 당한다' (βιάζεται 비아제타이, 수동)는 말을 대부분 "천국이 폭행자들에 의해 침노를 당하고 있다"라고 해석한다. 세례 요한이 옥에 갇혀 있는 상황을 반영하는 해석이다.

* 그런데 '비아제타이'를 '힘차게 뻗어나간다'라고 해석하는 경향도 있다(중간태 해석). 표준새번역은 "세례자 요한 때부터 지금까지 하늘나라는 힘을 떨치고 있다. 그리고 힘을 쓰는 사람들이 그것을 차지한다"라고 하였다. 이는 '비오제타이'가 거의 부정적으로 사용되는 것을 간과한 해석이다.

* 그리고 천국이 스스로 힘차게 뻗어나간다면 우리가 특별히 힘쓸 이유가 없다. 본문은 악한 세력이 천국을 폭력적으로 공격하는 것을 보여준다. 요한계시록에도 악한 세력들이 하나님의 나라와 그의 백성을 무너뜨리려고 공격하는 것을 보여준다. 마귀와 그가 부리는 강하고 교활한 짐승과 수많은 적그리스도들이 하나님의 자녀들을 공격한다. 성도는 이 영적전쟁에서 힘써 싸워 승리해야 한다.

다. 힘써 하나님의 나라를 쟁취해야 한다.

12절, "침노하는 자는 빼앗느니라."

* 대부분의 성경번역이 이 말씀을 "침노하는 자가 (천국을) 빼앗느니라"라고 해석하고 있다. 그러나 표준새번역은 "힘을 쓰는 사람들이 그것(천국)을 차지한다"라고 해석하였다.

* 그런데 여기서 악한 세력들이 천국을 침노하여 빼앗는다는 말은 맞지 않는다. 하나님은 절대로 천국을 빼앗기지 않으신다. 다만 우리가 악한 세력의 공격을 이겨내지 못한다면 천국에 들어가는 영광을 빼앗길 뿐이다. 하나님 나라의 최후 승리는 하나님께 있다.

＊ 이것은 하나님의 나라를 공격하는 악한 세력들을 힘써서 물리치고 영적 전쟁에서 승리한 사람들이 천국을 소유하게 된다는 말씀이다. '빼앗는다' (ἁρπάζουσιν 하르파주신)는 긍정적으로 '취한다' 또는 '쟁취한다' 라고 해석하는 것이 좋다. 악한 세력들이 천국을 빼앗는 것이 아니라 힘쓰는 사람들이 그것을 지켜내는 것을 뜻한다.

＊ 신앙생활은 영적전쟁이다. 그런데 영적전쟁에서 이기는 자들에게는 복을 주신다. 소아시아 일곱 교회에 보낸 편지에 있는 이기는 자들에게 주시는 약속을 참조하라(계시록2-3장).

라. 영적전쟁에 이긴 자가 진정 큰 사람이다.

11절, "내가 진실로 너희에게 이르노니 여자가 낳은 자 중에 세례 요한보다 큰 이가 일어남이 없도다 그러나 천국에서는 극히 작은 자라도 그보다 크니라."

＊ 본문은 세례 요한의 위대함을 배경으로 하고 있다. 예수님은 세례 요한을 칭찬하시며 여자가 낳은 자 중에 가장 큰 자라고 소개하셨다. 세례 요한은 엘리야의 영성을 갖고 태어난 사람으로서 하나님의 나라를 성취하는데 큰 역할을 하였다. "오리라 한 엘리야가 곧 이 사람이라"(14절).

＊ 세례 요한에 대한 예수님의 칭찬은 각별하였다. 그는 갈대와 같이 바람에 흔들리는 사람이 아니라고 하셨다(7절). 그는 좋은 옷을 입고 왕궁 안에 사는 부유한 사람이 아니요, 세상 사람들이 부러워하는 사람도 아니다(8절). 하지만 요한은 어떤 선지자보다 더 훌륭한 선지자라고 말씀하셨다(9절).

＊ 그런데 예수님은 천국에서는 지극히 작은 자라도 요한보다 더 크다고 말씀하셨다. 이는 영적전쟁에서 승리하고 하나님의 나라를 쟁취한 사람들의 가치를 높게 평가하신 말씀이다. 이는 또한 영적전쟁에서 승리하는 것이 얼마나 귀한 일인지를 보여주는 말씀이다. 영적전쟁에서 이긴 자가 진정 천국에서 큰 사람이다.

에스겔 43장 1-5절
성전신앙을 회복하라

> 여호와의 영광이 동문을 통하여 성전으로 들어가고 영이 나를 들어 데리고 안뜰에 들어가시기로 내가 보니 여호와의 영광이 성전에 가득하더라(4-5절).

가. 성전에 하나님의 영광이 가득해야 한다.

4-5절, "여호와의 영광이 동문을 통하여 성전에 들어가고, 영이 나를 들어 데리고 안뜰에 들어가시기로 내가 보니 여호와의 영광이 성전에 가득하더라."

* 하나님은 에스겔에게 예루살렘의 회복을 보여주셨다. 그는 환상 중에 회복된 예루살렘 성읍의 모습과 성전의 모습을 보았다. 특별히 본문에서 하나님의 영광이 다시 돌아와 성전 안에 가득한 광경은 아주 인상적이다. 에스겔은 "내가 보니 여호와의 영광이 성전에 가득하더라"라고 하였다(5절). 하나님의 영광이 다시 돌아와 성전이 회복되어야 성읍과 나라가 진정으로 회복될 수 있다.

* 이스라엘 백성이 광야에서 성막건축을 마쳤을 때에 하나님의 영광이 성막에 충만하였다. "구름이 회막에 덮이고 여호와의 영광이 성막에 충만하매 모세가 회막에 들어갈 수 없었으니 이는 구름이 회막 위에 덮이고 여호와의 영광이 성막에 충만함이었으며"라고 기록하였다(출40:34-35). 그리고 낮에는 여호와의 구름이 성막 위에 있고 밤에는 불이 그 구름 가운데에 있으면서 이스라엘 백성의 가는 길을 인도하였다(출40:38). 이처럼 성전에 하나님의 영광이 가득할 때에는 하나님의 도우심이 있었다.

나. 하나님의 영광이 성전을 떠나면 비극이다.

3절, "그 모양이 내가 본 환상 곧 전에 성읍을 멸하러 올 때에 보던 환상 같고 그발강 가에서 보던 환상과도 같기로…"

＊ 본문은 에스겔이 본 환상, 즉 영광중에 돌아오시는 하나님에 대한 환상이 이스라엘을 멸하러 오셨을 때의 모습과 똑 같았다고 소개한다. 이는 하나님의 영광이 성전을 떠나감으로 예루살렘이 멸망하였는데 하나님이 다시 돌아오심으로 예루살렘 성읍이 회복되는 것을 보여준다. 모든 영광이 하나님의 임재에 달려있다.

＊ 에스겔 10장에 "여호와의 영광이 성전 문지방을 떠나서 그룹들 위에 머무르니…그들이 여호와의 전으로 들어가는 동문에 머물고"라는 말씀이 있다(18-19절). 그리고 11장에는 "여호와의 영광이 성읍 가운데에서부터 올라가 성읍 동쪽 산에 머무르고"라고 하였다(23절). 이것은 하나님이 이스라엘을 멸하실 때 성전을 떠나가시던 모습을 보여준다.

＊ 이스라엘이 멸망당할 때 하나님은 이미 성전에서 떠나가셨다. 지금 우리의 상황도 이와 같다. 하나님의 영광이 떠나가면 교회의 비극이요 나아가 나라의 비극이다. 지금 우리는 매우 어려운 상황에 처해 있는데 하루빨리 우리의 성전에 하나님의 영광을 회복해야 한다.

다. 하나님을 사모하고 적극적으로 영접해야 한다.

1-2절, "그 후에 그가 나를 데리고 문에 이르니 곧 동쪽을 향한 문이라 이스라엘 하나님의 영광이 동쪽에서부터 오는데…"

＊ 에스겔은 영광중에 다시 임재하시는 하나님을 성전으로 들어가는 동쪽 문 앞에서 만나 뵈었다. 하나님은 성전을 떠나실 때에 동쪽을 향하여 가셨고, 다시 오실 때에도 동쪽 문을 통해서 들어오셨다. 동쪽은 '카담'에서 유래하였는데 '앞서 가다' 또는 '만나러 가다'라는 뜻이다. 즉 동쪽은 하나님에게 도움을 청하기 위하여 만나러 나아가는 것이 필요하다는 것을 보여준다.

* 성전을 회복하려면 하나님을 사모하고 영접해야 한다. 교회이든 우리의 마음이든, 하나님의 영광이 가득한 성전으로 회복하려면 적극적으로 나서서 하나님을 왕으로 영접해야 한다.

* 또한 에스겔은 하나님의 임재 앞에 얼굴을 땅에 대고 엎드렸다. "내가 곧 얼굴을 땅에 대고 엎드렸더니"라고 하였다(3절). 그는 하나님을 뵙자마자 곧 땅에 엎드렸다. 베드로가 주님을 뵙고 즉각 엎드렸던 것과 같다(눅 5:8). 우리의 부족함을 고백하고 하나님의 임재 앞에 엎드려야 은총을 받을 수 있다.

라. 하나님의 영광이 땅을 빛나게 한다.

2절, "하나님의 음성이 많은 물소리 같고 땅은 그 영광으로 말미암아 빛나니..."

* 그런데 에스겔이 들으니 하나님이 임재하실 때 그의 음성이 많은(비교급) 물소리 같았다. 이것은 하나님의 통치력이 그 어떤 것과도 비교할 수 없이 크다는 것을 말한다. 하나님의 강한 통치가 어둠의 세력을 물리치고 하나님이 보시기에 좋은 세상을 만든다.

* 하나님의 통치가 회복되고 그의 영광이 충만하면 땅은 그의 영광의 빛으로 말미암아 빛나게 된다. 여기서 '빛나다'는 하나님의 영광으로 빛나는 것을 말한다. 세상에는 많은 빛이 있으나 하나님이 주시는 빛(אוֹר 오르)만이 세상을 밝히는 진정한 빛이다. 이 빛(אוֹר 오르)은 하나님이 천지를 창조하실 때 가장 먼저 만드신 것이다. 이 빛은 하나님의 창조의 근원이다. 이 빛이 있음으로 공허하고 혼돈하고 어둠이 짙던 세상이 하나님이 보시기에 좋게 되었다.

* 문명의 빛으로 세상을 밝히려는 시도는 성공하지 못한다. 세상의 추하고 더러운 영광으로는 아름다운 세상을 만들 수 없다. 교회가 하나님의 영광의 빛을 온 땅에 비추어야 한다.

시편 126편 5-6절
씨를 뿌려야 거둔다

눈물을 흘리며 씨를 뿌리는 자는 기쁨으로 거두리로다 울며 씨를 뿌리러 나가는 자는 반드시 기쁨으로 그 곡식 단을 가지고 돌아오리로다(5-6절).

가. 씨를 뿌려야 거둘 수 있다.

5절, "눈물을 흘리며 씨를 뿌리는 자는 기쁨으로 거두리로다."

＊ 본문은 바빌론 포로생활이 끝나고 기쁨으로 돌아왔으나 막상 어려운 현실 앞에서 낙심하고 있는 이스라엘 백성들에게 주신 말씀이다. 그들은 "여호와께서 시온의 포로를 돌려보내실 때에 우리는 꿈꾸는 것 같았도다"라고 고백하였었다(1절). 그러나 현실은 암담했다. 성전 재건도 기쁨으로 시작하였으나 감당하기 어려운 일이었다. 그러나 시인은 어려움을 이겨내면 기쁨이 있다고 위로한다.

＊ 씨를 뿌려야 열매를 거둘 수 있다는 말씀은 변함없는 진리다. 하나님은 심은 대로 거두게 하신다. 바울은 "스스로 속이지 말라 하나님은 업신여김을 받지 아니하시나니 사람이 무엇을 심든지 그대로 거두리라"고 하였다(갈6:7). 씨를 뿌리지 않고 거두려는 것은 신앙인의 자세가 아니다.

＊ 씨를 뿌리는 일은 쉬운 일이 아니다. 땅이 척박한 이스라엘에서 씨를 뿌리는 것은 매우 어려운 일이다. 그러므로 신앙생활을 눈물을 흘리며 씨를 뿌리는 것에 비유하였다. 신앙생활은 힘써서 해야 한다. 성경에 "좁은 문으로 들어가기를 힘쓰라"는 말씀을 참조하라(눅13:24).

나. 쉽게 살려는 태도가 문제다.

5절, "눈물을 흘리며 씨를 뿌리는 자는…"

＊ 사람은 누구나 쉽게 살고 싶어 한다. 어려운 일을 좋아할 사람은 많지 않다. 사람은 좁은 문보다 넓고 큰 문으로 들어가는 것을 좋아한다. 이처럼 사람이 쉽고 편하게 살고자 하는 것이 문제다. 신앙생활에서도 눈물로 씨를 뿌리는 것보다는 기쁨으로 단을 거두는 데 관심이 많다. 그러나 십자가 없이는 부활이 없듯이 눈물을 흘리며 씨를 뿌리지 않으면 기쁨으로 단을 거둘 수 없다.

＊ 이스라엘 백성들은 광야에서 어려움을 당할 때마다 크게 낙심하였다. 좋은 길을 제쳐놓고 힘들고 어려운 길로 인도하시는 하나님을 원망하고 불평하였다. 또 모세를 원망하고 죽이려고까지 하였다(출13:17참조). 다시 애굽으로 돌아가는 것이 낫겠다고 소리를 질러댔다. 쉽게 살려는 태도가 문제다.

＊ 여기서 '씨를 뿌리는(분사) 자' 는 눈물로 씨를 뿌리되 항상 뿌려야 한다는 것을 보여준다. 신앙생활도 항상 눈물을 흘리며 씨를 뿌리는 사람들처럼 해야 한다. 유익이 있을 때에는 열심히 하다가 손해가 될 때에는 피한다면 신앙인의 자세가 아니다. 어떤 상황에서나 최선을 다하여 눈물로 씨를 뿌리면 기쁨으로 거두게 된다.

다. 최고 좋은 씨를 뿌려야 한다.

6절, "울며 씨를 뿌리러 나가는 자는…"

＊ 본문은 "울며 (뿌릴) 씨를 (가지고) 뿌리러 나가는 자는"이다. 여기서 '뿌릴 씨' 는 '종자 씨' 즉 가장 좋은 씨를 가리킨다. 킹 제임스 성경은 '뿌릴'(מֶשֶׁךְ메세크)을 'Precious' (귀중한, 최고의)로 번역하였다. 사람이 씨를 뿌릴 때 가장 좋은 종자 씨를 뿌리듯이 신앙생활도 최선을 다해야 한다. 아무리 힘들어도 가장 좋은 씨를 뿌려야 한다.

＊ 성도가 뿌려야 할 가장 좋은 씨는 하나님의 말씀이다. 좋은 것을 심으면 좋은 것을 거두고 나쁜 것을 심으면 나쁜 것을 거둔다. 바울은 "자기 육

체를 위하여 심는 자는 육체로부터 썩어질 것을 거두고 성령을 위하여 심는 자는 성령으로부터 영생을 거두리라"라고 하였다(갈6:8).

＊ 인생을 아름답게 하는 데는 네 가지 씨, 즉 맵씨, 솜씨, 말씨, 그리고 마음씨가 있다. 성도는 이 네 가지 좋은 씨를 뿌려야 한다. 좋은 맵씨는 단정함이다. 누구에게나 예의를 갖춰야 한다. 좋은 솜씨는 다른 사람을 기쁘게 하려고 최선을 다하는 것이다. 좋은 말씨는 격려하고 세워주는 말이다. 그리고 아름다운 마음씨는 상대를 이해하는 따듯한 마음을 말한다. 이런 좋은 씨를 뿌려야 한다.

라. 울며 뿌리면 기쁨으로 거둔다.

6절, "울며 씨를 뿌리러 나가는 자는 반드시 기쁨으로 그 곡식 단을 가지고 돌아오리로다."

＊ 좋은 씨를 뿌리는 것은 좁은 문으로 들어가기를 힘쓰는 것처럼 어려운 일이다. 그러나 그 결과는 달다. 예수님은 "좁은 문으로 들어가라 멸망으로 인도하는 문은 크고 그 길은 넓어 그리고 들어가는 자가 많고 생명으로 인도하는 문은 좁고 길이 협착하여 찾는 자가 적음이라"고 하셨다(눅7:13-14). 고진감래라는 말이 있다. 울며 좋은 씨를 뿌리는 자가 기쁨으로 거두게 된다.

＊ 예수님은 울며 좋은 씨를 뿌리셨다. 십자가는 울며 좋은 씨를 뿌리는 것의 표본이다. 십자가는 힘들고 어려운 길이지만 부활의 영광이 따른다. 하나님은 예수님을 다시 살아나게 하셨고 또한 그를 높이셔서 하나님의 보좌 우편에 앉게 하셨다. 울며 씨를 뿌리면 기쁨으로 거둔다는 것을 보여준다.

＊ 성도가 선을 행하는 것은 울며 좋은 씨를 뿌리는 것과 같다. 선을 행하는 것은 생각처럼 쉽지 않다. 그래서 바울은 "선을 행하다가 낙심하지 말지니 포기하지 아니하면 때가 이르매 거두리라"라고 하였다(갈6:9). 비록 힘들지라도 좋은 씨를 뿌리며 선을 행하면 반드시 좋은 결과를 얻게 된다.

창세기 22장 1-4절
하나님의 사람으로 양육하라

그 일 후에 하나님이 아브라함을 시험하시려고 그를 부르시되 아브라함아 하시니 그가 이르되 내가 여기 있나이다 여호와께서 이르시되 네 아들 네 사랑하는 독자 이삭을 데리고 모리아 땅으로 가서 내가 네게 일러 준 한 산 거기서 그를 번제로 드리라(1-2절).

가. 자녀가 우상이 되면 안 된다.

1절, "그 일 후에 하나님이 아브라함을 시험하시려고 그를 부르시되 아브라함아 하시니 그가 이르되 내가 여기 있나이다."

* 본문은 아브라함이 아주 평안하였을 때에 있었던 이야기다. 아브라함은 노년에 하나님이 약속하신 대로 아들을 얻었다. 그들은 아주 기뻐하며 아들의 이름을 이삭이라 지었다. 이삭은 '웃음'이라는 뜻이다. 또한 그동안 불편한 관계에 있었던 그랄 왕 아비멜렉과는 언약을 맺었다. 이보다 더 좋을 수 없는 상황이었다. 그러나 이처럼 평안함과 형통함이 시험이 될 수 있음을 알아야 한다.

* 하나님은 아브라함에게 애지중지하는 아들 이삭을 번제로 드리라고 하셨다. 사랑하는 독자 이삭을 번제로 바치라는 것은 상당히 어려운 시험이었다. 물론 하나님은 자녀를 제물로 드리는 것을 반대하신다. 그럼에도 불구하고 아주 작정하고 시험하신(강조) 것은 자녀까지도 우상으로 만들지 말라는 뜻이다. 하나님은 아브라함이 누구를 선택하는지를 보기 위하여 시험하셨다. 자녀를 포함하여 그 어떤 것도 하나님보다 우선하는 우상이 되어서는 안 된다.

나. 신앙의 우선순위를 바로 해야 한다.

2절, "여호와께서 이르시되 네 아들 네 사랑하는 독자 이삭을 데리고 모리아 땅으로 가서 내가 네게 일러 준 한 산 거기서 그를 번제로 드리라."

※ 본문의 시험 이야기는 무엇보다 하나님을 우선순위로 바라보라는 메시지를 준다. 하나님은 아브라함에게 '네 사랑하는 독자 이삭' 을 번제로 바치라고 하셨다. 여기서 '사랑하는' (완료)은 아브라함이 이삭에게 흠뻑 빠져있음을 보여준다. 그리고 '독자' (יחיד 야히드)는 '유일하다' 또는 '비교할 수 없다' 는 뜻을 갖고 있는 말이다. 그러므로 이 시험은 가장 중요하게 여기는 것을 내놓으라는 말씀이다.

※ 하나님이 아브라함에게 이삭을 바치라고 지시한 곳은 모리아에 있는 산이다. 그런데 '모리아' 는 '하나님을 우러러 본다' 는 뜻을 갖고 있다. 하나님이 왜 모리아 산으로 가서 이삭을 번제로 드리라고 하셨는지 알 수 있다. 이것은 아들보다 먼저 하나님을 바라보라는 말씀이다.

※ 신앙생활에는 우선순위가 중요하다. 세상의 가족이나 물질을 아주 버리라는 것은 아니다. 그러나 그런 것들 때문에 하나님을 잊어버리는 것을 염려하시고 경계하신다. 성도는 이런 것들을 가지고 하나님께 영광 돌리는 데 최선을 다해야 한다.

다. 자녀를 하나님의 사람으로 양육하라.

2절, "모리아 땅으로 가서 내가 네게 일러 준 한 산 거기서 그를 번제로 드리라."

※ 하나님이 아브라함에게 아들 이삭을 번제로 드리라고 하신 것은 무슨 뜻이었을까? 하나님은 자녀를 제물로 바치는 것을 원치 않으신다. 하나님이 원하시는 것은 자녀를 하나님께 바쳐서 하나님의 사람으로 양육하는 것이다. 하나님은 이삭이 아브라함의 아들이기 이전에 하나님의 아들로 성장하기를 원하셨다.

※ 한나는 서원한 대로 사무엘을 하나님께 바쳤다. 한나는 사무엘을 자신

의 아들로 키우지 않고 하나님의 아들로 자라게 하였다(삼상1장 참조). 예수님은 자신이 요셉의 아들이기 이전에 하나님의 아들로서 행동하셨다. 누가복음에 보면, "예수께서 이르시되 어찌하여 나를 찾으셨나이까 내가 내 아버지의 집에 있어야 될 줄을 알지 못하셨나이까"라고 하신 것을 참조하라(눅2:49).

　＊ 일반적으로 부모들은 자신의 자녀들이 세상에서 첫째가 되기를 바란다. 그래서 대부분의 사람들은 바르게 하는 교육보다 잘하게 하는 교육에 열중한다. 이제는 바르게 사는 교육을 통하여 자녀들이 하나님의 사람이 되게 하여야 한다. 바르게 사는 것이 결국은 잘되는 길이다.

라. 하나님의 사람이 복의 근원이다.
2절, "그를 번제로 드리라."

　＊ 번제(올라)는 '알라(עלה)'에서 유래하였는데 '올라가다' 또는 '강해지다' '재산이 증가하다'라는 뜻을 갖고 있다. 이는 번제를 드리면 하나님이 복을 주시어 사람이 강해지고 재산이 증가하게 된다는 것을 보여준다. 자녀들을 하나님께 드려 하나님의 사람으로 자라게 하면 복을 받는다. 그리고 그들은 많은 사람에게 희망과 기쁨을 주는 복의 근원이 될 것이다.

　＊ 아브라함은 아들 이삭을 번제로 드렸다. 하나님이 결국에는 중단시키셨지만 아브라함이 이삭을 진정 번제로 바친 것과 마찬가지다. 그리고 하나님은 아브라함의 믿음을 보시고 아브라함과 이삭에게 복의 근원이 되는 복을 약속하셨다. "또 네 씨로 말미암아 천하 만민이 복을 받으리니 이는 네가 나의 말을 준행하였음이니라"라고 하셨다(17절).

　＊ 지금은 자녀가 우상이 된 시대다. 그런데 결과는 질서가 파괴되고 인륜이 깨지고 있다. 이제라도 자녀를 하나님의 사람으로 양육하여 바르게 살도록 해야 한다. 그래야 그들이 복의 근원이 되고 칭송받는 인물이 될 수 있다.

전도서 11장 9-10절
젊은 날을 보람 있게 하라

청년이여 네 어린 때를 즐거워하며 네 청년의 날들을 마음에 기뻐하여 마음에 원하는 길들과 네 눈이 보는 대로 행하라 그러나 하나님이 이 모든 일로 말미암아 너를 심판하실 줄 알라(9절).

가. 젊은 날을 즐겁게 지내야 한다.

9절, "청년이여 네 어린 때를 즐거워하며…"

* 전도서는 솔로몬이 하나님의 심판의 경고를 듣고 나서 기록한 말씀이다. 하나님은 솔로몬의 잘못을 책망하시며 그가 죽은 후 아들 대에 이르면 나라를 쪼개어 신하에게 주겠다고 하셨다. 이것은 솔로몬에게 충격적인 일이었다. 이에 솔로몬은 젊은 날의 삶을 후회하면서 전도서를 기록하였다.

* 솔로몬은 삶을 후회하며 모든 것이 헛되다고 하였다. 그렇지만 솔로몬이 허무주의자는 아니다. 오히려 그는 젊은 날의 삶이 허무하게 되지 않도록 바르게 살자고 호소하였다. 특히 어리고 젊은 날을 즐겁게 지내야 한다고 강조하였다. 젊은 날은 선택받는 시간이다. 본문에서 '청년'(בחור바후르)는 '선택하다'(בחר바하르, 수동, 분사)에서 유래하였는데 이는 젊은 날이 선택받은 시간임을 보여준다.

* 요즈음 우리는 'N포시대'를 살고 있다. 많은 사람들이 자신감을 잃고 낙심하고 있다. 그러나 성도들은 낙심하면 안 된다. 젊은 날을 즐겁게 지내야 한다. 솔로몬은 "근심이 네 마음에서 떠나게 하라"고 하였다(10절).

나. 삶을 즐기는 것이 자유분방은 아니다.

9절, "청년이여 네 어린 때를 즐거워하며 네 청년의 날들을 마음에 기뻐하여 마음에 원하는 길들과 네 눈이 보는 대로 행하라."

* 본문에서 "마음에 원하는 길들과 네 눈이 보는 대로 행하라"는 말씀은 오해를 줄 수 있다. 이것은 마치 자유분방함을 허락하는 것처럼 보인다. 그러나 본문의 의도는 전혀 다르다. 여기서 '즐거워하다'(토브, 히필)는 '올바로 하다' 또는 '선을 행하다'라는 뜻을 갖고 있다. 즉 인생을 즐겁게 하는 길은 바르게 살면서 선을 행하는데 있다. 그러므로 삶을 즐기는 것과 자유분방함은 다르다.

* 현재 우리의 사회는 자유분방함이 극에 달해 있다. 마음의 부패, 성적 타락 및 쾌락주의, 이기주의, 물질만능주의, 그리고 생명경시에 이르기까지 말로 다할 수 없다. 이대로 가다가는 망할 수밖에 없다는 생각이 든다. 사회 어느 곳에서도 희망이 보이지 않는다. 참으로 슬픈 일이다.

* 이에 솔로몬은 "악이 네 몸에서 떠나가게 하라"고 권면하였다. 젊은 날을 즐겁게 지내는 것은 악을 버리고 선을 행하는 것이다. 몸에 악을 쌓는 자유분방함은 버리고 선을 행해야 한다.

다. 하나님의 심판을 생각하며 살아야 한다.

9절, "그러나 하나님이 이 모든 일로 말미암아 너를 심판하실 줄 알라."

* 젊은 날의 삶을 보람 있게 지내려면 하나님의 심판을 생각하며 살아야 한다. 솔로몬은 이것을 소홀히 했다가 말년에 크게 후회하였다. 그는 자유분방하게 삶을 즐기는 것이 큰 행복인 줄 알았을 것이다. 그러나 하나님의 심판을 받게 되고 보니 모든 것이 헛된 것이었다.

* 본문에서 '심판'(מִשְׁפָּט 미쉬파트)은 '정의' 또는 '공의' 그리고 '정직' 등으로 해석되는 단어다. 즉 하나님의 의를 따르느냐, 아니냐에 따라 사람은 심판을 받는다. 하나님의 의를 따르는 사람은 들어가도 복을 받고 나가도 복을 받고, 하나님의 의를 따르지 않는 사람은 들어가도 저주를 받고 나

가도 저주를 받는다(신28장 참조). 본문은 하나님의 의가 사람을 심판하시는 기준이 됨을 보여준다.

　＊ 하나님은 불의에 대하여 오래 참으시지만 때가 되면 반드시 심판하신다. 성도는 이것을 마음에 새기고 살아야 한다. 삶을 즐기는 자유분방함이 당장은 좋게 보일지라도 결국은 하나님의 심판을 받게 될 때 괴로움이 된다는 사실을 알아야 한다. 성도는 항상 하나님의 심판을 생각하고 선을 행해야 한다.

라. 심판을 견뎌야 보람 있는 삶이다.

10절, "그런즉 근심이 네 마음에서 떠나게 하고 악이 네 몸에서 물러가게 하라 어릴 때와 검은 머리의 시절이 다 헛되니라."

　＊ 솔로몬은 심판의 경고를 받고 나서 그의 모든 삶이 헛된 것이었다고 고백하였다. 사실 솔로몬은 "어릴 때와 검은 머리의 시절"을 신바람 나게 살았다. 모든 사람이 부러워할 정도로 화려한 삶을 살았다. 그렇게 화려하게 살았던 솔로몬이 모든 날을 헛되다고 한 것은 하나님의 심판 때문이었다.

　＊ 만일 솔로몬이 심판을 받지 않았다면 그는 세상적으로 성공한 사람이다. 훌륭한 부모 덕택에 태어나서 죽을 때까지 부족함이 없었다. 그는 큰 명성을 얻었고 많은 사람들에게 존경을 받았다. 그러나 하나님의 심판이 그 모든 것을 허사가 되게 하였다. 결국 그의 젊은 날의 삶은 실패한 삶이 되고 말았다.

　＊ 하나님은 마지막 때에 불로 심판하신다. "각 사람의 공적이 나타날 터인데 그 날이 공적을 밝히리니 이는 불로 나타내고 그 불이 각 사람의 공적이 어떠한 것을 시험할 것이니라"라고 하였다(고전3:13). 하나님의 심판을 견디고 공적이 인정을 받아야 진정 성공한 사람이다.

신명기 5장 16절
효도는 명령이다

너는 네 하나님 여호와께서 명령한 대로 네 부모를 공경하라 그리하면 네 하나님 여호와가 네게 준 땅에서 네 생명이 길고 복을 누리리라(16절).

가. 효도는 하나님의 명령이다.

16절, "너는 네 하나님 여호와께서 명령한 대로 네 부모를 공경하라."

* 하나님은 부모를 공경하라고 명령하신다. 하나님은 십계명을 주시며 인간관계에 관한 첫 번째 계명으로 "네 부모를 공경하라"고 하셨다. 사람은 반드시 효도를 해야 한다. "자녀들아 주 안에서 너희 부모에게 순종하라 이것이 옳으니라"라고 하였다(엡6:1). 여기서 '옳으니라'는 '마땅하다'로서 당연히 해야 할 일임을 보여준다.

* 효도가 하나님의 명령이므로 효도하는 이들에게는 보상이 있고, 효도를 하지 않는 이들에게는 심판이 있다. 효도는 해도 되고 안 해도 되는 권고사항이 아니다. 구약에 보면, 부모를 거역하는 이들에게는 무서운 벌을 내리게 하였다. "자기 아버지나 어머니를 치는 자는 반드시 죽일지니라"라고 하였고(출21:15), "자기 아버지나 어머니를 저주하는 자는 반드시 죽일지니라"라고 하였다(출21:17).

* 예수님은 '고르반' 제도의 악용을 비판하셨다. 모든 것을 하나님께 바쳤다는 이유로 부모를 공궤하지 않는 사람들의 잘못을 지적하셨다. 어떤 것도 불효의 핑계가 될 수 없다.

나. 부모의 은혜를 잊지 말아야 한다.

16절, "네 부모를 공경하라."

※ 본문에서 하나님은 '네' 부모를 공경하라고 말씀하셨다. 이웃의 어른들을 공경하고, 하나님을 공경하는 것도 중요하다. 그러나 자신의 부모를 공경하는 것은 더욱 중요하다. 자신을 낳아서 길러주신 부모를 공경하지 않는 사람이 진심으로 이웃을 공경하고 하나님을 공경할 수 없기 때문이다.

※ 사람은 부모에게 큰 은혜의 빚을 지고 있다. 부모가 자식을 위하여 수십 년 동안 수고한 은혜의 빚을 자식은 수십 년 동안 갚아야 한다. 효도는 '진정한 품앗이'로서 반드시 해야 한다.

※ 부모의 은혜를 모르는 사람은 좋은 사람이 될 수 없다. 부모의 은혜를 모르는 사람은 다른 사람의 은혜도 알지 못한다. 이런 사람들은 달면 삼키고 쓰면 뱉는 사람들이다.

※ 부모를 거역하는 것은 말세의 특징 중의 하나다. "너는 이것을 알라 말세에 고통하는 때가 이르리니 사람들이 자기를 사랑하며…부모를 거역하며"라고 하였다(딤후3:1-2). 자기밖에 모르면 큰일이다. 옛날에 임금들이 충신을 얻기 위하여 효자 중에서 인물을 골랐다는 사실을 참조하라.

다. 부모를 진심으로 공경하여야 한다.

16절, "네 부모를 공경하라."

※ 여기서 '공경'(כָּבֵד 카베드)은 '무겁다'라는 말에서 유래하였다. 부모는 동정의 대상이 아니라 공경의 대상이다. 자식이 어렸을 때에는 부모의 무게가 무겁게 느껴지다가 자식이 크면 클수록 부모의 무게가 점점 가볍게 느껴진다. 그러나 아무리 부모가 늙더라도 자식은 부모의 무게를 무겁게 느껴야 한다. 이것이 효도다.

※ 부모의 무게가 가벼워졌다고 무시하는 사람들이 너무나 많다. 그렇다고 동정하는 것은 올바른 효도가 아니다. 또한 부모의 재산 때문에 무게를 느끼는 것은 자식의 도리가 아니다. "유산을 안 주면 맞아 죽고, 유산을 조

금 주면 볶아 죽고, 유산을 다 주면 굶어 죽는다"는 말이 있다. 부모에게 재물이 있든지 없든지, 큰 도움이 되든지 안 되든지 변함없이 무게를 느끼고 공경하여야 한다.

 * 노아가 노년에 술에 취하여 실수했을 때의 일이다. 함은 아버지의 하체를 보자마자 허물을 폭로하였다. 그러나 셈과 야벳은 그 말을 듣자마자 뒷걸음으로 들어가 아버지의 하체를 덮어드렸다(창9장 참조). 셈과 야벳이 부모를 공경하는 진정한 모습을 보여주었다.

라. 효도하는 이들에게는 복이 있다.

16절, "그리하면 네 하나님 여호와가 네게 준 땅에서 네 생명이 길고 복을 누리리라."

 * 이것은 효도하는 이들에게 복이 있음을 보여주는 말씀이다. 효도는 약속 있는 첫 계명이다. "네 부모를 공경하라 그리하면 네 하나님 여호와가 네게 준 땅에서 네 생명이 길리라"(출20:12). "네 아버지와 어머니를 공경하라 이것은 약속이 있는 첫 계명이니 이로써 네가 잘 되고 땅에서 장수하리라"(엡6:2-3). 불효에는 벌이 따르지만 효도에는 복이 따른다.

 * 노아의 축복과 저주를 살펴보자. "가나안(함의 아들)은 저주를 받아 그의 형제의 종들이 되기를 원하노라 하고 또 이르되 셈의 하나님을 찬송하리로다 가나안은 셈의 종이 되고 하나님이 야벳을 창대하게 하사 셈의 장막에 거하게 하시고 가나안은 그의 종이 되기를 원하노라"(창9:25-27). 효자에게는 복이, 불효자에게는 저주가 임했다.

 * 사사시대에 별과 같이 빛났던 룻의 이야기는 감동적이다. 어려운 형편에서도 시어머니를 극진히 선대한(חֶסֶד헤세드) 룻은 보아스를 만나 가문을 세웠으며, 결국은 메시야 가문의 조상이 되었다. "보아스는 오벳을 낳았고, 오벳은 이새를 낳고, 이새는 다윗을 낳았더라"(룻4:21-22).

 **에베소서 6장 1-3절**
효도에는 약속이 있다

자녀들아 주 안에서 너희 부모에게 순종하라 이것이 옳으니라 네 아버지와 어머니를 공경하라 이것은 약속이 있는 첫 계명이니 이로써 네가 잘되고 땅에서 장수하리라(1-3절).

가. 하나님은 효도하기를 원하신다.

1절, "자녀들아 주 안에서 너희 부모에게 순종하라 이것이 옳으니라."

* 효도는 십계명 중에 다섯 번째 계명으로서 하나님의 명령이다. 계명(ἐντολή엔톨레)은 '명령'이라는 뜻이다. 하나님은 "네 부모를 공경하라 그리하면 네 하나님 여호와가 네게 준 땅에서 네 생명이 길리라"고 하셨다(출 20:12). 즉 효도는 하나님이 정하신 약속이 있는 명령이다.

* 그런데 많은 사람들이 "주 안에서 너희 부모에게 순종하라"는 말씀을 오해한다. 주님의 뜻에 맞는 범위 안에서 순종하라는 말씀으로 해석하는 경향이 있는데 이는 잘못된 해석이다. "주 안에서 순종하라"는 것은 효도가 신앙적인 차원의 덕목임을 보여준다. 효도는 믿는 사람들의 도리라는 말이다. 그래서 공동번역은 "자녀된 사람들은 부모에게 순종하십시오. 이것이 주님을 믿는 사람으로서 마땅히 해야 할 일입니다"라고 번역하였다. 이것이 옳은 해석이다.

* 또한 "너희 부모에게 순종하라 이것이 옳으니라"고 하였다. 여기서 '옳다'(δίκαιος디카이오스)는 '의롭다'는 뜻이다. 즉 효도는 하나님 나라의 의에 해당하는 것으로서 반드시 지켜야 할 명령이다.

나. 효도는 사람됨의 기본이다.

2절, "네 아버지와 어머니를 공경하라 이것이 약속 있는 첫 계명이니..."

＊ 효도는 약속이 있는 첫 계명이다. 여기서 '첫찌' (πρῶτος 프로토스)는 단순한 서수가 아니다. 이것은 '으뜸이다' 또는 '기본이다' 라는 말이다. 즉 효도는 인간관계를 아름답게 만드는 덕목 중에 첫째요 으뜸이라는 말이다. 동양에서도 효도를 '백행지본' 이라 하여 모든 윤리의 기본이라고 하였다. 부모에게 효도하는 것이 사람됨의 기본이다. 옛날에 임금들이 효자를 특별히 채용한 데는 일리가 있다. 부모에게 효도하는 사람이 나라에도 충성할 수 있다는 데에서 그렇게 했던 것이다.

＊ 효도하지 않는 사람은 믿을 수 없다. 자기를 낳아서 길러주신 부모에게 불효하는 사람이 다른 사람과 신뢰관계를 유지하기 힘들다. 은혜를 가장 많이 베풀어준 부모에게 거역하는 사람은 다른 사람과의 관계에서 신의를 쉽게 저버릴 수 있다. 그들은 신의보다는 처세술로 세상을 살아가는 사람들이다.

＊ 효도하지 않는 사람은 참 신앙의 사람이 되기 어렵다. 보이는 부모에게 잘못하는 사람이 보이지 않는 하늘의 아버지에게 잘 할 수 없다. 효도는 사람됨과 신앙생활의 기본이다.

다. 공경함으로 효도하여야 한다.

2절, "네 아버지와 어머니를 공경하라..."

＊ 성경은 효도를 공경함으로 해야 한다고 가르친다. 여기서 '공경하다' (τιμάω 티마오)는 '존경하다' 와 '값을 치르다' 라는 뜻을 갖고 있다. 부모에게 자식은 값이 없을 정도로 귀중하다. 마찬가지로 자녀에게도 부모는 값이 없을 정도로 귀중해야 한다. 그래야 존경하고 공경할 수 있다. 부모가 잘났든지 못났든지 귀중히 여겨야 한다. 부모가 재산이 많든지 적든지 귀중히 여기고 존경해야 한다.

＊ 영어로 '예배하다' (worship)는 '값을 치르다' 라는 말이다. 물론 천지를

창조하신 하나님, 우리를 죄에서 구원하여 천국백성이 되게 하신 하나님은 값이 없을 정도로 귀중하다. 그러므로 하나님께 최고의 값을 치러야 비로소 신령과 진정으로 예배를 드릴 수 있다. 효도도 부모에게 최고의 값을 치러야 한다.

∗ 구약에서 '공경하다' (כבד카바드)는 '무겁다' 라는 뜻을 갖고 있다. 일반적으로 저명인사들 즉 큰 기업가들, 권세가 있는 사람들, 유명한 학자들 같은 사람들은 무게가 느껴진다. 자식은 항상 부모의 무게를 무겁게 느껴야 한다. 부모가 늙어서 기력이 쇠할지라도 자식은 무게를 크게 느끼고 공경해야 한다.

라. 효도에는 하나님의 약속이 있다.
3절, "이로써 네가 잘되고 장수하리라."

∗ 하나님이 사람에 관련하여 주신 십계명 중에 효도에만 하나님의 약속이 있다. "이로써 네가 잘되고 장수하리라"는 약속이다. 이것은 다섯 번째 계명, "네 부모를 공경하라 그리하면 네 하나님 여호와가 네게 준 땅에서 네 생명이 길리라"의 해석이다(출20:12). 신명기에서는 "너는 네 하나님 여호와께서 명령한 대로 네 부모를 공경하라 그리하면 네 하나님 여호와가 네게 준 땅에서 네 생명이 길고 복을 누리리라"라고 하였다(신5:16). 효도하는 사람은 하나님이 주신 복을 누린다.

∗ 아브라함의 아들 이삭은 효자였다. 아브라함이 하나님께 순종했듯이 이삭은 아버지 아브라함에게 순종했다. 이삭의 순종도 아브라함의 순종만큼이나 어려운 것이었다. 그래서 하나님은 아브라함을 복의 근원이 되게 하셨듯이 이삭에게도 복의 근원이 되는 복을 주셨다.

∗ 하나님은 부모를 저주하거나 치는 자는 반드시 죽이라고 하였다. 하나님은 불효자를 싫어하신다. 하나님은 효자에게는 복을 주시고 불효자에게는 저주를 내리신다.

# 로마서 1장 16-17절
믿음이 살길이다

복음에는 하나님의 의가 나타나서 믿음으로 믿음에 이르게 하나니 기록된 바 오직 의인은 믿음으로 말미암아 살리라 함과 같으니라(17절)

가. 복음에는 구원의 능력이 있다.

16절, "내가 복음을 부끄러워하지 아니하노니 이 복음은 모든 믿는 자에게 구원을 주시는 하나님의 능력이 됨이라."

* 바울은 복음이 구원을 주시는 하나님의 능력(δύναμις뒤나미스)이기 때문에 자랑스럽게 생각했다. 당시에는 성도들이 복음을 따르기 위해 부끄러움을 당하기도 하였다. 많은 사람들이 복음을 부끄러워하는 상황에서 바울은 오히려 복음을 자랑스럽게 생각하였다.

* 복음이 갖고 있는 구원의 능력은 하나님의 자녀가 되게 하는 권세(ἐξουσία엑수시아, 요1:12)와 비교된다. 권세도 일종의 능력임에는 틀림없다. 하나님은 믿는 사람들에게 아무 자격이 없을지라도 하나님의 자녀가 되는 권세를 부여하신다. 또한 하나님은 그의 백성들이 하나님의 자녀답게 성장할 수 있도록 능력을 주신다. 이처럼 복음에는 법적 권세와 실제적 능력이 있다.

* 물론 구원의 능력은 성령님을 통하여 주신다. 주님은 "성령이 임하시면 너희가 권능을 받고"라고 약속하셨다(행1:8). 주님의 은혜로 하나님의 자녀가 되고, 성령의 도우심으로 하나님의 자녀답게 된다.

나. 칭의의 믿음으로는 부족하다.

17절, "복음에는 하나님의 의가 나타나서 믿음으로 믿음에 이르게 하나니…"

* 본문에서 '믿음으로 믿음에'(ἐκ πίστεως εἰς πίστιν 에크 피스테오스 에이스 피스틴)는 '믿음으로부터 믿음에로'라고 해석해야 한다. 이것은 출발점의 믿음이 있고 도착점의 믿음이 있음을 보여준다. 즉 칭의의 믿음이 있고 성화의 믿음이 있다. 마음으로 믿는 믿음이 있고, 입으로 시인하는 믿음이 있다. 일반적인 믿음에서 구원하는 믿음으로 나아가야 성숙한 성도가 될 수 있다.

* 성경은 분명히 칭의의 믿음을 인정한다. 예수님은 누구든지 그를 믿으면 구원을 받고 영생을 얻는다고 말씀하셨다(요3:16). 바울도 그리스도 예수 안에 있는 속량으로 말미암아 하나님의 은혜로 값없이 의롭다 하심을 얻는다고 하였다(롬3:24).

* 그러나 칭의의 믿음으로는 부족하다. 루터의 종교개혁 이후에 칭의의 믿음이 강조되어 왔다. 그리고 개혁주의 신학이 발전하면서 인간의 전적타락을 주장하였고, 따라서 오직 믿음에 의하여 의롭다하심을 받는다는 칭의를 크게 강조하였다. 이것이 성화 없는 기독교를 만들었다. 한국 교회는 성화의 믿음을 회복해야 한다.

다. 성화의 믿음이 필요하다.

17절, "믿음으로 믿음에 이르게 하나니…"

* 본문에서 '믿음으로부터 믿음에로'는 신앙성장의 중요성을 보여준다. 하나님은 우리의 믿음이 계속 성장하기를 원하신다. "또 이르시되 하나님의 나라는 사람이 씨를 땅에 뿌림과 같으니…처음에는 싹이요 다음에는 이삭이요 그 다음에는 이삭에 충실한 곡식이라"고 하였다(막4:26-28).

* 16절에 "복음은 모든 믿는 자에게 구원을 주시는 능력"이라고 하였다. 여기서 '믿는'(현재, 분사)은 받은 구원을 위한 과거의 일회적 믿음이 아니라 성화를 향하여 현재 진행하는 믿음을 말한다.

* 또한 "복음에는 하나님의 의가 나타나서"라고 하였다(17절) 여기서 '의'는 무한한 사랑으로 용서하시면서도 죄를 미워하시는 의다. 이것은 주님의 십자가에 잘 나타나 있다. 그리고 이것이 성화의 믿음이 필요한 이유다.

* 야고보서는 성화의 믿음, 즉 행동하는 믿음을 강조한다. 그리고 성화의 믿음이 곧 우리를 구원하는 믿음이다. "네가 하나님은 한 분이신 줄을 아느냐 잘하는도다 귀신들도 믿고 떠느니라 아하 허탄한 사람아 행함이 없는 믿음이 헛것인 줄을 알고자 하느냐"(약2:19-20). 행함이 없는 믿음은 죽은 믿음이다.

라. 성화의 믿음이 살길이다.

17절, "기록된 바 오직 의인은 믿음으로 말미암아 살리라 함과 같으니라."

* 본문에서 "오직 의인은 믿음으로 살리라"라고 한 말씀은 하박국의 말씀을 인용한 것이다(합2:4). 여기서 '의인'(δίκαιος디카이오스)은 '벌'(δίκη디케)에서 유래한 말이다. 즉 의인은 영원히 죽을 수밖에 없었으나 예수 그리스도를 믿음으로, 하나님의 은혜로 의롭다고 여김을 받은 사람들을 가리킨다.

* 그러면 이미 믿음으로 구원받은 의인(성도)이 '믿음으로 말미암아 살리라'라고 한 이유는 무엇인가? 여기서 믿음은 '성화의 믿음'을 말하며, '산다'(ζάω자오)는 참다운 가치를 추구하는 삶을 말한다. 이로서 성화의 믿음이 성도가 하나님의 자녀답게 되는 참된 길, 살길임을 보여준다.

* 성화의 믿음을 가진 성도는 성령의 능력을 힘입어 성령의 열매를 맺는다. "오직 성령의 열매는 사랑과 희락과 화평과 오래 참음과 자비와 양선과 충성과 온유와 절제"라고 하였다(갈5:22-23). 성령의 열매는 삶을 아름답게 한다. 성령의 열매는 성도로 하여금 하나님의 자녀답게 만든다. 이처럼 성화의 믿음이 진정한 살길이다.

마태복음 11장 28-30절
수고하고 무거운 짐 진 자들아

수고하고 무거운 짐 진 자들아 다 내게로 오라 내가 너희를 쉬게 하리라 나는 마음이 온유하고 겸손하니 나의 멍에를 메고 내게 배우라(29-30절)

가. 수고하고 무거운 짐 진 자들을 부르신다.
28절, "수고하고 무거운 짐 진 자들아 다 내게로 오라."

＊ 본문은 세상에서 수고하고 무거운 짐을 지고 헐떡거리는 사람들을 격려하는 말씀이다. 여기에서 '수고하고'(분사, 능동)와 '무거운 짐 진'(분사, 수동)은 항상 곤비하여 지쳐 쓰러지는 연약한 인간의 모습을 보여준다.

＊ 일반적으로는 본문의 수고와 무거운 짐을 율법의 멍에라고 생각한다. 율법으로 구원을 받으려는 수고를 주님의 은혜로 대체하는 것으로 이해한다. 그러나 이것이 전부가 아니다.

＊ 하나님은 우리가 인생길에서 겪는 실제적인 수고와 무거운 짐을 덜어주신다. 하나님은 이사야에게 "너희는 위로하라 내 백성을 위로하라 너희는 예루살렘의 마음에 닿도록 말하며 그것에게 외치라 그 노역의 때가 끝났고 그 죄악이 사함을 받았느니라"라고 외치며 백성을 위로하게 하셨다(사40:1-2참조).

＊ 하나님의 말씀이다. "여호와를 앙망하는(연합하는) 자는 새 힘을 얻으리니 독수리가 날개치며 올라감 같을 것이요 달음박질하여도 곤비하지 아니하겠고 피곤하지 아니하리로다"라고 하였다(사40:31).

나. 주님의 멍에를 메고 그를 배워야 한다.

29절, "나는 마음이 온유하고 겸손하니 나의 멍에를 메고 나를 배우라 그리하면 너희 마음이 쉼을 얻으리니.."

＊ 쉼을 얻기 위하여 주님께 나아오는 사람은 주님의 멍에를 메고 그를 배워야 한다. 본문에서 '쉬게 하리라'는 '소생시키다' 또는 '회복시키다'라는 뜻이 있다(28절). 주님께 나아오기만 하면 모든 짐을 거두어 주시는 것은 아니다. 주님은 우리에게 짐을 지는 방식을 가르쳐 주신다. 그리고 인생의 짐을 능히 질 수 있는 사람으로 회복시켜 주신다. 여기서 '쉼'은 단순히 쉼이 아니라 원래대로의 회복을 말한다.

＊ 본문에서 '멍에'(ζυγός쥐고스)는 '연합하다'에서 유래하였다. 이 멍에는 소 두 마리가 함께 연합하여 지는 멍에다. 예수님은 사람들이 노련한 소와 미숙한 소를 함께 겨리하여 훈련시키는 것을 보고 이 말씀을 하셨다고 한다. 우리는 연약하지만 주님과 연합하면 짐을 쉽게 질 수 있다.

＊ 주님은 짐을 벗겨 주시는 것이 아니라 짐을 능히 질 수 있도록 인도하신다. 여기서 '배우다'는 경험과 실천을 통하여 진리를 깨우치는 것을 말한다. 주님과 연합하여 그를 배우면 쉼을 얻는다.

다. 주님의 온유와 겸손을 배워야 한다.

29절, "나는 마음이 온유하고 겸손하니 나의 멍에를 메고 나를 배우라."

＊ 예수님은 "나의 멍에를 메고 나를 배우라"고 하시면서 "나는 마음이 온유하고 겸손하기 때문이라"고 하셨다. 이것은 온유와 겸손이 짐을 가볍게 하는 비결이라는 것을 암시한다. 그러므로 우리가 예수님과 연합하여 그를 배우되 온유하고 겸손하신 삶의 양식을 배워야 한다.

＊ 본문에서 '온유'는 외유내강이다. '온유'(πραΰς프라우스)는 '친절한' 또는 '얌전한' 또는 '동정심이 있는'이라는 뜻을 갖고 있다. 이것은 우리를 힘들게 하는 사람들에게까지 친절하며 불쌍히 여기는 것을 말한다. 예수님은 자신을 찾는 사람들을 친절하게 영접하시고, 불쌍히 여기시고, 그

들의 짐을 함께 나누셨다. 성도는 주위에 연약한 사람들에게 동정심을 갖고 불쌍히 여기는 마음을 가져야 한다.

＊ 또한 '겸손'(ταπεινός타페이노스)은 자신을 낮추고 비우는 것을 말한다. 다른 사람들 위에 군림하고 모든 것을 가지려는 욕망이 삶을 피곤하게 한다. 예수님은 섬김을 받으려 하지 않으시고 오히려 섬기려 하고 자신을 대속물로 주셨다. 그는 자신을 비워 종의 몸을 입고 십자가를 지기까지 복종하셨다.

라. 주님의 삶을 따르면 짐이 가벼워진다.
30절, "이는 내 멍에는 쉽고 내 짐은 가벼움이라 하시니라."

＊ 예수님의 멍에와 짐이 가볍다는 말은 사실이 아니다. 주님의 고난과 십자가는 심히 무거운 짐이었다. 그러나 주님은 온유와 겸손으로 그 모든 무거운 짐을 능히 감당하셨다. 마찬가지로 우리가 주님의 온유하고 겸손하신 삶의 양식을 따를 때, 지금까지는 무거운 멍에와 짐이었던 것들을 이제는 능히 감당할 수 있게 된다는 것이다. 이것이야말로 신앙의 신비를 보여주는 말씀이다.

＊ 본문에서 '내 멍에는 쉽고' 라고 하였다. 여기서 '쉽고'(χρηστός크레스토스)는 '유용한' 또는 '가치 있는' 이라는 뜻이 있다. 성도가 주님을 따라 사는 삶은 가치 있는 일이므로 무거운 짐도 가볍게 느껴진다. 아무리 무거운 짐이라도 의미 있고 가치 있는 일이라면 그 짐은 쉽게 질 수 있다는 말이다.

＊ 또한 '내 짐을 가벼움이라' 에서 '가벼움'(ἐλαφρός엘라프로스)은 '견디기 쉬운' 이라는 뜻이다. 주님과 함께 하면 모든 짐이 없어지는 것이 아니다. 주님과 함께 한다고 모든 짐이 가벼워지는 것도 아니다. 주님을 따르면 어떤 무거운 짐도 능히 감당할 수 있는 능력을 갖게 된다.

사도행전 19장 1-7절
성령 충만이 해답이다

> 그들이 듣고 주 예수의 이름으로 세례를 받으니 바울이 그들에게 안수하매 성령이 그들에게 임하시므로 방언도 하고 예언도 하니 모두 열두 사람쯤 되니라(5-7절)

가. 성령충만한 믿음이 필요하다.

2절, "너희가 믿을 때에 성령을 받았느냐."

* 본문은 바울이 에베소 교회에 왔을 때 있었던 사건을 소개하고 있다. 바울은 "너희가 믿을 때에 성령을 받았느냐"라고 물었다. 사실은 사람이 믿음을 가진 것 자체가 성령의 역사다. 바울은 이를 잘 알고 있었으므로 "성령으로 아니하고는 누구든지 예수를 주시라 할 수 없느니라"라고 한 바 있다(고전12:3). 그러므로 여기서 바울의 질문은 성도들이 성령충만한지를 물은 것이다.

* 성도가 온전해지려면 성령충만해야 한다. 칭의의 믿음에서 성화의 믿음으로 나아가려면 성령충만해야 한다. 지혜로운 성도가 되려면 성령충만해야 한다. "세월을 아끼라 때가 악하니라 그러므로 어리석은 자가 되지 말고 오직 주의 뜻이 무엇인가 이해하라 술 취하지 말라 이는 방탕한 것이니 오직 성령으로 충만함을 받으라"(엡5:16-18).

* 예수님은 제자들이 온전해지기를 원하시고 성령을 약속하셨다. 그리고 제자들은 오순절 날 성령이 강림하심으로 성령충만한 믿음을 갖게 되었고 놀라운 모습으로 변화하였다.

나. 회개의 세례만으로는 부족하다.

3절, "그러면 너희가 무슨 세례를 받았느냐 대답하되 요한의 세례니라."

* 바울이 "너희가 믿을 때에 성령을 받았느냐"라고 물었는데 "우리는 성령이 계심도 듣지 못하였노라"라고 대답하였다. 또한 "그러면 너희가 무슨 세례를 받았느냐"라고 물었는데 "요한의 세례를 받았을 뿐이라"고 대답하였다. 이것이 당시 에베소 교회의 현실이요 문제였다.

* 요한의 세례는 회개의 물세례를 말한다. "세례 요한이 광야에 이르러 죄사함을 받게 하는 회개의 세례를 전파하니 온 유대지방과 예루살렘 사람이 다 나아와 자기 죄를 자복하고 요단강에서 그에게 세례를 받더라"(막 1:4-5). 그런데 회개의 세례도 필요하지만 성령세례가 더 중요하다. 회계의 세례는 죄를 씻는 것이요, 성령세례는 능력을 입는 것이다.

* 요한의 세례와 예수님의 세례는 비교할 수 없다. 요한은 이를 잘 알고 있었고 예수님의 성령세례가 참으로 위대하다고 고백하였다. "나는 너희로 회개하게 하기 위하여 물로 세례를 베풀거니와 내 뒤에 오시는 이는 나보다 능력이 많으시니 나는 그의 신을 들기도 감당하지 못하겠노라 그는 성령과 불로 세례를 베푸실 것이요"라고 하였다(마3:11). 회개의 세례만으로는 부족하다.

다. 성도는 성령세례를 받아야 한다.

6절, "바울이 그들에게 안수하매 성령이 그들에게 임하시므로 방언도 하고 예언도 하니..."

* 바울은 요한의 회개의 세례와는 비교할 수 없는 예수님의 성령세례를 소개한다. 그리고 예수님의 이름으로 세례를 주고 안수할 때에 그들에게 성령이 충만하게 임하였고 은사가 나타났다.

* 성령충만한 믿음이 해답이다. 죄를 회개하고 씻는 것은 중요하지만 이는 소극적 성화에 불과하다. 이는 의식적 성화이지 진정한 성화가 아니다. 이제는 죄를 짓지 않고 오히려 선을 행하는 적극적 의미의 성화를 이루어

야 한다. 이를 위해 성령충만한 믿음이 필요하다. 성령충만한 믿음이 육신의 정욕과 마귀의 유혹과 세상의 악한 풍조를 이기고 선을 행하게 한다(요1서5:4참조).

＊ 성령님은 우리 안에서 내주사역과 능력사역을 통해 일하신다. 그는 내주사역을 통해 성도가 성령의 열매를 맺고 하나님의 자녀답게 살게 하신다. 또한 그는 능력사역을 통하여 은사와 권능을 주시고 이로써 하나님의 백성답게 충성할 수 있게 하신다. 이를 위해 성령세례를 받아야 한다. 성령에 잠겨 있어야 우리가 항상 성령충만할 수 있다.

라. 성령충만한 믿음이 큰 역사를 이룬다.

7절, "모두 열두 사람쯤 되니라."

＊ 당시 에베소 교회가 성령충만한 믿음으로 세워지면서 에베소 안에 큰 소동이 일어났다. 그것은 성도 열두 사람쯤으로는 이룰 수 없는 엄청난 것이었다. 여기에 성도의 수가 얼마 되지 않는 것을 강조하는 이유가 있다. 그것은 사람의 힘으로 된 것이 아니라 성령의 능력으로 이룬 것이다. 성령이 임하시면 권능을 받고 놀라운 일들이 일어난다(행1:8).

＊ 에베소 교회는 주의 말씀이 힘이 있고 흥왕하여 큰 세력을 얻었다. 많은 사람들이 믿고 자복하고 회개하였다. 심지어 마술을 하던 사람들이 책을 모아 사람들 앞에서 불사르기도 하였는데 책값을 계산하니 은 오만이나 되었다고 한다(행19:18-20참조). 이는 참으로 엄청난 사건이었다. 이 모든 것이 성령충만의 결과였다.

＊ 또한 에베소에서 아데미 신상을 만들어 팔던 데메드리오가 같은 일로 영업하는 이들과 직공들을 모아 소동을 일으켰다. 그들은 "우리의 이 영업이 천하여질 뿐만 아니라 큰 여신 아데미의 신전도 무시당하게 되고 온 아시아와 천하가 위하는 그의 위엄도 떨어질까 하노라"라고 크게 염려하였다(행19:27). 성령충만함이 큰 역사를 이룬 것이다.

갈라디아서 5장 22-26절
성령을 따라 행하라

그리스도 예수의 사람들은 육체와 함께 그 정욕과 탐심을 십자가에 못 박았느니라 만일 우리가 성령으로 살면 또한 성령으로 행할지니 헛된 영광을 구하여 서로 노엽게 하거나 서로 투기하지 말지니라(24-26절).

가. 성도는 성령의 열매를 맺어야 한다.

22-23절, "오직 성령의 열매는 사랑과 희락과 화평과 오래 참음과 자비와 양선과 충성과 온유와 절제니…"

＊ 본문은 갈라디아교회의 영적 후퇴를 경계하는 말씀이다. 바울은 "너희가 이렇게 어리석으냐 성령으로 시작하였다가 육체로 마치려느냐"라고 경고하였다(갈3:3). 예수 그리스도를 영접하고 하나님의 자녀가 되었으나 하나님의 자녀답게 성장하지 못하는 것을 지적하고 있다.

＊ 성도는 그리스도의 은혜로 하나님의 자녀가 되고, 성령의 양육으로 하나님의 자녀답게 성장한다. 성도는 보혜사 성령의 인도를 받아 성령의 열매를 맺는 단계에 이르러야 한다.

＊ 바울은 육체의 일과 성령의 열매를 비교한다. 성도가 여전히 육체의 일에 빠져 있으면 안 된다. "음행과 더러운 것과 호색과 우상숭배와 주술과 원수 맺는 것과 분쟁과 시기와 분냄과 당 짓는 것과 분열함과 투기와 술 취함과 방탕함과 또 그러한 것들"을 버려야 한다(19-21절). 그리고 오직 "사랑과 희락과 화평과 오래 참음과 자비와 양선과 충성과 온유와 절제"의 열매를 맺어야 한다.

나. 열매가 없으면 신앙에 문제가 있다.

23절, "이같은 것을 금지할 법이 없느니라."

* 이 말씀은 어떤 율법도 성령의 열매를 금하지 않는다는 말이다. 성령의 열매가 율법이 추구하고 있는 목표다. 바울은 율법의 완성을 사랑이라고 하였는데 사랑은 성령의 열매의 총체라 할 수 있다. 결국 율법의 완성은 성령의 열매를 맺는 것과 일치한다.

* 그런데 성도에게 성령의 열매가 없다면 이는 신앙에 문제가 있다는 것이다. 그리스도를 믿는다고 할지라도 그 속에 그리스도의 생명이 없으면 열매를 맺지 못한다. 이런 사람은 진정 믿음을 가진 성도가 아니다. 형식적인 신앙으로는 성령의 열매를 맺을 수 없다.

* 예수님은 서기관들과 바리새인들의 위선적이고 형식적인 신앙을 비판하셨다. "그러므로 무엇이든지 그들이 말하는 바는 행하고 지키되 그들이 하는 행위는 본받지 말라"고 하셨다(마23:3). 이어서 "화 있을진저 외식하는 서기관들과 바리새인들이여 회칠한 무덤 같으니 겉으로는 아름답게 보이나 그 안에는 죽은 사람의 뼈와 모든 더러운 것이 가득하도다"라고 하셨다(마23:27). 우리 자신은 어떤지 돌아보아야 한다.

다. 자신을 죽이고 성령을 따라 행하라.

24-25절, "그리스도 예수의 사람들은 육체와 함께 그 정욕과 탐심을 십자가에 못 박았느니라 만일 우리가 성령으로 살면 성령으로 행할지니…"

* 성도는 성령을 따라 사는 사람들이다. 우리의 육체는 십자가에 못 박고 오직 성령을 따라 살아야 한다. 성도가 진정으로 하나님의 자녀답게 되려면 육체를 십자가에 못 박아야 하고, 적극적으로 성령을 따라 살아야 한다. 성령충만하여 육체의 소욕을 벗어나야 한다. 육체의 소욕을 벗어나지 못하면 성숙한 성도가 아니다.

* 우리의 육체와 함께 정욕과 탐심을 십자가에 못 박아야 한다. 본문에서 '십자가에 못 박았느니라'(과거)는 성도가 육체에 대하여 죽은 듯이 살

야야 한다는 가르침이다. 오늘 죽지 않고 내일로 미룰 수 있는 문제가 아니다. 바울은 "죄에 대하여 죽은 우리가 어찌 그 가운데 더 살리요"라고 질문하였다(롬6:2). 여기서도 '죽은'(과거)은 성도가 육체에 대하여는 이미 죽은 듯이 살아야 하는 것을 강조하는 말이다.

＊ 성도는 자신을 죽이고 적극적으로 성령을 따라 행해야 한다. 여기서 '행하다'(στοιχέω스토이케오)는 '누구 편에 서다' 또는 '누구를 따라 줄서다' 라는 뜻이다. 주님 편에 서서 성령의 인도를 충실히 따라야 성령의 열매를 맺을 수 있다.

라. 성령의 열매가 성도의 품격을 높인다.

26절, "헛된 영광을 구하여 서로 노엽게 하거나 서로 투기하지 말지니라."

＊ 이 말은 육체의 소욕을 따르는 사람들의 모습을 보여준다. 인간의 추한 모습, 즉 덕이 없고 혐오감을 주는 사람들의 모습이다. 그리고 본문은 성령의 열매를 맺고 이를 피하라는 말씀이다.

＊ 여기서 '헛된 영광을 구하다'(κενόδοξος케노독소스)는 '영광이 비었다'는 뜻인데 '잘난 체하다' 라는 뜻이다. 실제로 영광이나 덕이 없는 사람들이 잘난 체한다. 이런 사람들은 자기보다 못한 사람들은 무시하며 노엽게 하고, 자기보다 잘난 사람들은 시기하며 끌어내린다. 속이 빈 사람들의 전형적인 모습이다. 덕이 없고 품격이 떨어지는 사람들이다. 그러나 성도가 성령의 열매를 맺으면 이로써 품격이 높아진다.

＊ 그리고 '열매'(καρπός카르포스)는 '유익' 또는 '이득'이라는 뜻이 있다. 성령의 열매가 많은 유익을 준다는 것을 보여준다. 성령의 열매를 맺으면 속이 찬 사람이 된다. 성령의 열매는 품격이 높은 사람이 되게 한다. 약한 사람들을 무시하지 않으며 잘난 사람들을 끌어내리지도 않는다. 성령의 열매가 있는 사람은 결국 하나님께 사랑을 받으며 사람들에게는 존경을 받는다.

 **마태복음 22장 8-14절**
거룩함으로 옷을 입으라

임금이 손님들을 보러 들어올새 거기서 예복을 입지 않은 한 사람을 보고 이르되 친구여 어찌하여 예복을 입지 않고 여기 들어왔느냐 하니(12-13절).

가. 구원의 문은 열려 있다.

9절, "네거리 길에 가서 사람을 만나는 대로 혼인잔치에 청하여 오라."

＊ 본문은 구원의 문이 활짝 열려 있음을 보여준다. 구원을 위한 하나님의 은혜는 보편적이다. 누구든지, 차별 없이, 조건 없이 주님 앞에 나와서 구원을 받을 수 있다. "악한 자나 선한 자나 만나는 대로 모두 데려오니 혼인잔치에 손님들이 가득한지라"라고 하였다(10절).

＊ 하나님은 모든 사람이 구원받기를 원하신다. "하나님은 모든 사람이 구원을 받으며 진리를 아는 데 이르기를 원하시느니라"라고 하였다(딤전 2:4). 제한적 속죄를 주장하는 이들이 있으나 이는 성서적 구원관이 아니다. 구원의 은혜는 보편적이며 모든 사람에게 활짝 열려있다.

＊ 또한 하나님은 누구든지 믿기만 하면 구원을 받는다고 약속하셨다. "하나님이 세상을 이처럼 사랑하사 독생자를 주셨으니 이는 저를 믿는 자마다 멸망하지 않고 영생을 얻게 하려 하심이라"라고 하였다(요3:16). 또 "너희는 그 은혜에 의하여 믿음으로 말미암아 구원을 받았으니 이것은 너희에게서 난 것이 아니요 하나님의 선물이라"고 하였다(엡2:8). 구원은 하나님의 은총이요 선물이다.

나. 초청을 거절하면 안 된다.

8절, "이에 종들에게 이르되 혼인잔치는 준비되었으나 청한 사람은 합당하지 아니하니…"

* 그런데 초청을 거절하면 안 된다. 여기서 '청한 사람은 합당하지 않다' 는 것은 천국잔치의 초청을 거절하는 것에 대한 지적이다. "그들이 돌아보지도 않고 한 사람은 자기 밭으로, 한 사람은 자기 사업하러 가고 그 남은 자들은 종들을 잡아 모욕하고 죽이니"라고 하였다(5절).

* 지금도 많은 사람들이 하나님의 초청을 거절한다. 천국잔치에 초청을 받았으나 돌아보지도 않는 사람들이 많다. 천국에 대하여 전혀 관심이 없고 오로지 세상에 대하여 집착하는 사람들이다. 그들은 오직 재물과 사업에 우선순위를 두고 있다. 그리고 교회를 비방하고, 선교를 방해하고, 하나님에 대하여 대적하는 사람들도 마찬가지다. 천국은 이런 사람들과는 아무 상관이 없다.

* 하나님의 초청을 거절하면 안 된다. 오직 주님을 믿고 영접하는 사람이 구원을 받는다. "영접하는 자 곧 그 아들을 믿는 자들에게는 하나님의 자녀가 되는 권세를 주셨으니"라고 하였다(요1:12). 하나님의 나라와 그의 의에 우선순위를 두고 주님께 나아와야 한다.

다. 거룩함의 예복을 입어야 한다.

11-12절, "임금이 손님들을 보러 들어올새 거기서 예복을 입지 않은 한 사람을 보고 이르되 친구여 어찌하여 예복을 입지 않고 여기 들어왔느냐 하니…"

* 누구나 천국잔치에 들어올 수 있다. 그러나 천국잔치에 들어오면 이에 합당한 예복을 입어야 한다. 구원의 초청에는 조건이 없으나 일단 하나님께 속하면 거룩함의 예복을 입어야 한다. 이것은 성도가 칭의의 믿음에서 성화의 믿음으로 나아가야 할 필요성을 보여준다.

* 요한계시록에 보면 거룩한 예복은 성도들의 옳은 행실이라고 가리켜 말한다. "어린 양의 혼인 기약이 이르렀고 그의 아내가 자신을 준비하였으

므로 그에게 빛나고 깨끗한 세마포 옷을 입도록 허락하셨으니 이 세마포 옷은 성도들의 옳은 행실이로다"라고 하였다(계19:7-8). 성도는 거룩한 예복으로 갈아 입어야 한다.

＊ 여기서 '입다'($ἐνδεδυμένον$엔데뒤메논)는 여러 가지 의미를 담고 있다. 성도는 거룩함의 옷을 항상 입고 있어야 한다(분사). 거룩함의 온전한 옷을 입어야 한다(완료). 그런데 이 옷은 자신이 스스로 챙겨 입어야 한다(중간태). 그러므로 성도들은 거룩함의 예복을 입기 위하여 은혜를 받고 말씀에 순종하는 모든 일에 최선을 다하여야 한다.

라. 택함을 받은 자들은 복이 있다.

14절, "청함을 받은 자는 많되 택함을 받은 자는 적으니라."

＊ 본문은 '청함을 받은 자'와 '택함을 받은 자'를 구별한다. 여기서 택함을 받은 자는 뽑힘을 받은 자로서 하나님이 기뻐하시는 사람이다. 그들은 거룩함의 예복을 입은 사람이다. 하나님은 구원받은 하나님의 자녀들이 성화의 믿음으로 완전에 이르기를 원하신다.

＊ 교회 안에는 여러 종류의 사람들이 있다. 그런데 '세상 끝에' 즉 때가 되면 하나님의 심판이 있다. "천국은 마치…각종 물고기를 모는 그물과 같으니 그물에 가득하매 물 가로 끌어내고 앉아서 좋은 것은 그릇에 담고 못된 것은 내버리느니라 세상 끝에도 그러하리라"라고 하였다(마13:47-48). 성도는 항상 하나님의 심판을 생각하며 살아야 한다.

＊ 본문은 거룩함의 예복을 입지 않아서 택함을 받지 못한 사람에게 심판이 있음을 보여준다. "임금이 사환들에게 말하되 그 손발을 묶어 바깥 어두운 데에 내던지라 거기서 슬피 울며 이를 갈게 되리라"라고 하였다(13절). 그러나 거룩함의 예복을 입고 뽑힌 자들은 복이 있다. 거룩함의 예복 즉 성화의 옷을 입고 하나님께 뽑혀 사랑받는 성도가 복 있는 사람이다.

에베소서 4장 13-16절
신앙의 목표를 높게 하라

이는 우리가 이제부터 어린 아이가 되지 아니하여 사람의 속임수와 간사한 유혹에 빠져 온갖 교훈의 풍조에 밀려 요동하지 않게 하려 함이라 오직 사랑 안에서 참된 것을 하여 범사에 그에게까지 자랄지라(14-15절).

가. 신앙생활의 목표를 높은 데 두어야 한다.

13절, "우리가 다 하나님의 아들을 믿는 것과 아는 일에 하나가 되어 온전한 사람을 이루어 그리스도의 장성한 분량이 충만한 데까지 이르리니…"

* 주님은 우리가 온전하기를 바라신다. "그러므로 하늘에 계신 너희 아버지가 온전하심과 같이 너희도 온전하라"고 말씀하셨다(마5:48). 이것이 성도가 신앙생활의 목표를 높은 데 두어야 할 이유다.

* 바울도 "우리가 온전한 사람을 이루어 그리스도의 장성한 분량이 충만한 데까지" 성장하라고 말씀하였다. 이 말씀은 온전한 사람의 모양을 상당히 구체적으로 설명하고 있다. 물론 사람이 천사와 같이 온전해 질 수는 없다. 아무런 유혹도 받지 않고 실수도 하지 않을 만큼 완전할 수는 없다. 그러나 고의적으로는 죄를 짓지 않을 수 있는 완전의 단계를 목표로 삼아야 한다.

* 신앙생활의 목표는 최대한 높아야 한다. 신앙의 목표가 높은 사람일수록 완전을 향해 최선을 다하여 달려간다. 그리고 최선을 다하고도 교만하지 않는다. 오히려 더 겸손하게 자신의 부족함을 고백하고 하나님의 은총을 구한다.

나. 어린아이의 신앙행태를 벗어버려야 한다.

14절, "이는 우리가 이제부터 어린 아이가 되지 아니하여 사람의 속임수와 간사한 유혹에 빠져 온갖 교훈의 풍조에 밀려 요동하지 않게 함이라."

* 성숙한 성도가 되려면 어린 아이의 신앙행태를 버려야 한다. 신앙의 연조가 깊은데도 간사한 유혹에 빠지고, 세상 교훈의 풍조에 밀려 흔들린다면 문제가 있다. 성도는 세상의 악한 풍조를 이겨야 하고, 공중의 권세 잡은 악한 영의 유혹을 물리쳐야 하고, 그리고 육체의 욕심을 이겨야 한다(엡2:2-3).

* 히브리서는 "우리가 그리스도의 도의 초보를 버리고 죽은 행실을 회개함과 하나님께 대한 신앙과 세례들과 안수와 죽은 자의 부활과 영원한 심판에 관한 교훈의 터를 다시 닦지 말고 완전한 데로 나아갈지니라"라고 하였다(히6:1-2). 하나님의 자녀는 교리의 논쟁을 넘어 진리를 실천하는 단계로 나아가야 한다.

* 바울은 "내가 어렸을 때에는 말하는 것이 어린 아이와 같고 깨닫는 것이 어린 아이와 같고 생각하는 것이 어린 아이와 같다가 장성한 사람이 되어서는 어린 아이의 일을 버렸노라"라고 하였다(고전13:11). 신앙의 연조가 깊을수록 유치한 신앙행태를 벗어버려야 한다.

다. 그리스도의 믿음과 지식을 온전히 따라야 한다.

13절, "우리가 다 하나님의 아들을 믿는 것과 아는 일에 하나가 되어…"

* 이 말씀은 성도가 온전함을 이루는 기초가 된다. 이 말씀은 우리가 믿는 것과 아는 것이 일치가 되어야 한다는 말씀이 아니다. 물론 우리의 믿음과 지식이 일치하는 것도 중요하다. 그러나 인간의 한계성을 인정한다면 이렇게 해석하고 적용하는 것으로는 충분하지 않다.

* 이 말씀을 문자적으로 보면, 하나님의 아들의(소유격) 믿음에(여격) 그리고 그의 지식에(여격) 우리의 믿음과 지식이 하나가 되도록 일치시켜야 한다는 것이다. 그리스도를 믿음으로 하나님의 자녀가 되고, 그의 믿음을 따

름으로 하나님의 자녀답게 된다. 성도는 그리스도의 믿음을 온전히 따라야 하고 그의 지식을 따라 바르게 살아야 한다. 그리스도를 믿음에서 그의 믿음을 따르는 단계로 나아가야 한다.

* 바울은 "오직 사랑 안에서 참된 것을 하여 범사에 그에게까지 자랄지라"라는 말씀으로 좀 더 구체적으로 설명하였다(15절). 성도가 성숙하려면 그리스도의 사랑(ἀγάπη아가페)을 삶의 기초로 삼아야 한다. 그의 진실하심(ἀληθεύω알레듀오)을 생활양식의 기본으로 해야 한다.

라. 성숙한 성도가 하나님의 교회를 세운다.

16절, "그에게서 온 몸이 각 마디를 통하여 도움을 받음으로 연결되고 결합하여 각 지체의 분량대로 역사하여 그 몸을 자라게 하며 사랑 안에서 스스로 세우느니라."

* 이것은 성숙해진 성도가 그리스도의 몸인 교회의 지체로서 자신의 역할을 잘 감당할 수 있다는 말씀이다. 그리스도는 교회의 머리요 성도는 그 지체들이다. 지체가 그 역할을 잘 감당할 때 교회는 건강하게 하나님의 사역을 이루어간다. 본문에서 "각 지체의 분량대로 역사하여"가 이를 잘 보여준다.

* 성숙한 성도는 교회 안에서 다른 지체에 도움을 줄 수 있다. 사실 지체들은 서로 연결되고 결합하여 도움을 주고받는다. 지체가 다른 지체에 도움을 줄 수 있어야 성숙한 지체다. 그러므로 성도가 자신의 믿음을 지키는 것도 중요하지만 다른 지체를 도와 성숙하게 하는 일은 아주 중요한 사명이다.

* 성숙한 성도는 다른 지체를 도움으로 교회를 자라게 한다. "그 몸을 자라게 하며 사랑 안에서 스스로 세우느니라"고 하였다. 성숙한 성도들이 교회를 교회답게 하고 그것을 자라게 한다. 성숙한 성도들은 교회가 스스로 세워지는 일에 큰 유익을 준다.

잠언 1장 7-9절
영적 수준을 높여라

여호와를 경외하는 것이 지식의 근본이거늘 미련한 자는 지혜와 훈계를 멸시하느니라 내 아들아 네 아비의 훈계를 들으며 네 어미의 법을 떠나지 말라 이는 네 머리의 아름다운 관이요 네 목의 금 사슬이니라(7-9절).

가. 하나님의 지식으로 영적 수준을 높여라.

7절, "여호와를 경외하는 것이 지식의 근본이거늘…"

* 잠언의 말씀은 성도의 영적 수준을 높이는 데 목적이 있다. 하나님의 말씀을 통하여 "지혜롭게, 공의롭게, 정의롭게, 정직하게" 살도록 만드는 데 목적이 있다(3절). 잠언은 어리석은 사람들을 슬기롭게 만들고 지혜로운 사람들은 더욱 지혜롭게 만드는 데 목적이 있다(4-5절).

* 성도가 하나님처럼 완전해질 수 없으나 삶의 목표는 완전에 두어야 한다. 말씀에 "너희는 거룩하라 이는 나 여호와 너희 하나님이 거룩함이니라"라고 하였고(레19:2), 또 "하늘에 계신 너희 아버지가 온전하신 것처럼 너희도 온전하라"라고 하였다(마5:48). 성도는 "그리스도의 장성한 분량이 충만한 데까지 달려가야 한다"(엡4:13).

* 그런데 성도가 영적 수준을 높이기 위해서는 하나님과 그의 말씀에 대한 지식이 필요하다. 본문에서 '지식'(דַעַת 다아트)은 '야다'(יָדַע 알다, 결합하다)에서 유래하였다. 그러므로 참다운 지식은 하나님과 연합하고 하나님의 가치관을 공유하는 데 있다. 이 영적 지식이 어두운 세상에서 성도들로 하여금 악한 세력을 이겨내고 하나님의 자녀답게 살게 하는 영적 면역력이다.

나. 영적 지식을 멸시하면 안 된다.

7절, "미련한 자는 지혜와 훈계를 멸시하느니라."

＊ 그런데 문제는 사람들이 영적 지식을 무시하는 데 있다. 본문은 지혜와 훈계를 멸시하는 사람을 미련한 자라고 하였다. 지금 성도들 중에는 세상의 지식은 중요하게 생각하고 영적 지식을 부차적인 것으로 보는 이들이 많다. 유대인의 자녀교육에서는 자녀가 성인이 될 때까지 하나님의 말씀교육에 집중하고 자녀들에게 많은 성경구절을 암송하게 한다. 한국 교회의 신앙교육을 깊이 생각해야 한다.

＊ 유대인의 자녀교육에는 어머니의 역할이 중요하다. "내 아들아 네 아비의 훈계를 들으며 네 어미의 법을 떠나지 말라"고 하였다(8절). 여기서 어머니가 가르쳐 주는 법은 '토라'(모세오경)이다. 유대인들은 아버지의 삶의 훈계도 중시하지만 어머니가 가르치는 하나님의 말씀교육을 더욱 중요하게 여긴다. 어머니가 유대인이면 자녀는 당연히 유대인이 된다는 것이 이를 반영한다.

＊ 우리의 자녀교육을 심사숙고하여야 한다. 기술교육에만 집중하다보니 인성교육은 바닥에 있다. 교육열은 높지만 세계적인 석학도 많지 않고, 오히려 부정부패는 하늘높이 치솟고 있다. 자녀를 잘되게 하는 것보다 바르게 하는 것이 우선이다.

다. 하나님을 경외함이 영적 지식의 근본이다.

7절, "여호와를 경외하는 것이 지식의 근본이거늘…"

＊ 그러면 영적 지식을 얻는 근본적인 비결은 무엇인가? 본문은 하나님을 경외하는 것을 지식의 근본이요 신앙생활의 중심으로 본다. 여기서 '근본'(רֵאשִׁית 레쉬트)은 시작, 첫째, 머리 등을 뜻한다. 즉 신앙생활은 하나님 경외로 시작해서 하나님 경외로 끝내야 한다.

＊ 하나님을 경외하는 것은 그를 존경하며 두려워하는 것을 말한다. 성도가 정말로 두려워할 이는 하나님이시다. "마땅히 두려워할 자를 내가 네게

보이리니 곧 죽인 후에 또한 지옥에 던져 넣는 권세가 있는 그를 두려워하라"고 하였다(눅12:5). 이를 깨우치기 위하여 교회는 심판과 지옥에 대하여 더 많은 교육을 하여야 한다.

 * 그런데 '경외하다'는 추상적인 개념이다. 이 추상적인 개념을 삶의 영역에서 구체화시켜야 한다. 즉 하나님을 경외한다면(추상적), 하나님을 존중하고 그의 말씀에 순종해야 한다(실천적). 이것은 주님을 사랑한다면(추상적), 주님의 계명을 지켜야 한다(실천적)는 것과 같은 맥락이다(요14:15). 성도는 하나님을 두려워하고 그의 말씀에 순종해야 한다.

라. 영적 지식을 따르면 존귀하게 된다.

9절, "이는 네 머리의 아름다운 관이요 네 목의 금사슬이니라."

 * 본문은 하나님의 영적 지식을 따르는 사람들이 세상에서 존귀와 영광을 얻게 된다는 말씀이다. 지혜자는 말하기를 "지혜가 제일이니 지혜를 얻으라 네가 얻은 모든 것을 가지고 명철을 얻을지니라 그를 높이라 그리하면 그가 너를 높이 들리라 만일 그를 품으면 그가 너를 영화롭게 하리라 그가 아름다운 관을 네 머리에 두겠고 영화로운 면류관을 네게 주리라"고 하였다(잠4:7-9).

 * 창세기는 하나님을 두려워하고 그의 말씀대로 순종하였던 요셉이 많은 역경을 이기고 존귀하게 된 사건을 이야기하고 있다. 하나님은 그의 많은 역경을 선으로 바꾸어 주셨다. 그는 결국 애굽에서 존귀한 총리가 되었고, 형제들 가운데 으뜸이 되었다.

 * 성경 열왕기상은 솔로몬이 하나님께 지혜를 구하고 지혜를 얻었을 때에는 존귀하게 되었으나, 지혜를 잃어버리고 하나님을 떠나 방탕하게 되었을 때에는 심판을 받았다는 사실을 소개하고 있다. 영적 지혜가 인생에 미치는 영향이 얼마나 큰지를 알아야 한다.

디모데전서 6장 17-19절
선한 일을 많이 하라

선을 행하고 선한 사업을 많이 하고 나누어 주기를 좋아하며 너그러운 자가 되게 하라 이것이 장래에 자기를 위하여 좋은 터를 쌓아 참된 생명을 취하는 것이니라(18-19절).

가. 부요함은 하나님의 선물이다.
17절, "네가 이 세대에서 부한 자들을 명하여 마음을 높이지 말고 정함이 없는 재물에 소망을 두지 말고…"

 * 재물의 부유함을 비롯하여 우리를 행복하게 하려고 주시는 모든 풍부함은 하나님의 선물이다. 하나님은 우리를 즐겁게 하시려고 넉넉하게 채워주신다. 하나님은 그의 백성이 곤고한 것을 원치 않으신다. 여호와는 선하시고 인자하시며 참으로 좋으신 하나님이시다.

 * 부요하게 되는 것은 우연이 아니다. 어떤 이는 부요하게 되고 다른 이는 곤고하게 되는 것이 우연이 아니다. 이는 하나님의 섭리에 따른 것이다. 자신의 부요함을 우연이라고 생각하지 말고 하나님이 섭리로 보아야 한다.

 * 또한 우리의 능력으로 부요하게 되었다고 생각해도 안 된다. 우리의 능력으로 부요함을 얻었다 할지라도 그 능력을 주신 분은 하나님이시다. 하나님은 "네가 마음에 이르기를 내 능력과 내 손의 힘으로 내가 이 재물을 얻었다 말할 것이라 네 하나님 여호와를 기억하라 그가 네게 재물 얻을 능력을 주셨음이라"라고 하셨다(신8:17-18). 교만하지 말고 부요함을 주신 하나님의 섭리를 기억해야 한다.

나. 재물에 소망을 두는 것이 문제다.

17절, "정함이 없는 재물에 소망을 두지 말고 오직 우리에게 모든 것을 후히 주사 누리게 하시는 하나님께 두며…"

* 본문은 정함이 없는 재물에 소망을 두지 말라고 한다. 물론 재물만의 문제가 아니다. 재물을 비롯하여 삶을 풍부하게 만드는 모든 것들 즉 힘, 지식, 권력 등을 모두 포함하는 문제다. 이런 것들에 소망을 두면 언젠가는 실망하게 된다. 오직 모든 것을 주시는 하나님께 소망을 두어야 한다.

* 여기서 '정함이 없다' (ἀδηλότης아델로테스)는 '불확실하다' 라는 말이다. 세상의 부요함은 언제 어떻게 될지 모르는 불확실한 것이다. 하나님이 거두시면 모든 것은 순식간에 끝난다. 우리는 주인이 아니다. 우리가 마음 먹은 대로 할 수 있는 것이 없다. 지혜자는 "네가 어찌 허무한 것에 주목하겠느냐 정녕히 (재물은) 스스로 날개를 내어 하늘을 나는 독수리처럼 날아가리라"라고 하였다(잠23:5).

* 불확실한 부요함에 소망을 두지 말고 오직 하나님께 소망을 두어야 한다. 그런데 부요함에 소망을 두는 것은 자신을 위해 쌓아두는 것이요, 하나님께 소망을 두는 것은 선한 사업에 헌신하는 것이다.

다. 부요함으로 선한 일을 많이 해야 한다.

18절, "선을 행하고 선한 사업을 많이 하고 나누어 주기를 좋아하며 너그러운 자가 되게 하라."

* 하나님께 소망을 두는 사람은 하늘나라에 보화를 쌓는다. 예수님은 "오직 너희를 위하여 보물을 하늘에 쌓아 두라 거기는 좀이나 동록이 해하지 못하며 도둑이 구멍을 뚫지도 못하고 도둑질도 못하느니라"라고 하셨다(마6:20). 하늘에 보화를 쌓는 거룩한 부자가 되어야 한다.

* 하늘에 보화를 쌓으려면 선을 행하고 선한 일을 많이 해야 한다. 사람은 주인이 아니라 하나님의 심부름꾼이다. 자신의 뜻을 따라 악한 곳에 사용하지 말고 하나님의 뜻을 따라 선한 일에 헌신해야 한다. 약

한 사람들에게 권세를 부리지 말고 오히려 너그러운 마음으로 나누어 주기를 즐겨야 한다.

* 세상의 가치관은 받은 달란트에 관심을 갖지만 하나님의 나라의 가치관은 받은 달란트로 얼마나 선한 열매를 맺느냐에 관심이 있다. 받은 만큼 선한 열매를 맺는 것이 하나님의 뜻이다.

* 웨슬리는 경제론에서 "깨끗하게 열심히 벌어라, 가능한 한 많이 저축하라, 그리고 선한 사업에 헌신하라"고 가르쳤다. 성도는 깨끗한 부자를 넘어 거룩한 부자가 되어야 한다.

라. 선한 일이 참 생명을 얻게 한다.

19절, "이것이 장래에 자기를 위하여 좋은 터를 쌓아 참된 생명을 취하는 것이니라."

* 하나님이 주신 부요함으로 선한 일을 많이 하는 사람은 복이 있다. 하늘에 보화를 쌓는 것은 결국 자신을 위한 것이다. 본문에서 '이것이 장래에 자기를 위하여' 라는 말이 하나님의 은총을 잘 보여준다. 예수님도 하늘에 보화를 쌓으라고 하셨는데 '너희를 위하여' 그리하라고 하셨다.

* 여기서 '장래' (분사)는 내세뿐만 아니라 오고 있는 모든 시간을 포함한다. "경건의 훈련이 금생과 내세에 유익함이 많다"고 하였듯이 선한 일을 많이 하면 금생과 내세에 복이 있다.

* 선한 일을 많이 하면 인생의 기초가 튼튼해진다. 본문에서 '좋은 터를 쌓아' 라는 표현은 반석 위에 집을 짓는 모습을 보여준다. 인생은 기초가 튼튼해야 한다. 기초가 튼튼하면 "비가 내리고 창수가 나고 바람이 불어 그 집에 부딪치되 무너지지 아니하는" 은총을 누리게 된다(마7:27).

* 그리고 선한 일이 참된 생명(ζωη조에)을 얻는 길이다. 이것은 천국에서 영생을 누리는 것과 더불어 세상에서 사람답게 사는 아름다운 모습을 말한다. 선한 일이 인생을 아름답게 만든다.

 요한복음 6장 32-36절

예수님이 생명의 떡이다

그들이 이르되 주여 이 떡을 항상 우리에게 주소서 예수께서 이르시되 나는 생명의 떡이니 내게 오는 자는 결코 주리지 아니할 터이요 나를 믿는 자는 영원히 목마르지 아니하리라(34-35절).

가. 찾는 자는 많으나 믿는 자는 적다.

36절, "그러나 내가 너희에게 이르기를 너희는 나를 보고도 믿지 아니하는도다 하였느니라."

* 본문은 예수님이 육신의 썩을 양식을 위하여 따라다니는 사람들에게 생명의 양식을 구하는 성도가 되라고 주신 말씀이다. 오병이어의 기적을 보고 수많은 사람들이 예수님이 가시는 곳마다 따라다녔다. "무리가 거기에 예수도 안 계시고 제자들도 없음을 보고 곧 배들을 타고 예수를 찾으러 가버나움으로 가서 바다 건너편에서 만나 랍비여 언제 여기 오셨나이까"(앞24-25절). 사람들이 주님을 열심히 찾아다니던 모습을 보여준다.

* 그런데 예수님은 "너희는 나를 보고도 믿지 아니하는도다"라고 하셨다. 여기서 '보다'(ὁράω호라오)는 '찾아내다' 또는 '인식하다'의 뜻이다. 예수님은 그를 열심히 찾고 따라다니지만 신실한 믿음의 사람은 없다고 안타까워 하셨다. 이것이 본문의 의도이다.

* 주님은 무엇을 얻기 위하여 따라다니는 사람이 아니라 그와 함께 인격적으로 연합하는 사람을 원하신다. 그러므로 주님과 연합하여 그분의 가치관을 공유하고 그분의 사명에 동참하는 성도가 되어야 한다.

나. 육신의 썩을 양식을 구하는 것이 문제다.

32절, "예수께서 이르시되 내가 진실로 진실로 너희에게 이르노니 모세가 너희에게 하늘로부터 떡을 준 것이 아니라 내 아버지께서 너희에게 하늘로부터 참 떡을 주시나니…"

※ 이스라엘 백성들은 출애굽 때에 광야에서 먹었던 만나를 추억하고 있었다. 그리고 예수님이 나타나자 만나를 얻기 위하여 열심히 따라다니고 있었다. 그러나 주님은 만나가 참 떡이 아니며 하나님이 주시는 참 떡은 세상에 생명을 주시는 예수님 자신이라고 소개하셨다.

※ 당시 많은 사람들의 관심은 만나(양식)에 있었다. "예수께서 대답하여 이르시되 내가 진실로 너희에게 이르노니 너희가 나를 찾는 것은 표적을 본 까닭이 아니요 떡을 먹고 배부른 까닭이로다"라고 하였다(26절). 이것은 그들이 떡(오병이어의 기적)만 보고 표적(생명의 떡이신 예수님)은 보지 못했기 때문이다.

※ 이에 대한 예수님의 가르침은 확고하다. "그러므로 염려하여 이르기를 무엇을 먹을까 무엇을 마실까 무엇을 입을까 하지 말라…그런즉 너희는 먼저 그의 나라와 그의 의를 구하라 그리하면 이 모든 것을 너희에게 더하시리라"(마태6:31-33).

다. 예수님은 세상에 생명을 주는 떡이시다.

33절, "하나님의 떡은 하늘에서 내려 세상에 생명을 주는 것이니라."

35절, "예수께서 이르시되 나는 생명의 떡이니…"

※ 하나님은 우리에게 만나(육의 양식)가 아니라 생명(영의 양식)을 주시기 원하신다. 생명(ζωη조에), 즉 영의 양식은 육의 양식과는 달리 사람을 사람답게 만드는 것이다. 주님의 주시는 생명은 기복신앙을 넘어 예수님을 닮아가게 하는 영성신앙으로 인도한다.

※ 그런데 하늘로부터 내려온 예수님은 '세상'(κόσμος코스모스)에 생명을 주시는 참 떡이시다. 이는 예수님이 주시는 생명은 세상의 창조질서를 회

복하는 능력임을 보여준다. 세상은 원래 하나님이 보시기에 아름답게 창조되었었다. 그 아름다웠던 창조질서를 주님께서 주시는 생명으로 회복시켜야 한다.

* 이제 성도들이 구할 것은 분명하다. 이는 사마리아 여인이 구하던 물이 아니다. 이는 오병이어의 기적을 보고 예수님을 따라다니던 사람들이 구하던 떡이 아니다. 성도는 생명의 떡이신 예수님을 먹고 그와 연합하여 하나님의 자녀답게, 하나님의 백성답게 변화되어야 한다.

라. 주님과 연합하는 이에게 풍성함이 있다.

35절, "예수께서 이르시되 나는 생명의 떡이니 내게 오는 자는 결코 주리지 아니할 터이요 나를 믿는 자는 영원히 목마르지 아니하리라."

* 본문에서 참 믿음은 생명의 떡이신 예수님과의 연합임을 보여준다. 여기 35절에 나오는 '오다'(ἔρχομαι 에르코마이)는 '떠났던 사람이 돌아와 연합하다'이다. 이는 제자가 된다는 것과 같은 수준의 말이다. 또 40절에 "내 아버지의 뜻은 아들을 보고 믿는 자마다 영생을 얻는 이것이니"라고 하였다. 여기서 '보다'(θεωρέω 데오레오)는 36절에 나오는 '보다'(ὁράω 호라오)와는 달리 '인지하다' 또는 '경험하다'의 뜻을 갖고 있다. 이처럼 참 믿음은 찾아다니는 것이 아니요 주님과의 연합으로 나아가는 것이다.

* 참 믿음은 주님과의 연합이다. 그래서 예수님은 자신을 생명의 떡이라 하시며 먹고 마시라고 하셨다. "내 살을 먹고 내 피를 마시는 자는 내 안에 거하고 나도 그의 안에 거하리라"고 하셨다(56절). 그리고 주님과 연합하는 이에게는 풍성함이 있다.

* 그러므로 성도는 썩을 양식을 구하는 차원을 넘어, 사람답게 하는 생명을 얻는 차원을 넘어, 주님과 연합하여 세상에 생명을 주시는 사역에 동참하는 차원에 이르러야 한다.

베드로전서 2장 9-10절
성도는 하나님의 백성이다

그러나 너희는 택하신 족속이요 왕 같은 제사장들이요 거룩한 나라요 그의 소유가 된 백성이니 이는 너희를 어두운 데서 불러내어 그의 기이한 빛에 들어가게 하신 이의 아름다운 덕을 선포하게 하려 하심이라(9절).

가. 성도는 하나님 나라의 백성이다.

10절, "너희가 전에는 백성이 아니더니 이제는 하나님의 백성이요 전에는 긍휼을 얻지 못하였더니 이제는 긍휼을 얻은 자니라."

※ 평신도(laity)라는 말은 헬라어 '백성'(라오스)에서 유래하였다. 이전에 성직자가 아닌 사람들을 평신도라고 하였으나 사실은 모든 성도가 하나님의 백성으로서 평신도다. 그러므로 평신도 운동은 모든 성도가 성직자의 자세로 하나님의 일에 참여하는 데 있다.

※ 성도는 하나님의 백성이요 하나님의 긍휼을 얻는 사람들이다. 여기서 '긍휼을 얻은'(분사, 과거)은 성도가 은혜로 이미 하나님의 백성이 되었고 그 신분이 유지되고 있음을 보여준다. 이것은 성도가 하나님의 백성이 되는 차원을 넘어 하나님이 백성으로서 어떻게 해야 하는지를 강조한다.

※ 하나님의 백성으로서 성도는 귀한 존재다. 본문에서는 하나님의 백성을 가리켜 말하기를 "너희는 택하신 족속이요 왕 같은 제사장이요 거룩한 나라"라고 하였다(9절). 우리는 성도가 참으로 귀한 존재임을 알아야 한다. 또한 성도는 하나님의 백성으로서 신분이 귀한 만큼 이에 걸맞게 살아야 한다.

나. 하나님의 백성에게는 사명이 있다.

9절, "이는 너희를 어두운 데서 불러내어 그의 기이한 빛에 들어가게 하신 이의 아름다운 덕을 선포하게 하려 하심이라."

＊ 평신도는 하나님의 백성으로서 고귀한 존재인 만큼 또한 그의 사명이 작지 않다. 지금까지 평신도의 개념은 성직자에 반하여 수동적이고 소극적인 입장에서 이해하였다. 이제는 평신도에게도 성직자와 같이 하나님의 나라를 확장하는 일에 사명이 있음을 알아야 한다. 평신도는 결코 구경꾼이 아니다.

＊ 평신도 운동은 마틴 루터에 의해 확립되었다. 그는 '만인제사장직'이라는 이론을 정립하고 평신도가 더 이상 구경꾼이 아님을 강조하였다. 성직자나 평신도나 하나님의 백성으로서 똑같이 귀중한 존재다. 마찬가지로 평신도도 성직자와 똑같은 심정으로 사명감을 갖고 하나님의 나라를 섬겨야 한다.

＊ 본문은 하나님의 백성으로서 성도의 사명을 보여준다. 그것은 우리를 어두운 데서 불러내어 빛으로 들어가게 하신 하나님의 아름다운 덕을 선포하는 사명이다. 특권에는 사명이 따른다. 성도가 하나님의 백성으로서 고귀한 존재인 만큼 또한 사명이 크다는 것을 알아야 한다.

다. 하나님의 백성은 빛이 되어야 한다.

9절, "이는 너희를 어두운 데서 불러내어 그의 기이한 빛에 들어가게 하신 이의 아름다운 덕을 선포하게 하려 하심이라."

＊ 본문에서 성도의 사명은 하나님의 아름다운 덕을 선포하는 것이다. 그러면 어떻게 그 아름다운 덕을 선포할 것인지를 찾아야 한다. 그것은 우리를 어두운 데서 기이한 빛으로 들어가게 하신 하나님의 빛을 삶으로 드러내는 일이다. 그것은 말로 하지 말고 삶으로 해야 한다.

＊ 우리는 하나님이 사망(어둠)에서 생명(빛)으로 인도하셨다는 말씀을 선포한다. 그러나 이것으로는 부족하다. 여기에서 '선포하다'($\dot{\epsilon}\xi\alpha\gamma\gamma\acute{\epsilon}\lambda\lambda\omega$엑

상겔로)는 '천사로부터' 라는 뜻을 갖고 있다. 성도가 하나님의 아름다운 덕을 선포하려면 빛 가운데서 살아가는 천사와 같은 모습을 통해서 보여주어야 한다.

＊ 바울은 "너희가 전에는 어둠이더니 이제는 주 안에서 빛이라 빛의 자녀들처럼 행하라 빛의 열매는 모든 착함과 의로움과 진실함에 있느니라"라고 하였다(엡5:8-9). 빛의 자녀로 사는 것이 하나님의 아름다운 덕을 선포하는 길이다. 빛의 열매가 하나님의 능력을 드러낸다.

라. 빛을 드러내는 성도는 귀하게 쓰인다.
9절, "그러나 너희는 택하신 족속이요 왕 같은 제사장이요 거룩한 나라요."
＊ 본문은 성도가 하나님의 백성으로서 귀한 존재임을 보여준다. 성도가 하나님 나라의 가치관을 가지고 살면서 빛을 드러내면 세상에서는 비록 배척을 받을지라도 하나님의 나라에서는 귀하게 쓰임 받는 일꾼이 된다고 격려하시는 말씀이다.

＊ 본문은 '그러나' 로 시작한다. 이것은 예수님이 세상에서는 버려진 돌이었으나 하나님의 나라에서는 모퉁잇돌이 되었다는 말씀을 반영한다. 즉 "그러므로 믿는 너희에게는 보배이나 믿지 아니하는 자에게는 건축자들이 버린 그 돌이 모퉁이의 머릿돌이 되고 또한 부딪치는 돌과 걸려 넘어지게 하는 바위가 되었다"는 말씀이 이를 말한다(7-8절 참조). 성도가 가야 할 길도 이와 같다.

＊ 하나님의 백성으로 사는 것은 힘들다. 하나님의 나라의 가치관을 갖고 살면 세상으로부터 배척을 받을 수 있다. 예수님이 진리를 선포하다 배척을 받은 것처럼 성도들도 진리를 따를 때 배척을 받을 수 있다. 그러나 이것이 소망이다. 그런 사람들이 하나님의 나라에서는 '산 돌' 같이 귀하게 쓰임을 받는다(4-5절 참조). 진리를 따르며 빛을 드러내는 사람들이 진정 하나님 나라의 보물이다.

창세기 9장 11-17절
무지개로 언약하셨다

무지개가 구름 사이에 있으리니 내가 보고 나 하나님과 모든 육체를 가진 땅의 모든 생물 사이의 영원한 언약을 기억하리라 하나님이 노아에게 이르시되 내가 나와 땅에 있는 모든 생물 사이에 세운 언약의 증거가 이것이라 하셨더라(16-17절).

가. 하나님이 물로 홍수가 되게 하셨다.

15절, "다시는 물이 모든 육체를 멸하는 홍수가 되지 아니할지라."

* 하나님이 홍수로 온 땅을 심판하신 후에 있었던 이야기다. 하나님은 큰물로 홍수가 되게 하시고 온갖 죄로 말미암아 타락한 세상을 심판하셨다. "내가 홍수를 땅에 일으켜 무릇 생명의 기운이 있는 모든 육체를 천하에서 멸절하리니 땅에 있는 것들이 다 죽으리라"고 하셨다(창6:17).

* 물은 원래 생명을 살리는 데 필요한 것이다. 생물은 대부분 물로 형성되어 있다. 생물은 물이 없으면 곧 죽고 만다. 그런데 하나님은 이렇게 중요한 물로 생명을 멸하는 홍수를 만드셨다. 생명을 살리는 물이 심판하는 홍수가 되게 하신 사건의 의미를 깊이 생각해야 한다.

* 인간에게는 물과 더불어 필요한 것들이 많이 있다. 어떤 이에게는 물질이 중요하고, 또 어떤 이에게는 권력이나 명예가 중요할 것이다. 물론 이런 것들은 모두 인생을 풍요롭게 하는 귀한 것들이다. 이런 것들은 모두 하나님이 주신 귀한 선물이다. 그런데 하나님은 이렇게 소중한 것들을 이용하여 심판의 도구가 되게 하실 수 있다. 은혜의 선물이 심판의 도구가 되는 것은 불행한 일이다.

나. 하나님의 사랑은 변함없다.

11절, "내가 너희와 언약을 세우리니 다시는 모든 생물을 홍수로 멸하지 아니할 것이라."

* 하나님은 큰물로 세상을 심판하셨으나 다시는 홍수로 모든 생물을 멸하지 않겠다고 하셨다. "땅을 멸할 홍수가 다시 있지 아니하리라"라고 하셨다(11절). 하나님은 심판을 기뻐하지 않으신다. 비록 하나님은 때때로 심판하시지만 그는 선하시며 그의 사랑은 영원하다.

* 하나님은 이 약속을 기억하기 위하여 무지개를 증거로 삼으셨다. "무지개가 구름 사이에 있으리니 내가 보고 나 하나님과 모든 육체를 가진 땅의 모든 생물 사이의 영원한 언약을 기억하리라"고 하셨다(16절). 하나님의 사랑은 영원한 것임을 확실하게 보여주셨다.

* 여기서 '영원'(עוֹלָם 올람)은 '알람'(עָלַם 숨기다)에서 유래한 말이다. 즉 영원하다는 것은 우리의 눈에 숨겨져 있는 것을 포함한다. 우리의 눈에 보이는 것은 아무 것도 아니다. 바울은 "우리가 주목하는 것은 보이는 것이 아니요 보이지 않는 것이니 보이는 것은 잠깐이요 보이지 않는 것은 영원함이라"라고 하였다(고후4:18). 하나님의 사랑도 우리가 느끼고 보는 것이 전부가 아님을 알아야 한다.

다. 하나님과의 언약을 지켜야 한다.

11절, "내가 너희와 언약을 세우리니..."

* 하나님은 우리가 언약을 지킬 때 사랑을 베푸신다. 언약을 어기고 하나님을 거역하며 말씀에 순종하지 않으면 심판하신다. 하나님은 홍수로 심판하시기로 작정하시며 다음과 같이 탄식하셨다. "여호와께서 사람의 죄악이 세상에 가득함과 그의 마음으로 생각하는 모든 계획이 항상 악할 뿐임을 보시고 땅위에 사람 지으셨음을 한탄하사 마음에 근심하시고" 심판하셨다(창6:5-6). 이것은 언약이 파기된 결과다.

* 언약은 반드시 지켜야 한다. 언약을 깨면 심판을 받는다. 여기서 '언

약'(בְּרִית베리트)은 '바라'(בָּרָה자르다)에서 유래하였다. 이것은 짐승을 잡아 쪼개놓고 언약을 맺는 것을 반영한다(창15:10참조). 이것은 생명을 걸고 하는 언약이다. 그러므로 하나님과의 언약은 반드시 지켜야 한다.

* 그런데 하나님은 결코 언약을 깨지 않으신다. 문제는 우리가 얼마나 성실하게 언약을 지키느냐에 달려있다. 본문에서 "내가 너희와 언약을 세우리니(분사)"는 하나님의 언약은 항상 유지되어야 하는 것임을 보여준다. 우리가 하나님과의 언약을 지켜 유지하면 하나님은 우리를 계속하여 사랑하신다.

라. 언약을 지키면 활을 무지개로 바꾸신다.

13절, "내가 내 무지개를 구름 속에 두었나니 이것이 나와 세상 사이의 언약의 증거니라."

* 이것은 언약을 지키는 백성들에게 하나님은 영원히 은총을 베푸시겠다는 약속의 말씀이다. 여기서 '무지개'(קֶשֶׁת케세트)는 '활'이라는 뜻도 갖고 있다. 즉 하나님은 언약을 깨는 사람들에게는 굴로 홍수가 되게 하시지만, 언약을 지켜 유지하는 사람들에게는 활도 무지개가 되게 하신다.

* 성경에서 '구름'(עָנָן아난)은 하나님의 임재를 상징하는데 비유적으로는 '군대'라는 뜻으로도 사용되었다. 하나님은 구름과 같은 천군천사를 거느리고 강림하셔서 천하를 심판하실 수 있다. 그럼에도 하나님과의 언약을 지키는 사람들에게는 천군천사들의 활을 무지개로 바꾸신다.

* 무지개는 희망의 상징이다. 무지개는 희망을 주는 청사진 중에 가장 아름다운 청사진이다. 이는 "칼을 쳐서 보습을 만들고, 창을 쳐서 낫을 만든다"는 말씀과 같이 평화의 희망을 보여준다(미4:3참조).

* 무지개는 평화의 상징이다. 지금 선진세계는 용광로 문화정책을 무지개 문화정책으로 바꾸고 있다. 하나님의 언약을 지키면 힘에 의한 평화가 아닌 진정한 평화가 이루어진다.

 **로마서 8장 18-22절**
피조물들이 탄식하고 있다

피조물이 고대하는 바는 하나님의 아들들이 나타나는 것이니 피조물이 허무한 데 굴복하는 것은 자기 뜻이 아니요 오직 굴복하게 하시는 이로 말미암음이라(19-20절).

가. 피조물들이 고통 속에서 탄식하고 있다.

22절, "피조물이 다 이제까지 함께 탄식하며 함께 고통을 겪고 있는 것을 우리가 아느니라."

* 문명은 발전하고 있는 반면 환경문제는 더욱 심각한 상황이 되어가고 있다. 이제는 교회도 환경문제에 관심을 가져야 한다. 그리고 환경문제와 관련한 하나님의 영적 관심을 살펴야 한다.

* 본문에서 바울은 피조물과 우리 인간이 함께 고통 가운데 탄식하고 있다고 하였다. 이것은 피조물들의 고통과 탄식이 인간과 관련이 있다는 것을 보여준다. 피조물의 고통은 피조물 그것들만의 문제가 아니다. 피조물의 문제가 인간의 문제와 직결되어 있음을 알아야 한다.

* 피조물은 원래 인간을 위하여 창조되었다. "여호와 하나님이 동방의 에덴에 동산을 창설하시고 그 지으신 사람을 거기 두셨다"(창2:8). 그리고 하나님은 그들에게 말씀하시기를 "생육하고 번성하여 땅에 충만하라, 땅을 정복하라, 바다의 물고기와 하늘의 새와 땅에 움직이는 모든 것을 다스리라"고 하셨다(창1:28). 그런데 오늘날 피조물들은 제 구실을 하지 못하고 있다. 자연재해, 이상기후, 대기오염 문제 등의 심각성을 참조하라.

나. 피조물의 탄식에는 하나님의 뜻이 있다.

20절, "피조물이 허무한 데 굴복하는 것은 자기 뜻이 아니요 오직 굴복하게 하시는 이로 말미암음이라."

* 여기서 '피조물이 허무한 데 굴복하는(수동) 것'은 인간을 위해 만들어진 목적에 따라 제구실을 하지 못하는 상태를 의미한다. 이렇게 된 것은 자신들의 뜻이 아니요 하나님께서 하신 일이다. 그러므로 피조물들이 고통 가운데서 탄식하는 데에는 하나님의 뜻이 있음을 알아야 한다.

* 본문에서 바울은 하나님이 피조물을 허무한 데 굴복시키신 것은 '소망 중에'(ἐφ' ἐλπίδι 에프 엘피디) 그리하셨다고 말한다. 이 소망은 하나님의 소망이다. 하나님은 아담과 하와의 타락을 책망하시며 말씀하시기를 "네가 네 아내의 말을 듣고 내가 네게 먹지 말라 한 나무의 열매를 먹었은즉 땅이 너로 말미암아 저주를 받고 너는 네 평생에 수고하여야 그 소산을 먹으리라 땅이 네게 가시덤불과 엉겅퀴를 낼 것이라"고 하셨다(창3:17-18). 이것은 단순한 저주가 아니었다. 하나님은 사람들로 하여금 땅이 저주의 아픔 가운데 탄식하는 소리를 들으면서 회개하고 돌아오기를 바라며 소망중에 저주를 하셨다는 것이다.

다. 하나님의 사람들이 분명히 나타나야 한다.

19절, "피조물이 고대하는 바는 하나님의 아들들이 나타나는 것이니…"

* 피조물들이 하나님의 아들들이 나타나기를 고대하는 이유는 "바라는 것은 피조물도 썩어짐의 종노릇 한 데서 해방되어 하나님의 자녀들의 영광의 자유에 이르는 것"이라는 말씀에 잘 나타난다(21절). 이것은 피조물들이 하나님의 사람들이 나타나 하나님의 창조질서를 회복함으로서 그것들도 창조질서대로 회복되고 영광스러운 자유를 누리게 되기를 바란다는 말이다.

* 이 말씀은 "하나님이 소망을 갖고 피조물을 저주하신 것은 하나님의 자녀들이 영광의 자유를 회복해야만 피조물도 썩어짐의 종노릇 하는 데서

해방될 수 있기 때문이다"라고 해석해야 한다. 다시 말하면, "피조물이 사람들에게 복이 되게 하려면 먼저 하나님의 사람들이 나타나 참 자유(구원)를 회복해야 한다"는 말이다. 피조물의 회복이 우선이 아니라 사람들의 회복이 우선임을 보여준다.

* 그런데 본문에서 '하나님이 아들들이 나타나는(ἀποκάλυψις 아포칼륍시스) 것'은 확실하게 드러나는 것을 뜻한다. 성도들은 하나님의 사람으로서 하나님 나라의 가치관을 갖고 분명하게 살아야 한다.

라. 하나님의 사람에게는 무한한 영광이 따른다.

18절, "생각하건대 현재의 고난은 장차 우리에게 나타날 영광과 비교할 수 없도다."

* 이 말씀은 성도가 잠시 고난을 받을지라도 장차 이와 비교할 수 없는 영광이 따른다는 것이다. 본문의 말씀을 이렇게 시작하는 것은 하나님의 사람들의 역할이 힘들다는 것을 전제한다. 그것은 성도가 하나님의 사람답게 살려면 순교자의 믿음이 필요하기 때문이다. 그것은 십자가를 지는 좁은 길이다.

* 하나님은 성도가 하나님의 사람으로 분명하게 드러나기를 바라신다. 하나님의 사람인지 아닌지 분명하지 않은 것은 성도가 세상의 가치관을 버리지 못하고 욕심을 따라 살기 때문이다. 주님을 믿기는 하지만 그의 뜻을 따르지 않는 사람들이 많다. 그런데 하나님은 그의 자녀들이 세상의 가치관을 따르는 것을 싫어하신다(창6:1-2 참조). 빛이 등경 위에 있어야 하듯이 하나님의 자녀는 그리해야 한다(마5:15).

* 하나님의 사람으로 분명하게 산다는 것은 어려운 일이다. 어둠속에 사는 것은 쉽지만 빛 가운데 사는 것은 어렵다. 그러나 하나님의 사람들에게는 영광이 따른다. 주님이 십자가를 지셨으나 부활의 영광에 이른 것처럼 하나님의 사람들이 가는 길에는 영광이 있다.

 ## 사무엘상 1장 9-18절
믿음의 기도로 절망을 이겨라

그가 여호와 앞에 오래 기도하는 동안에 엘리가 그의 입을 주목한즉 한나가 속으로 말하매 입술만 움직이고 음성은 들리지 아니하므로 엘리는 그가 취한 줄로 생각한지라(12-13절).

가. 절망의 문제를 하나님께로 가져오라.

10절, "한나가 마음이 괴로워서 여호와께 기도하고 통곡하며…"

* 본문은 절망에 빠졌던 한나가 하나님께 기도하고 문제를 해결한 이야기다. 한나는 좋은 남편을 가졌지만 자식이 없었으므로 우울하였다. 더욱이 자식이 있는 작은 부인이 늘 격분케 하였으므로 절망에 빠졌었다. 그러나 한나는 포기하지 않고 문제를 하나님께로 가져가서 기도로 해결하였다.

* 이 말씀은 유대인들이 포로기에 있을 때에 기록되었다. 당시에 유대인들은 다윗 왕조의 대가 끊긴 일로 인하여 절망에 빠져 있었다. 이러한 그들에게 한나의 이야기는 큰 위로가 되었다. 대가 끊겼던 한나가 기도로 아들을 얻은 것처럼 자신들의 형편에서도 기도가 해답이라는 사실을 고백하고 있다.

* 중요한 것은 절망의 상태가 아니라 믿음의 상태다. 키엘케고르는 절망을 '죽음에 이르는 병'이라고 하였다. 그러나 믿음을 가진 사람들에게는 절망이 '영생에 이르는 약'이 된다. 절망의 문제를 하나님께로 가져가는 것이 해답이다. 하나님은 연약한 사람들을 불쌍히 여기시며 그들의 기도를 들으시고 응답하신다.

성령강림 후 5주

나. 하나님의 영광을 위하여 기도하라.

11절, "서원하여 이르되 만군의 여호와여 만일 주의 여종의 고통을 돌아보시고 나를 기억하사 주의 여종을 잊지 아니하시고 주의 여종에게 아들을 주시면 내가 그의 평생에 그를 여호와께 드리고…"

* 한나는 기도할 때에 자신의 영광만을 위하여 간구하지 않았다. 만일 하나님이 아들을 주시면 그 아들을 하나님께 드려서 나실인이 되게 하겠다고 서원하였다. 응답을 받으면 하나님께 영광을 돌릴 것을 전제로 기도하였다. 우리 성도들이 깊이 생각하여야 할 기도의 제목이다.

* 기도에는 거룩한 목표가 있어야 한다. 만약에 일등을 원한다면, 일등을 해서, 일등 성도가 되고, 하나님께 가장 많은 영광을 돌리는 일등 일꾼이 되겠다는 포부로 기도해야 한다.

* 물론 하나님의 뜻이 아닌 잘못된 서원도 있다. 잘못된 서원으로 말미암아 자신의 딸을 제물로 바치게 된 입다의 비극적인 이야기가 있다(삿 10:30-31). 이런 서원을 하면 안 된다.

* 그런데 일단 서원한 것은 반드시 지켜야 한다. 하나님은 만홀히 여김을 받지 않으신다. 예수님은 차라리 맹세하지 말라고 하셨다. 서원한 것은 반드시 갚아야 한다는 말씀이다.

다. 간절한 마음과 진정으로 기도하라.

12-13절, "그가 여호와 앞에 오래 기도하는 동안에 엘리가 그의 입을 주목한즉 한나가 속으로 말하매 입술만 움직이고 음성은 들리지 아니하므로 엘리는 그가 취한 줄로 생각한지라."

* 본문의 말씀은 한나가 간절한 마음으로 기도한 것을 보여준다. 그는 오랫동안 기도하였고, 속으로 기도하였다. 속으로 기도했다는 것은 마음으로부터 간절히 기도했다는 뜻이다. 그는 심장이 터질 것 같은 심정으로 기도했는데 입술만 움직이고 소리는 내지 못하였다.

* 한나의 진정한 기도는 엘리를 착각하게 만들었다. 엘리는 한나가 술에

취하여 중얼거리고 있는 것으로 생각하였다. 이것은 엘리가 영적으로 취약했다는 것을 보여주지만, 그보다는 한나의 기도가 간절한 기도였음을 보여주는 것으로 읽어야 한다. 형식적인 기도는 응답을 받지 못한다.

　＊ 그런데 간절히 기도하려면 반드시 큰 소리로 부르짖어야 하는 것은 아니다. 그러나 마음속으로는 반드시 부르짖어 기도해야 한다. 어떤 이의 말처럼 붙잡고 기도하던 소나무 하나는 뽑아야 간절한 기도가 되는 것은 아니다. 그렇지만 마음속으로는 소나무 뿌리를 뽑을 정도로 힘써서 기도해야 한다.

라. 기도하고 맡기는 사람이 응답받는다.

17-18절, "엘리가...평안히 가라 네가 기도하여 구한 것을 허락하시기를 원하노라 이르되 당신의 여종이 당신께 은혜 입기를 원하나이다 하고 가서 먹고 얼굴에 다시는 근심 빛이 없더라."

　＊ 본문은 한나의 기도가 진정이었음을 깨달은 엘리가 축복하고 이에 한나가 응답하는 이야기다. 여기서 엘리의 축복을 받은 후에 "한나가 가서 먹고 다시는 얼굴에 근심 빛이 없었다"는 말이 중요하다. 이것은 한나가 기도하고 모든 문제를 하나님께 맡겼다는 것을 보여준다.

　＊ 기도한 후에 마음과 얼굴에 평안을 얻는 것은 모든 것을 하나님께 맡긴 사람들에게 주어지는 은총이다. 그들에게는 응답이 있다. "그러므로 내가 너희에게 말하노니 무엇이든지 기도하고 구하는 것은 받은 줄로 믿으라 그리하면 너희에게 그대로 되리라"고 말씀하셨다(막11:24).

　＊ 한나의 기도는 응답되었다. 한나는 아들을 낳고 이름을 사무엘이라고 하였다. 이는 하나님이 한나가 구한 것을 들어주셨다는 믿음의 고백이다. 한나는 서원한 대로 사무엘을 하나님께 바쳤고, 하나님은 한나를 돌아보시고 태의 문을 여셔서 세 아들과 두 딸을 주셨다(21절).

예레미야 7장 1-7절
예배의 본질을 회복하라

만군의 여호와 이스라엘의 하나님께서 이와 같이 말씀하시되 너희 길과 행위를 바르게 하라 그리하면 내가 너희로 이 곳에 살게 하리라(3절).

가. 예배의 본질을 회복해야 한다.
　2절, "너는 여호와의 집 문에 서서 이 말을 선포하여 이르기를 여호와께 예배하러 이 문으로 들어가는 유다 사람들아 여호와의 말씀을 들으라."
　＊ 본문은 예배의 본질을 회복하라고 주신 말씀이다. 이는 예배하러 성전에 들어가는 유다 사람들에게 하신 말씀이다. 당시 유다 사람들은 성전에 올라가 예배를 드리지만 하나님이 기쁘게 받으실 예배가 아니었다는 것을 보여준다. 하나님의 심판은 시시각각으로 다가오는데 저들의 예배에는 문제가 많았다.
　＊ 본문에서 '예배'(הוה샤하)는 '경배하다' 또는 '복종하다' 라는 뜻을 갖고 있다. 진정한 예배는 하나님을 경외하고 그의 말씀에 순종하는 것이다. 예배를 열심히 드릴지라도 하나님의 말씀에 순종하지 않으면 하나님이 기뻐 받으시는 예배가 될 수 없다. 하나님을 향한 경배와 순종은 함께 가야 한다.
　＊ 예수님은 "예배하는 자가 영과 진리로 예배할지니라"라고 하셨다(요 4:24). 그리고 바울도 "너희 몸을 하나님이 기뻐하시는 거룩한 산 제물로 드리라 이것이 영적(합리적인) 예배니라"라고 하였다(롬12:1).

나. 예배의 의식이 전부가 아니다.

4절, "너희는 이것이 여호와의 성전이라, 여호와의 성전이라, 여호와의 성전이라 하는 거짓말을 믿지 말라."

* 당시 유다 사람들은 성전을 신성시하였고, 그 안에서 예배를 드리면 하나님을 잘 섬기고 있다고 생각하였다. 그런데 말씀은 성전 건물이 하나님을 대신할 수 없다는 것을 보여준다. 성전은 건물일 뿐이며, 그 안에서 예배하는 사람들이 바르게 예배하지 않으면 소용이 없다.

* 성전의 건물도 중요하지만 바르게 예배하는 것이 더 중요하다. 형식적이고 의식적인 예배로는 하나님을 기쁘시게 할 수 없다. 이사야도 비슷한 상황에서 형식적인 예배를 비판하였다. "여호와께서 말씀하시되 너희의 무수한 제물이 내게 무엇이 유익하뇨 나는 숫양의 번제와 살진 짐승의 기름에 배불렀고 나는 수송아지나 어린 양이나 숫염소의 피를 기뻐하지 아니하노라"라고 하였다(사1:11).

* 물론 예배의 의식은 중요하다. 의식은 내용을 담는 그릇이기 때문이다. 그러나 예배가 본질을 잃어버리고 형식만 남는다면 그 의식은 아무 소용이 없다. 예배의 의식이 전부가 아니다.

다. 예배를 드리는 사람은 바르게 살아야 한다.

3절, "만군의 여호와 이스라엘의 하나님께서 이와 같이 말씀하시되 너희 길과 행위를 바르게 하라."

* 이 말씀은 예배를 드리기 위하여 문으로 들어오는 유다 사람들에게 선포하라고 주신 말씀이다. 하나님은 예배를 드리는 사람들이 세상에서 바르게 살기를 원하신다. 예배를 드리면서도 악을 행하는 것은 하나님을 진정으로 경외하는 사람들의 모습이 아니다.

* 이사야도 "헛된 제물을 다시 가져오지 말라 분향은 가증히 여기는 바요 월삭과 안식일과 대회로 모이는 것도 그러하니 성회와 아울러 악을 행하는 것을 내가 견디지 못하겠노라"라고 하였다(사1:13). 진정으로 하나님

을 경외하고 예배하는 사람은 바르게 살아야 한다.

　＊ 예배하는 사람이 바르게 살려면 하나님의 말씀을 온전히 따라야 한다. 본문에는 몇 가지 예시가 있다. 즉 이웃들 사이에 정의(מִשְׁפָּט 미쉬파트)를 행해야 한다(5절). 정의의 반대는 포학(מִשְׂפָּח 미스파흐)이며 이웃에 해를 끼치는 것을 말한다. 또한 이방인과 고아와 과부와 같이 약한 사람들을 압제하지 말아야 하고, 무죄한 자의 피를 흘리지 않아야 한다(6절). 그리고 헛된 기복 종교를 따르지 않아야 한다(6절).

라. 바르게 사는 사람들이 복을 누린다.

　7절, "내가 너희를 이 곳에 살게 하리니 곧 너희 조상에게 영원토록 준 땅에니라."

　＊ 성도가 하나님의 사람으로서 바르게 살기는 힘들어도 바르게 사는 사람들에게는 하나님이 약속하신 복을 누리게 하신다. 여기서 '땅'은 하나님이 약속하시고 주신 땅이다. 이 땅은 하나님의 약속을 총체적으로 대변한다. 하나님은 약속을 하시며, 약속을 이루시며, 약속을 누리게 하신다. 하나님의 약속은 이루어진다.

　＊ 본문에서 '바르게 하다'(יָטַב 야타브, 히필)는 '잘되다'(능동)라는 말과 맥이 통한다(2, 5절). 성경에서 이 단어는 '잘되다'(창40:14), '복을 받다'(신4:40), '복을 누리다'(신5:16) 등으로 사용되었다. 즉 바르게 살면 모든 일이 형통하고 하나님이 약속하신 복을 누리게 된다.

　＊ 시편에 '복 있는 사람'은 '바른 길을 가는 사람'이다. 여기서 '복'(אֶשֶׁר 에셰르)은 '바르게 가다'(יָשַׁר 야샤르)에서 유래하였다. 시인은 "복 있는 사람은 악인의 꾀를 따르지 아니하며 죄인들의 길에 서지 아니하며 오만한 자들의 자리에 앉지 아니하고 오직 여호와의 율법을 즐거워하여 그의 율법을 주야로 묵상하는도다"라고 고백하였다(시1:1-2). 바른 길을 가는 사람은 결국 하나님이 주시는 복을 누린다.

시편 100편 1-5절
감사하는 사람은 복되다

감사함으로 그의 문에 들어가며 찬송함으로 그의 궁정에 들어가서 그에게 감사하며 그의 이름을 송축할지어다 여호와는 선하시니 그의 인자하심이 영원하고 그의 성실하심이 대대에 이르리로다(4-5절).

가. 감사로 즐겁게 신앙생활을 해야 한다.

1-2절, "온 땅이여 여호와께 즐거운 찬송을 부를지어다 기쁨으로 여호와를 섬기며 노래하면서 그의 앞에 나아갈지어다."

＊ 본문은 감사의 시다. 이 말씀은 성도가 감사와 찬송을 통하여 신앙생활을 즐겁게 하라고 요구한다. 여기서 "즐거운 찬송을 부를지어다(히필)"는 기뻐서 소리치며 노래하는 모습을 연상케 한다. 이 말은 성령의 감동에 충실하게 반응하는 것을 보여준다. 마음속에서 우러나오는 감사의 기쁨이 충만해야 한다.

＊ 성도는 여호와를 섬길 때에 기쁨으로 섬겨야 한다. 하나님께 나아갈 때에 노래하면서 나아가야 한다. 주님을 마지못해서 섬기면 안 된다. 억지로 끌려 다니는 것은 참 믿음이 아니다.

＊ 즐겁게 신앙생활을 하려면 감사하는 믿음이 필요하다. 얼마나 감사하느냐에 따라 믿음의 크기를 측량할 수 있다. 불평하는 사람은 믿음이 없는 사람이다. 그런데 '감사'(יָדָה 토다)는 '고백'과 '찬양'의 뜻도 갖고 있다. 진정한 감사는 하나님의 주권에 대한 철저한 신앙고백이 있어야 한다. 그리고 진정한 감사는 찬양과 제사로 표현되어야 한다.

나. 감사는 신앙고백을 포함한다.

3절, "여호와가 우리 하나님이신 줄 너희는 알지어다 그는 우리를 지으신 이요 우리는 그의 것이니 그의 백성이요 그의 기르시는 양이로다."

  ＊ 우리의 구원자는 천지를 창조하신 '엘로힘' 하나님이시다. 그분은 우리의 주인이시며, 우리의 왕이시다. 그런데 절대자 하나님이 목자로서 우리를 돕기 위하여 세상에 오셨다. 여기서 백성을 '양'으로 표현하는 것은 의미가 있다. 양(촌)은 '이동하다'에서 유래하였는데, 이는 양들이 이동하려면 목자의 도움이 필요하다는 것을 보여준다. 인간은 매우 연약한 존재여서 하나님의 도움을 받아야 한다.

  ＊ 예수님은 우리를 돕기 위하여 세상에 오셨다. 그는 근본 하나님의 본체시나 동등됨을 포기하시고 오히려 자기를 비워 사람의 몸을 입고 세상에 오셔서 십자가를 지기까지 복종하셨다(빌2:6-8).

  ＊ 신학자 본회퍼는 '우리를 위한 그리스도'를 강조하였다. 그는 그리스도께서 우리를 구원하고 인도하시기 위해 세상에 오신 것을 '이 세상으로의 초월'이라는 말로 표현하였다. 그는 우리를 위해 세상에 오셨다. 성도들은 이러한 신앙고백으로 주님의 삶에 동참해야 한다.

다. 감사는 표현되어야 한다.

4절, "감사함으로 그 문에 들어가며 찬송함으로 그의 궁정에 들어가서 그에게 감사하며 그의 이름을 송축할지어다."

  ＊ 진정한 감사는 찬양을 포함한다. 감사는 예배와 찬양으로 표현되어야 한다. 성경말씀은 성전에 나아가는 사람들에게 찬양으로 감사의 제사를 드리라고 권면한다.

  ＊ 구약성경에 보면 이스라엘 백성들은 일 년에 세 번의 절기를 지켰다. 그것은 유월절, 맥추절, 그리고 추수감사절이다. 그런데 절기를 지키는 데는 구체적인 규칙이 있다. 절기에는 하나님께 제사를 드려야 한다. 이전의 고난을 되새기며 하나님의 은혜를 기념해야 한다. 그리고 하나님께서 복을

주신 대로 힘을 헤아려 자원하는 예물을 드려야 한다(신16장 참조). 이처럼 감사는 구체적으로 표현해야 한다.

　＊ 신약성경에는 예수님이 열 명의 나병환자를 고친 이야기가 있다. 그 중에 사마리아 사람 한 명이 다시 돌아와 예수님께 감사를 드렸다. 그 때에 예수님은 "열 사람이 다 깨끗함을 받지 아니하였느냐 그 아홉은 어디에 있느냐"라고 말씀하였다(눅17:14-17). 감사의 표현이 얼마나 중요한지를 보여준다.

라. 감사하는 사람에게 복이 있다.

5절, "여호와는 선하시니 그의 인자하심이 영원하고 그의 성실하심이 대대에 이르리로다.

　＊ 이 말씀은 감사로 예배하는 이들에게 임하는 하나님의 은총을 보여준다. 이 말씀은 하나님께 감사해야 할 이유이기도 하고, 감사하는 사람들에게 임하는 하나님의 은총이기도 하다.

　＊ 본문은 히브리어 '키'로 시작하는데 이것은 '왜냐하면' 또는 '그러면'이라는 뜻을 갖고 있다. 여기서 이것을 '왜냐하면'으로 번역하면 여호와의 선하심과 인자하심과 성실하심이 감사의 이유가 된다. 그러나 이것을 '그러면'으로 번역하면 하나님께 감사하는 사람들에게 하나님의 선하심, 영원한 인자하심, 그리고 그의 성실하심이 대대어 이르리라는 축복선언이 된다.

　＊ 사무엘이 하나님의 은혜에 감사하며 이를 기념하는 돌을 세우고 에벤에셀이라고 한 바 있다. 그 후 하나님은 사무엘과 이스라엘 백성에게 복을 많이 주셨다. "블레셋 사람들이 이스라엘에게서 빼앗았던 성읍이 에그론부터 가드까지 이스라엘에 회복되니 이스라엘이 그 사방 지역을 블레셋 사람들의 손에서 도로 찾았고 또 이스라엘과 아모리 사람 사이에 평화가 있었더라"라고 하였다(삼상7:14).

신명기 16장 9-12절
맥추절을 기쁨으로 지켜라

일곱 주를 셀지니 곡식에 낫을 대는 첫 날부터 일곱 주를 세어 네 하나님 여호와 앞에 칠칠절을 지키되 네 하나님 여호와께서 네게 복을 주신 대로 네 힘을 헤아려 자원하는 예물을 드리고(9-10절)

가. 받은 은혜를 마음에 깊이 새겨야 한다.

9절, "일곱 주를 셀지니 곡식에 낫을 대는 첫 날부터 일곱 주를 세어…"

* 본문은 받은 은혜를 돌에 새기라는 말씀이다. 전해오는 말에 "은혜는 물에 새기고 원한은 돌에 새긴다"는 말이 있다. 믿음이 없는 사람일수록 더욱 그렇다. 오히려 원한은 물에 새기고 은혜는 돌에 새겨야 한다. 성도는 받은 은혜를 돌에 깊이 새기고 은혜를 잊지 말아야 한다.

* 유대인들은 초실절에 첫 이삭을 거두어 감사의 요제를 드렸다. 그리고 일곱 주를 세며 기다려서 맥추절을 지켰다. 여기서 '세다'(ספר 싸파르)는 '돌 위에 글씨를 새기다' 라는 뜻을 갖고 있다. 이것은 일곱 주를 세는 데 의미가 있지 않고 날마다 받은 은혜를 깊이 새겨나가는 데 의미가 있다.

* 받은 은혜를 돌에 새겨야 한다. 받은 은혜를 너무 쉽게 잊어버리는 것이 문제다. 이스라엘 백성의 광야생활을 참조하라. 그들은 홍해를 무사히 건넌 후에 기뻐하며 찬양하였다. 그러나 그들은 삼일 만에 물이 써서 마실 수 없다고 원망하고 불평하였다(출15:22-24). 하나님의 도우심을 맛볼 때에는 감사하다가 어려운 일을 만나면 쉽게 무너지고 하나님을 원망하던 것을 반면교사로 삼아야 한다.

나. 어려웠던 시절을 잊지 말아야 한다.

12절, "너는 애굽에서 종 되었던 것을 기억하고 이 규례를 지켜 행할지니라."

※ 이것은 애굽에서 종으로 지냈던 것을 기억하며 맥추절(칠칠절)을 지키라는 말씀이다. 이스라엘 백성은 일찍이 애굽에서 비참하게 종살이를 하였다. 어려웠던 시절을 잊지 않고 기억해야 현재 받은 복을 진정으로 감사할 수 있다. 감사는 받은 은혜를 기억하는 데서 출발한다.

※ 하나님은 맥추절을 통하여 애굽에서 종살이하던 시절의 어려움을 기억하게 하셨고, 유월절을 무교절로 지키며 출애굽의 어려움을 기억하게 하셨고, 그리고 초막절을 통하여 광야생활의 어려움을 기억하게 하셨다. 어려움을 극복하고 승리하게 하신 하나님의 은총을 기억하는 것이 감사의 비결이다.

※ 하나님은 절기를 통하여 하나님께서 주신 은총에 감사하기를 원하신다. 성도의 감사는 믿음을 측량할 수 있는 척도다. 하나님을 향하여 불평하는 것은 믿음이 없다는 증거다. 범사에 감사하지 못하면 믿음이 부족하다는 증거다. 성숙한 믿음의 사람은 좋은 환경 때문에 감사하는 것이 아니라 어떤 환경 중에서도 감사한다.

다. 힘을 다하여 즐거이 감사해야 한다.

10절, "네 하나님 여호와 앞에 칠칠절을 지키되 네 하나님 여호와께서 네게 복을 주신 대로 네 힘을 헤아려 자원하는 예물을 드리고…"

※ 은혜를 받으면 우선 은혜를 주신 하나님께 감사해야 한다. 자신의 능력으로 일을 성취한 것처럼 생각하지 말고 능력을 주신 하나님께 감사를 드려야 한다. 하나님께서 모세를 통해 "네 하나님 여호와를 기억하라 그가 네게 재물 얻을 능력을 주셨음이라"고 하셨다(신8:18).

※ 감사는 최선을 다하여 해야 한다. 본문에서 "네게 복을 주신 대로 네 힘을 헤아려" 감사하라고 하였다. 여기서 '헤아려'(מִסַּת 밋싸)는 '비율에 따라' 라는 뜻이다. 받은 은혜가 크면 비율에 따라 크게 감사해야 한다(눅

12:48). 받은 달란트에 따라 남겨드려야 할 몫이 다르다는 것을 참조하라(마 25장). "많이 받은 자에게는 많이 요구할 것이요 많이 맡은 자에게는 많이 달라 할 것이니라"라고 하였다(눅12:48).

　＊ 그리고 감사는 최선을 다하여 하되 즐거운 마음으로 해야 한다. 본문에서 자원하는 예물을 드리라는 말씀이 바로 그것이다. 여기서 '자원하는'(נְדָבָה네다바)은 '아까와 하지 않는'이라는 뜻이다. 이것은 아깝다는 생각을 전제한다. 아까운 것을 아까운 마음이 없이 드리는 것이 진정한 감사다.

라. 은혜를 어려운 이웃과 나누어야 한다.

　11절, "너와 네 자녀와 노비와 네 성중에 거하는 레위인과 및 너희 중에 있는 객과 고와와 과부가 함께…네 하나님 여호와 앞에서 즐거워할지니라."

　＊ 은혜를 받은 사람은 하나님께 감사드리는 것과 더불어 어려운 이웃과 함께 은혜를 나누어야 한다. 본문에 나오는 사람들은 소유가 없는 사람들이다. 추수할 때가 되어도 거둘 것이 없는 사람들이다. 그들은 현대 사회의 사회적 약자를 대변한다. 교회(성도)는 이들에 대하여 깊은 관심을 가져야 한다.

　＊ 여기서 하나님께 감사를 드리는 것과 어려운 이웃과 은혜를 나누는 것은 별개다. 하나님께 감사의 제사를 드리면 의무를 다한 것으로 생각하면 안 된다. 하나님께 은혜를 받았으니 이웃과 은혜를 나누어야 한다. 주님이 제자들에게 "너희가 거저 받았으니 거저 주라"고 하신 말씀을 참조하라(마 10:8).

　＊ 우리가 많은 것을 하나님께 은혜로 받았으니 이웃에게 은혜로 나누는 것은 당연한 일이다. 예를 들면, 은혜로 용서받았으니 은혜로 용서를 베풀어야 한다. 하나님의 사랑을 받았으니 우리도 사랑을 베풀어야 한다. 물질도 마찬가지다. 하나님의 은혜로 거두었으니 거둘 것이 없는 사람들과 함께 나누어야 한다.

야고보서 1장 12-18절
시험을 이겨라

> 시험을 참는 자는 복이 있나니 이는 시련을 견디어 낸 자가 주께서 자기를 사랑하는 자들에게 약속하신 생명의 면류관을 얻을 것이기 때문이라(12절).

가. 성도는 시험을 이겨야 한다.

12절, "시험을 참는 자는 복이 있나니…"

* 야고보서는 박해를 피하여 흩어진 성도들에게 주신 말씀이다. 그들에게는 시험이 있었다. 그들에게는 신앙을 포기하고 세상에서 편안히 살고 싶은 시험이 있었다. 여기서 '시험'(πειρασμός 페이라스모스)은 '유혹'을 말한다. 유혹에 넘어가면 시험에 빠지는 것이요, 어려움을 당하면서도 시련을 잘 견디는 사람에게는 복이 있다. 물론 이것은 쉬운 일이 아니다. 그래서 야고보는 시험을 참고 이겨내라고 권면하였다.

* 오늘날 우리들에게도 여러 가지 유혹이 있다. 예수님을 믿어도 적당히 믿고 세속적인 가치관을 따라 편안하게 살고 싶은 유혹이 있다. 의를 추구하는 하나님 나라의 가치관을 따르는 것보다 세속적 가치관을 따라 적당하게 사는 것이 훨씬 좋게 보이기 때문이다.

* 예수님은 유혹을 받으셨지만 잘 이겨내셨다. 주님이 광야에서 기도하실 때 마귀가 세 번 찾아와 시험하였으나 그때마다 하나님의 말씀으로 유혹을 물리치셨다(마4:4). 마귀는 지금도 여러 방식으로 유혹하는데 우리는 이겨야 한다. 신앙생활은 유혹과 싸우는 영적전장이다.

나. 유혹은 받는 것은 욕심의 문제다.

14절, "오직 각 사람이 시험을 받는 것은 자기 욕심에 끌려 미혹됨이니…"

* 사람이 유혹을 받는 것은 자신의 욕심 때문이다. 어떤 사람들처럼 유혹의 책임을 하나님께 떠넘기면 안 된다. 그래서 야고보는 "사람이 시험을 받을 때에 내가 하나님께 시험을 받는다 하지 말지니 하나님은 시험을 받지도 아니하시고 친히 아무도 시험하지 아니하시느니라"라고 하였다(13절). 하나님이 사람을 연약하게 만들고 욕심을 갖고 살게 하셨으니 유혹이 하나님의 책임이라는 생각은 어불성설이다.

* 사람은 자신의 욕심 때문에 유혹을 받는다. 유혹의 뿌리에는 욕심이 자리를 잡고 있다. 아담과 하와가 선악과를 따 먹은 것은 하나님처럼 되려는 욕심 때문이었다(창3:5). 아나니아와 삽비라가 유혹을 받은 것은 서원을 파기하면서도 이를은 드러내려는 욕심 때문이었다(행5:2).

* 사람은 연약하므로 유혹을 받을 수 있다. 물론 유혹을 받는 것이 죄는 아니다. 그러나 유혹을 받는 것을 당연한 것으로 생각하면 안 된다. 이것은 부끄러운 일이다. 유혹을 받는 것은 경건훈련의 부족이기 때문이다. 시험에 들지 않도록 욕심의 문제를 잘 해결해야 한다.

다. 진리의 말씀으로 무장해야 한다.

18절, "그가 그 피조물 중에 우리로 한 첫 열매가 되게 하시려고 자기의 뜻을 따라 진리의 말씀으로 우리를 낳으셨느니라."

* 유혹의 문제를 해결하려면 먼저 욕심의 문제를 해결해야 하는데 이를 위해서는 진리의 말씀으로 무장해야 한다. 욕심을 방치하면 죄를 짓게 되고 결국 사망에 이른다. "욕심이 잉태한즉 죄를 낳고 죄가 장성한즉 사망을 낳느니라"라고 하였다(15절). 여기서 '잉태하다'($συλλαμβάνω$ 쉴람바노)는 '함께 잡는다'는 말이다. 욕심과 자신의 의지가 함께 손을 잡으면 죄를 짓게 되고, 계속해서 죄를 지으면 사망에 이른다.

* 하나님은 우리를 기뻐 받으실 첫 열매가 되게 하시려고 진리의 말씀으

로 우리를 낳으셨다. 이것은 하나님이 심사숙고하시고 내리신 결정이다. 본문에서 '자기의 뜻을 따라'는 '하나님이 심사숙고하시고 결정하셨다'는 말이다. 그러므로 사람은 하나님의 뜻대로 진리의 말씀을 따라야 온전해진다.

* 진리의 말씀은 하나님의 빛을 드러낸다. 그는 변질되지 않으신다. 그의 빛은 우리를 신실하게 만든다. 그는 회전하는 그림자가 없으시다. 주님의 말씀 안에서 우리는 빛 가운데 살 수 있다.

라. 시험을 이기는 자는 복이 있다.

12절, "시험을 참는 자는 복이 있나니 이는 시련을 견디어 낸 자가 주께서 자기를 사랑하는 자들에게 약속하신 생명의 면류관을 얻을 것이기 때문이라."

* 시험을 이겨내는 이들에게는 종말론적인 복이 있다. 유혹을 이겨내는 것이 현실적으로는 힘들지만 최후에는 하나님이 주시는 복을 받는다. 산상설교에서 "심령이 가난한 자는 복이 있나니 천국이 저희 것임이요"라는 말씀과 맥을 같이 한다. "의를 위하여 박해를 받은 자는 복이 있나니 천국의 저희 것임이라"는 말씀과 같은 것이다. 이들에게는 현실적이고 세속적인 복이 아니라 종말론적인 복이 있다.

* 종말론적인 복과 세속적인 복은 다르다. "좋은 집에 사는 사람은 복되다"는 세속적인 복을 말한다. 이는 영원한 복이 아니다. 현실적이고 세속적인 복으로 끝난다. 그러나 시험을 이겨내는 이에게 주시는 생명의 면류관은 종말론적인 복이다. 그리고 생명의 면류관은 참된 삶으로 말미암아 존귀와 영광을 얻는 것을 의미한다.

* 욕심에 따라 유혹에 넘어가는 사람들의 최후의 모습을 보라. 당장은 즐거운 것 같지만 그 열매는 쓰다. 성도는 최후에 영광을 주시는 하나님의 약속을 믿고 유혹을 이겨내야 한다.

 **야고보서 1장 19-21절**
온유한 사람이 되라

사람이 성내는 것이 하나님의 의를 이루지 못함이라 그러므로 모든 더러운 것과 넘치는 악을 내버리고 너희 영혼을 능히 구원할 바 마음에 심어진 말씀을 온유함으로 받으라(20-21절).

가. 성냄은 하나님의 나라에 장애물이다.

20절, "사람의 성내는 것이 하나님의 의를 이루지 못함이라."

* 본문은 성내는 것이 얼마나 위험한 것인지를 보여준다. 성냄은 개인의 인격을 손상시킨다. 성냄은 인간관계를 파괴한다. 성냄은 나아가서 하나님의 나라를 세우는 데 막대한 지장을 준다.

* 요즈음 우리 사회는 분노지수가 상당히 높은 병리현상을 보이고 있다. 건드리기만 하면 터질 것 같은 위태로운 상태에 놓여 있다. 한껏 부풀은 풍선처럼 곧 터질 것 같이 위태위태하다. 분노의 잔이 가득히 차서 조금만 더 하면 폭발할 지경으로 임계점에 이르러 있다.

* 성냄(ὀργή 오르게)은 오레고마이(ὀρέγομαι 뻗히다, 열망하다)에서 유래하였다. 성냄은 자신의 뜻을 관철시키려는 숨은 욕망이 표출되는 것이다. 이는 상당히 자기중심적인 사고에서 나오는 오물이다.

* 그런데 성냄은 하나님의 의를 이루지 못하게 한다. 이는 결국 하나님 나라의 반역행위에 해당한다. 하나님의 의는 하나님 나라의 표상이요 최고 핵심가치이기 때문이다. 물론 추악한 성냄과 하나님 나라의 의를 세우기 위한 거룩한 분노는 구별해야 한다.

나. 너무 급한 것이 문제다.

19절, "내 사랑하는 형제들아 너희가 알지니 사람마다 듣기는 속히 하고 말하기는 더디 하며 성내기도 더디 하라."

＊ 사람이 속히 할 것을 더디 해도 안 되지만 더디 할 것을 속히 하는 데에도 문제가 있다. 여기서 야고보는 사람들이 여유 없이 성급하게 말하고 급하게 성내는 현실적인 문제를 지적하고 있다.

＊ 여기서 "듣기는 속히 하라"는 말씀은 사람마다 듣기를 더디 하는 속성을 꼬집는다. 왜 사람들이 듣기를 더디 하는가? 그것은 여러 가지를 재면서 듣기 때문이다. 사람이 들을 때는 많은 생각을 하고 듣는다. 그런데 말을 하거나 성날 때에는 생각을 많이 하지 않고 속히 하는데 여기에 문제가 많다.

＊ 한국 사람은 성격이 급해서 행복지수가 낮다고 한다. 사실 한국인의 행복지수는 세계에서 100위권 아래로 밀려나 있다. 화를 잘 내고, 고집이 세고, 남의 아픈 곳을 아무렇게나 말하고, 남에게 지는 것을 싫어하고, 만족할 줄 모르고, 남을 배려할 줄 모르고, 충고를 듣기는 싫어하고, 충고하기는 좋아한다. 이런 인격으로는 돈이 많고 벼슬이 높고 학식이 많고 얼굴이 잘나도 결코 행복할 수 없다.

다. 더럽고 악한 것은 내어 버려야 한다.

21절, "그러므로 모든 더러운 것과 넘치는 악을 내버리고…"

＊ 사람의 마음속에는 더러운 것들이 많이 쌓여 있다. 마음속에 자리잡고 있는 더러운 것들이 사람들을 성나게 만든다. 성을 잘 내는 데는 이유가 있다. 단순히 타고난 기질의 문제가 아니다. 그렇다그 환경의 문제도 아니다. 분노가 뿌리를 내리고 있는 마음속의 더러운 것과 넘치는 악을 제거해야 한다.

＊ 마음속의 상처인 쓴뿌리를 제거해야 한다. 상처를 치유하지 못하면 유사한 사건에 대하여 쉽게 분노한다. "너희는 하나님의 은혜에 이르지 못하

는 자가 없도록 하고 또 쓴뿌리가 나서 괴롭게 하여 많은 사람이 이로 말미암아 더럽게 되지 않게" 하라고 하였다(히12:15).

＊ 그리고 왜곡된 자존심을 치유해야 한다. 자존감은 중요하지만 건강하지 못한 자존심은 자신과 충돌하는 환경에서 쉽게 분노를 터뜨리게 한다. 지나친 열등감 콤플렉스도 제거해야 한다. 열등감은 자존감을 잃게 하고 사소한 일에도 쉽게 분노를 드러내게 한다. 예수님의 말씀, "입으로 들어가는 것이 사람을 더럽게 하는 것이 아니라 속에서 나오는 것이 더럽게 한다"는 말씀을 참조하라(마15:18-20).

라. 하나님은 온유한 자를 기뻐하신다.

21절, "너희 영혼을 능히 구원할 바 마음에 심어진 말씀을 온유함으로 받으라."

＊ 분노를 조절하는 데는 말씀의 역할이 크다. 하나님의 말씀은 우리의 영혼을 구원할 수 있는 능력이 있다. 성도들은 분노가 일어날 때에 하나님의 말씀을 붙들고 깊이 생각해야 한다. 말씀을 붙들고 깊이 생각하면 생각할수록 말하기를 더디 하고 성내기를 더디 할 수 있다.

＊ 그런데 말씀이 아무리 좋아도 온유함이라는 그릇에 담겨야 능력이 된다. 여기서 온유함(πραύτης프라우테스)은 '겸손' 의 뜻을 갖고 있다. 그리고 '받아들이다' (중디)는 자신이 자신을 쳐서 복종시키고 온유하게 받아들이는 상태를 말한다. 성내는 분노의 그릇에서는 하나님의 말씀이 꽃을 피울 수 없으며 열매를 맺을 수 없다. 하나님은 오직 온유함의 그릇 안에서 말씀의 꽃을 피우기 원하신다.

＊ 하나님은 온유한 사람들을 기뻐하신다. 온유하여 성내기를 더디 하는 사람들은 많은 손해를 볼 것 같은 유혹이 있다. 그러나 하나님은 온유한 사람들에게 복을 내리신다. 예수님은 "온유한 사람은 복이 있나니 그들이 땅을 차지할 것임이요"라고 축복하셨다(마5:5).

이사야 29장 9-12절
정신 차려야 산다

너희는 놀라고 놀라라 너희는 맹인이 되고 맹인이 되라 그들의 취함이 포도주로 말미암음이 아니며 그들의 비틀거림이 독주로 말미암음이 아니니라(9절).

가. 취해도 너무 취했다.

9절, "그들의 취함이 포도주로 말미암음도 아니며 비틀거림이 독주로 말미암음이 아니니라."

✽ 본문은 당시 이스라엘 백성들이 취하여 비틀거리는 모습을 보고 탄식하며 경고하신 말씀이다. 이스라엘이 취해도 너무 취해 있었다. 술에 취했으면 깨어날 수 있겠지만 세속에 취해서 깨어나지 못하고 있었다. 이를 통해 오늘 우리의 모습은 어떠한지 살펴보아야 한다.

✽ 하나님은 취하여 비틀거리는 이스라엘 백성들에게 경고하셨다. "내가 '아리엘'(하나님의 사자, 예루살렘)을 괴롭게 하리니 그가 슬퍼하고 애곡하며 내게 '아리엘'(하나님의 화로, 번제단)과 같이 되리라"고 하셨다(2절). 하나님이 사랑하는 예루살렘을 무섭게 심판하겠다고 경고하시는 말씀이다.

✽ 지금 우리의 모습도 이와 같다. 취해도 너무 취했다. 비틀거리는 모습이 심각하다. 쾌락문화가 도를 넘었다. 미풍양속은 사라졌고, 예의는 땅에 떨어졌다. 사람들 사이에 인격적인 모습은 점점 사라지고 있다. 극단적인 이기주의로 인해 정치가 썩었고 경제가 썩었다. 겉은 멀쩡해 보이지만 정신을 차리지 못한 채 비틀거리고 있다.

나. 내버려 두심이 큰일이다.

10절, "대저 여호와께서 깊이 잠들게 하는 영을 너희에게 부어 주사 너희의 눈을 감기셨음이니.."

* 이 말씀은 하나님이 사람을 취하게 하시고 비틀거리게 하신다는 뜻이 아니다. 이것은 하나님이 잠든 자를 깨우지 않고 내버려 두신다는 의미다. 하나님이 처음에는 근심하시고 징계하시지만 지나치면 내버려 두신다. 하나님이 의도적으로 그렇게 취하게 하지는 않으신다.

* 9절의 "너희는 놀라고 놀라라 맹인이 되고 맹인이 되라"는 말씀은 "머뭇거려라 놀라게 될 것이고, 희희낙락거려라 눈 뜬 장님이 될 것이다"라는 뜻이다. 여기서 '머뭇거리다' 와 '희희낙락거리다' (히트팔렐)는 행동의 책임이 자신에게 있음을 보여준다. 그러므로 10절을 시작하는 단어 '대저' (כִּי)는 '그러면' 으로 읽어야 한다. 하나님은 고집을 부리면 취하게 내버려 두신다.

* 애굽의 왕 바로를 강퍅하게 하심도 내버려 두심이다. 바울은 이를 잘 설명하였다. "하나님께서 그들을 마음의 정욕대로 더러움에 내버려 두사 그들의 몸을 서로 욕되게 하게 하셨으니 이는 그들이 하나님의 진리를 거짓 것으로 바꾸어 피조물을 조물주보다 더 경배하고 섬김이라"고 하였다(롬1:24-25).

다. 정신을 차려야 한다.

9절, "너희는 놀라고 놀라라 너희는 맹인이 되고 맹인이 되라..."

* 이 말은 "머뭇거려라 놀라게 될 것이고, 희희낙락거려라 눈뜬장님이 될 것이다"라는 뜻이다. 여기서 '머뭇거리다' 는 '지체하다' 이다. 이 말은 소돔의 멸망을 앞두고 천사들이 재촉하였으나 롯이 지체하던 모습을 생각나게 한다(창19:16). 급박한 상황을 깨닫지 못하는 우둔한 사람들을 꼬집는 말이다.

* 또한 '희희낙락거리다' 도 시대를 읽지 못하고 취해있는 사람들의 모

습을 보여준다. 이것은 노아의 홍수 때에 "사람들이 먹고 마시고 장가가고 시집가더니"와 롯의 때에 "사람들이 먹고 마시고 사고 팔고 심고 집을 짓더니"에 나타난 모습니다(눅17:28-29). 이 말씀은 세속에 젖어서 시대를 분별하지 못하고 눈뜬장님으로 살아가는 사람들을 꼬집는 말이다.

* 저들의 관심은 오직 세상에 있고, 하나님의 말씀에는 관심이 없다. 글을 아는 사람이나 모르는 사람이나 말씀을 읽으려 하지 않는다. "그것이 봉해졌으니 나는 못 읽겠노라"나 "나는 글을 모른다"는 변명은 정신을 차리지 못한 사람들의 핑계일 뿐이다(11-12절). 정신을 차려야 한다.

라. 정신을 차리고 똑바로 걸어야 산다.

9절b, "그들의 비틀거림이 독주로 말미암음이 아니니라."

* 하나님은 비틀거리지 말고 똑바로 걸으라고 말씀하신다. '비틀거리다'(누아)는 바람이 부는 대로 흔들리는 모습이며, 갈피를 잡지 못하고 방황하는 모습을 보여준다. 하나님은 비틀거리는 이스라엘을 걱정하셨다. 정신을 차리고 똑바로 걸어야 한다. 비틀거리면 죽고, 똑바로 걸으면 산다.

* 하나님은 똑바로 걷는 사람과 함께하신다. 하나님은 여호수아에게 "네 평생에 능히 너를 대적할 자가 없으리니 내가 모세와 함께 있었던 것 같이 너와 함께 있을 것임이라 내가 너를 떠나지 아니하며 버리지 아니하리라"라고 약속하시면서 "말씀을 다 지켜 행하고 좌로나 우로나 치우치지 말라"고 말씀하셨다(수1:5-7). 똑바로 걸어가는 것이 하나님께 복을 받는 비결이다.

* 구약에서 '복'(예세르)이 있는 자는 '똑바로 걷는'(야세르) 사람이다. "복 있는 사람은 악인들의 꾀를 따르지 아니하며 죄인들의 길에 서지 아니하며"라고 하였고(시1:1), 요한은 "네 영혼이 잘됨 같이 네가 범사에 잘되고 강건하기를 내가 간구하노라"라고 축복하였다(요3서1:2). 진리를 행하는 사람들에게 복이 있다.

누가복음 21장 34-37절
항상 깨어 있으라

너희는 스스로 조심하라 그렇지 않으면 방탕함과 술취함과 생활의 염려로 마음이 둔하여지고 뜻밖에 그 날이 덫과 같이 너희에게 임하리라(34절).

가. 성도는 항상 깨어 있어야 한다.

36절, "이러므로 너희는 장차 올 이 모든 일을 능히 피하고 인자 앞에 서도록 항상 기도하며 깨어 있으라 하시니라."

* 본문은 다가올 심판과 환난에 대하여 말씀하시며 이것들을 피하고 주님 앞에 서도록 항상 깨어 있으라고 권면하신 말씀이다. 주님은 마지막 때에 "민족이 민족을, 나라가 나라를 대적하여 일어나겠고 곳곳에 큰 지진과 기근과 전염병이 있겠고 또 무서운 일과 하늘로부터 큰 징조들이 있으리라"라고 하셨다(10-11절 참조). 성도는 환난중에도 믿음을 지키고 주님 앞에 설 수 있도록 항상 깨어 있어야 한다.

* 여기서 '깨어 있다'는 말은 '마음이 둔하여지다'와 대조적인 말이다. 즉 '둔하여지다'(βαρέω바레오, 수동)는 '곤하여 졸다'라는 뜻이고 '깨어 있다'(ἀγρυπνέω아르뤼프네오)는 말은 '졸지 않는다' 즉 '정신을 차리고 살펴본다'는 뜻이다. 운전자가 깨어 있어야 안전운행을 할 수 있는 것과 같다.

* 성도가 깨어 있어야 주님 앞에 서기까지 바른 길을 갈 수 있다. 좌로나 우로 치우치지 않고 위에 있는 푯대를 바라보고 똑바로 가려면 졸지 말고 항상 깨어 있어야 한다.

나. 마음이 둔하여지는 것이 문제다.

34절, "너희는 스스로 조심하라 그렇지 않으면 방탕함과 술취함과 생활의 염려로 마음이 둔하여지고 뜻밖에 그 날이 덫과 같이 너희에게 임하리라."

* 성도는 항상 깨어 있어야 한다. 그러나 세상에는 사람의 마음을 둔하게 하는 것들이 너무 많다. 방탕함, 술취함, 그리고 생활의 염려가 대표적인 것들이다. 여기서 '방탕함'(κραιπάλη 크라이팔레)은 술취함을 비롯하여 우리의 마음을 빼앗는 악한 것들을 가리킨다. 향락이나 도박 등도 여기에 포함된다.

* 생활의 염려 또한 우리의 마음을 둔하게 한다. 주님은 세상의 염려와 재물의 유혹이 좋은 열매를 맺지 못하게 하는 것을 가시떨기 밭으로 비유하셨다(마13:22). 생활의 염려를 주님께 맡겨야 한다.

* 우리의 마음이 둔하여지면 영적 무력증에 빠진다. 선과 악에 대한 분별력이 떨어진다. 바른 길을 가지 못하고 좌우로 치우친다. 영적 긴장이 풀리고 안일함에 빠진다(사32:9-11참조). 주님은 마음이 둔하여지지 않도록 조심하라고 하셨다. 멸망의 날이 덫과 같이 임하기 때문이다. 마음이 둔하여지면 심판과 환난을 대비하지 못하고 멸망하게 되므로 조심해야 한다.

다. 항상 기도하며 깨어있어야 한다.

36절, "항상 기도하며 깨어 있으라."

* 성도가 항상 깨어 있으려면 쉬지 말고 기도해야 한다. 여기서 '기도하다'(δέομαι 데오마이, 중간태)는 '데오'(δέω 묶다)에서 유래하였다. 즉 하나님께 드리는 기도는 우리가 우리 자신을 하나님께 묶는 것을 뜻한다. 진정한 기도는 하나님을 우리에게 묶는 것이 아니라 우리 자신을 하나님께 묶는 것이다. 이로써 하나님의 뜻에 온전히 연합하는 것이요 이를 통해 하나님의 능력에 연합하게 된다.

* 그런데 여기서 '기도하다'(δέομαι 데오마이, 분사)는 항상 쉬지 말고 기도해야 한다는 것을 보여준다. 그래서 바울도 '쉬지 말고 기도하라'고 권

면하였다(살전5:17). 쉬지 말고 기도하여 항상 주님의 뜻에 연합하는 것이 주님 앞에 설 수 있도록 깨어서 바른 길을 가는 비결이다.

　※ 주를 '앙모하다' 도 같다. '앙모하다' (קָוָה 카바, 분사)는 '꼬아서 함께 묶다' 라는 뜻과 '강건하다' 라는 뜻을 갖고 있다. 주를 앙모하는 것은 하나님과 인격적으로 연합하는 것이요 이로서 그의 능력에 연합하게 되어 강건해지는 것을 보여주는 말이다.

라. 깨어 있는 성도는 심판을 피한다.

36절, "이러므로 너희는 장차 올 이 모든 일을 능히 피하고 인자 앞에 서도록…"

　※ 본문은 항상 기도하며 깨어 있는 성도는 심판과 환난을 피하고 주님 앞에 설 수 있다고 가르친다. 이것은 주님의 약속이다. 여호와의 날이 어떤 사람에게는 구원의 날이지만 다른 이들에게는 심판의 날이다. 그런데 항상 깨어 있는 사람들은 그 날에 심판과 환난을 피하고 구원을 받는다.

　※ 그런데 심판의 날은 덫과 같이 임한다고 했다. 주님의 날은 도둑같이 임한다. 언제 올지 아무도 모른다. 항상 깨어 있지 않으면 하나님의 심판과 다가오는 환난을 피할 수 없다. 그래서 주님은 "그런즉 깨어 있으라 너희는 그 날과 그 때를 알지 못하느니라"라고 하셨다(마25:13). 성도는 심판을 대비하여 항상 깨어 있어야 한다.

　※ 깨어 있던 노아는 홍수 심판을 피했으나 깨닫지 못했던 사람들은 심판을 받았다(창6-8장). 주님은 "홍수 전에 노아가 방주에 들어가던 날까지 사람들이 먹고 마시고 장가들고 시집가고 있으면서 홍수가 나서 그들을 다 멸하기까지 깨닫지 못하였으니 인자의 임함도 이와 같으리라"라고 평가하셨다(마24:37-39). 오직 깨어 있던 노아의 식구만 구원을 받았다. 세상적인 것들로 인하여 마음이 둔해지지 않도록 조심해야 한다.

누가복음 7장 31-35절
하나님의 나라는 외롭다

비유하건대 아이들이 장터에 앉아 서로 불러 이르되 우리가 너희를 향하여 피리를 불어도 너희가 춤추지 않고 우리가 곡하여도 너희가 울지 아니하였다 함과 같도다(32절).

가. 하나님의 나라는 외롭다.

31절, "또 이르시되 이 세대의 사람을 무엇으로 비유할까 무엇과 같은가."

* 본문의 말씀에는 주님의 탄식이 들어있다. 예수님은 바리새인들과 율법교사들이 세례를 받지 아니함으로 하나님의 뜻을 저버리는 것을 보시고 이 말씀을 하셨다(30절). 하나님의 뜻을 거부하고 이 땅에 하나님의 나라를 세우는 일에 동참하지 않는 사람들을 꼬집는 말씀이다.

* 세상에는 하나님의 나라를 대적하는 사람들이 많다. 자기의 이익에 부합하지 않으므로 거절하는 사람들도 많다. 세상의 즐거움에 빠져 복음에는 무관심한 사람들도 많다. 이런 사람들 때문에 하나님의 나라는 소외당하고 있다.

* 하나님의 나라를 대적하는 자들은 사탄의 하수인들이다. 사탄의 유혹에 넘어가 짐승의 표를 받은 사람들이다. 그리고 세상의 풍조에 끌려 가치관의 혼란을 겪고 있는 사람들도 있다.

* 주님은 하나님의 나라에 무관심한 사람들에게 경고하신다. "나와 함께 하지 아니하는 자는 나를 반대하는 자요 나와 함께 모으지 아니하는 자는 헤치는 자니라"라고 하였다(눅11:23).

나. 하나님의 나라에 너무 무관심하다.

32절, "비유하건대 아이들이 장터에 앉아 서로 불러 이르되 우리가 너희를 향하여 피리를 불어도 너희가 춤추지 않고 우리가 곡하여도 너희가 울지 아니하였다 함과 같으니라."

* 이것은 하나님의 나라에 무관심한 사람들을 비유로 말씀하신 것이다. 이것은 단순히 공감의 문제가 아니다. 자신의 일에 몰입하여 하나님의 나라에는 전혀 관심을 두지 않는 사람들을 꼬집는 말이다.

* 왜 사람들은 하나님의 나라에 관심이 없을까? 왜 사람들이 진리에 대하여 냉담할까? 세상 사람들이 열광하는 것은 따로 있기 때문이다. 이전에는 많은 사람들이 섹스, 스포츠, 스크린에 열광하였다. 그런데 현재는 스마트폰까지 출현하여 사람들의 열정을 삼키고 있다.

* 하나님의 나라에 열광하는 사람들이 필요하다. 그러나 은사주의 신앙, 번영신앙, 오락주의 신앙에 열광하지 말아야 한다. 오직 복음주의 신앙, 즉 십자가와 부활의 신앙에 열광해야 한다.

* 그러므로 성도들은 하나님의 나라에 우선순위를 두고 살아야 한다. "너희는 먼저 그의 나라와 그의 의를 구하라 그리하면 이 모든 것을 너희에게 더하시리라"(마6:33).

다. 하나님의 진리를 긍정적으로 수용해야 한다.

33절, "세례 요한이 와서 떡도 먹지 아니하며 포도주도 마시지 아니하매 너희 말이 귀신이 들렸다 하더니 인자가 와서 먹고 마시매 너희 말이 보라 먹기를 탐하고 포도주를 즐기는 사람이요..."

* 세상에는 '이렇게 하면 이런다, 저렇게 하면 저런다' 라고 부정적으로 반응하는 사람들이 많이 있다. 사람들은 세례 요한의 금욕적인 생활을 경건으로 보지 못했다. 세리와 죄인들까지 친구로 삼으려는 예수님의 구원사역의 행보를 보고는 먹기를 탐하고 포도주를 즐긴다고 악평하였다. 그들은 하나님의 진리를 긍정적으로 수용하는 지혜가 부족했다.

＊ 매사를 긍정적으로 보지 못하는 사람은 불행한 사람이다. 매사를 부정적으로 반응하는 사람들에게는 발전이 없다. 그리그 부정적인 면을 보면서 살다보면 결국은 부정적인 사람이 되고 만다.

＊ 성도들은 하나님의 진리에 대하여 긍정적으로 응답해야 한다. 매사를 좋게 볼 수 있는 믿음이 있어야 한다. 하나님이 주신 약속의 이면에는 순종과 헌신이 있다. 부활의 이면에는 십자가가 있다. 진리의 이면에도 우리가 감내해야 할 고난과 희생의 십자가가 있다. 하나님의 나라를 세우려면 이런 것까지 기쁨으로 받아들일 수 있는 믿음의 사람이 필요하다.

라. 진리를 따르는 이가 하나님의 나라를 세운다.

35절, "지혜는 자기의 모든 자녀로 인하여 옳다 함을 얻느니라."

＊ 여기서 '지혜의 모든 자녀'는 지혜를 행하는 제자들을 가리킨다. 지혜는 실천하는 사람들에 의해 옳다는 사실이 증명된다. 그래서 마태는 "지혜는 그 행한 일로 인하여 옳다 함을 얻느니라"라고 해석하였다(마11:19). 바울은 데살로니가 교회가 믿음의 역사, 사랑의 수고, 그리고 소망의 인내를 통하여 아가야 지역에 좋은 소문이 나고 복음의 증거가 된 것을 칭찬하였다(살전1:8).

＊ 성도들은 말씀을 듣고 행하여 세상의 빛과 소금의 사명을 감당해야 한다. 주님은 "이같이 너희 빛이 사람 앞에 비치게 하여 그들로 너희 착한 행실을 보고 하늘에 계신 너희 아버지께 영광을 돌리게 하라"고 하였다(마5:16). 책망의 말씀도 참조하라. "화 있을진저 외식하는 바리새인들이여 너희는 천국 문을 사람 앞에서 닫고 너희도 들어가지 않고 들어가려 하는 자도 들어가지 못하게 하는도다"라고 하였다(마23:13).

＊ 하나님의 나라를 세우려면 지혜의 말씀을 행하는 사람이 필요하다. "너희는 말씀을 행하는 자가 되고 듣기만 하여 자신을 속이는 자가 되지 말라"고 하였다(약1:22). 진리를 행하는 사람이 하나님의 나라를 세운다

여호수아 14장 13-15절
하나님의 약속은 이루어진다

헤브론이 그니스 사람 여분네의 아들 갈렙의 기업이 되어 오늘까지 이르렀으니 이는 그가 이스라엘의 하나님 여호와를 온전히 좇았음이라(14절).

가. 하나님의 약속은 이루어진다.

10절, "이제 보소서 여호와께서 이 말씀을 모세에게 이르신 때로부터 이스라엘이 광야에서 방황한 이 사십오 년 동안을 여호와께서 말씀하신 대로 나를 생존하게 하셨나이다."

＊ 본문은 하나님의 약속이 신실하게 성취되어 가는 과정을 보여주는 말씀이다. 하나님은 가나안 땅을 정탐하고 믿음으로 신실하게 보고한 여호수아와 갈렙에게 가나안 땅에서 받을 기업을 약속하셨다. "그 날에 모세가 맹세하여 이르되 네가 내 하나님 여호와께 충성하였은즉 네 발로 밟는 땅은 영원히 너와 네 자손의 기업이 되리라"고 하였었다(9절, 민14:24참조).

＊ 이 약속은 신실하게 성취되었다. 하나님은 갈렙에게 약속이 성취되기까지 장수의 복을 주셨다. 본문에서 "이 사십오 년 동안을 여호와께서 말씀하신 대로 나를 생존하게 하셨나이다"가 잘 보여준다(10절).

＊ 또한 약속을 이루기 위해 필요한 강건함을 주셨다. 갈렙은 "모세가 나를 보내던 날과 같이 오늘도 내가 여전히 강건하니"라고 고백하였다(11절). 세상 사람들은 "꿈은 이루어진다"라고 하지만, 성도들은 "하나님의 약속은 이루어진다"라고 고백해야 한다.

나. 하나님의 약속은 특혜가 아니다.

12절, "그 날에 여호와께서 말씀하신 이 산지를 지금 내게 주소서 당신도 그 날에 들으셨거니와 그 곳에는 아낙 사람이 있고 그 성읍들을 크고 견고할지라도...그들을 쫓아내리이다."

＊ 하나님의 약속이라도 하나님께서 일방적으로 이루어주지 않으신다. 하나님은 약속을 이룰 수 있도록 능력을 주신다. 갈렙은 하나님의 약속을 신뢰하면서도 그것을 이루어 달라고 간청하지 않았다. 그는 오직 하나님이 함께 하시면 그곳의 사람들이 아무리 강할지라도 올라가 점령하겠다고 하였다. 헤브론에는 아낙 자손이 살고 있었고, 특별히 아르바라는 키가 큰 사람이 통치하고 있던 난공불락의 성이었다. 이처럼 갈렙은 하나님의 능력을 힘입고 친히 약속하신 것을 이루어 나갔다.

＊ 하나님은 꿈을 통해 요셉에게 큰 인물이 되겠다는 약속을 주셨다. 그렇지만 하나님이 요셉을 하루아침에 애굽의 총리가 되게 하지 않으셨다. 하나님은 그에게 강한 믿음과 큰 능력을 주셔서 애굽의 총리가 되는 길로 인도하셨다. 성도는 하나님의 약속이 저절로 이루어지기를 기다리면 안 된다. 우리는 하나님의 약속을 믿고 능력을 받아 이루어 나가야 한다.

다. 약속을 믿고 온전히 따라야 한다.

14절, "헤브론이 그니스 사람 여분네의 아들 갈렙의 기업이 되어 오늘까지 이르렀으니 이는 그가 이스라엘의 하나님 여호와를 온전히 좇았음이라."

＊ 본문에서 갈렙이 하나님의 약속을 믿고 온전히 좇았다는 것이 중요하다. 여기서 '온전히'(말레, 강조완료형)는 '채우다' '완성하다' '이행하다' 등의 뜻을 갖고 있다. 8절에서는 '온전히 따랐다'를 '충성하였다'라고 해석하였다. 이는 갈렙이 하나님의 약속을 믿고 언약을 온전히 이루었다는 뜻이다.

＊ 하나님의 약속을 믿지 못했던 10명의 정탐꾼들은 부정적인 보고를 하여 백성들의 간담을 녹게 만들었다. 그들은 가나안 땅의 형편만 보고 하나

님의 능력은 보지 못했다. 그들은 가나안을 젖과 꿀이 흐르는 땅이라고 하면서도 "거주민을 삼키는 땅이요 거기서 본 모든 백성은 신장이 장대한 자들이며 거기서 네피림 후손인 아낙 자손의 거인들을 보았나니 우리는 스스로 보기에도 메뚜기 같으니"라고 악평하였다(민13:32-33). 이는 하나님의 약속을 믿지 못했기 때문이며 그의 능력을 믿지 못했기 때문이다. 성도는 하나님의 약속과 그의 능력을 믿고 언약을 온전히 따라야 한다.

라. 온전히 따르면 기업을 얻는다.

15절, "헤브론의 옛 이름은 기럇 아르바라 아르바는 아낙 사람 가운데에서 가장 큰 사람이었더라 그리고 그 땅에 전쟁이 그쳤더라."

* 본문은 하나님이 약속하신 것이 그대로 이루어진 것을 보여준다. 믿지 못했던 사람들은 광야에서 죽었으나 여호수아와 갈렙은 생존하여 가나안 땅에 들어갔고, 땅을 기업으로 차지하였다. 특별히 갈렙은 하나님이 주신 힘을 의지하여 가장 어려운 성을 점령하여 기업을 삼았다. 하나님의 약속과 그의 능력을 믿고 온전히 따르는 사람들에게 하나님의 약속이 이루어지는 것을 믿어야 한다.

* 갈렙이 기업으로 얻은 땅은 원래 '기럇 아르바'(아르바의 성읍)였다. 그런데 후에 그곳을 '헤브론'이라고 하였는데 이는 '연합'(חֶבֶר 헤베르)이라는 말에서 유래하였다. 즉 헤브론은 하나님과 갈렙의 연합을 통하여 이루어졌다는 것이다. 그는 하나님과의 속성의 연합을 통해 능력의 연합에 이르렀다.

* 성도는 성경에 있는 하나님의 약속은 반드시 이루어짐을 믿어야 한다. 그의 약속과 능력을 믿고 온전히 따르는 사람들에게는 하나님은 능력을 주셔서 약속을 이루게 하신다. 여호수아와 갈렙만이 하나님의 약속을 믿고 온전히 따름으로 가나안 땅에서 기업을 얻었다.

시편 90편 10-12절

짧은 인생을 어이할까?

> 누가 주의 노여움의 능력을 알며 누가 주의 진노의 두려움을 알리이까 우리에게 우리 날 계수함을 가르치사 지혜로운 마음을 얻게 하소서(11-12절).

가. 인생은 짧고 할 일은 많다.

10절, "우리의 연수가 칠십이요 강건하면 팔십이라도 연수의 자랑은 수고와 슬픔뿐이요…"

* 본문은 짧은 인생을 어떻게 해야 지혜롭게 사는 것인지를 보여주는 말씀이다. 인생은 짧다. "우리의 연수가 칠십이요 강건하면 팔십"이라는 고백이 잘 보여준다. 여기서 칠십은 꽉 찬 나이요 팔십은 만족스러운 나이다. 그럼에도 인생은 짧다는 것이 사람들의 한결같은 고백이다.

* 시인은 인생을 잠깐 자는 것 같으며 아침에 돋는 풀 같다고 하였다(5절). 아침에 꽃이 피어 자라다가 저녁에는 시들어 마르는 풀 같은 인생을 노래하였다(6절). 또한 인생은 신속히 지나가니 날아가는 것과 같다고 하였다(10절). 사실 우리의 한평생이 순식간에 지나간다.

* 인생은 짧다. 그런데 우리의 연수의 자랑은 수고와 슬픔뿐이다. 그렇다고 아무렇게나 살 수 없다. 어떤 사람들은 허무주의에, 어떤 사람들은 쾌락주의에 빠져있다. 그러면 성도들은 어떻게 살아야 할까? 삶은 하나님이 주신 선물이다. 우리를 세상에 보내신 하나님의 거룩한 뜻을 따라 살아야 한다.

나. 하나님의 심판이 있음을 알아야 한다.

11절, "누가 주의 노여움의 능력을 알며 누가 주의 진노의 두려움을 알리이까?"

* 본문은 인생의 마지막 날에 하나님의 심판이 있음을 상기시킨다. 문제는 사람들이 이것을 깊이 생각하지 않는 데 있다. 성경말씀에 "한 번 죽는 것은 사람에게 정한 것이요 그 후에는 심판이 있으리니"라고 하였다(히 9:27). 강력하고 두려운 하나님의 심판이 우리를 기다리고 있다. 이를 가벼이 여기면 안 된다.

* 예수님도 심판을 강력하게 말씀하셨다. "주인이 이르되 가만 두라 가라지를 뽑다가 곡식까지 뽑을까 염려하노라 둘 다 추수 때까지 함께 자라게 두라 추수 때에 내가 추수꾼들에게 말하기를 가라지는 먼저 거두어 불사르게 단으로 묶고 곡식은 모아 내 곳간에 넣으라 하리라"라고 하셨다(마 13:29-30).

* 많은 사람들이 이 세상을 전부라고 생각한다. 이것이 문제다. 인생은 죽음으로 끝나지 않는다. 죽음 이후에는 심판이 있다. 솔로몬은 하나님의 심판을 철저히 깨달은 후에 "너는 청년의 때에 너희 창조주를 기억하라...흙은 여전히 땅으로 돌아가고 영은 그것을 주신 하나님께로 돌아가기 전에 그리하라"고 하였다(전12:1-7참조). 하나님의 심판을 아는 것이 중요하다.

다. 심판의 날을 준비하는 지혜가 필요하다.

12절, "우리에게 우리 날 계수함을 가르치사 지혜로운 마음을 얻게 하소서."

* 본문은 하나님의 심판을 대비하여 준비를 잘 해야 한다는 말씀이다. 여기서 '계수하다'(מָנָה마나)는 '분배하다' 또는 '준비하다' 라는 뜻을 갖고 있다. 인생은 매우 짧다. 그러므로 시간분배를 잘하고 철저히 준비하여 심판의 날에 하나님께 칭찬을 받는 성도가 되어야 한다.

* 주어진 시간을 소중히 여기며 헛된 일에 사용하지 말아야 한다. 바울

은 "세월을 아끼라 때가 악하니라 그러므로 어리석은 자가 되지 말고 오직 주의 뜻이 무엇인가 이해하라"고 하였다(엡5:16-17). 시간도 하나님의 선물이다. 시간을 주님의 뜻에 맞게 사용해야 한다.

　＊ 심판을 준비하기 위하여 성도들은 시간을 잘 써야 한다. 물질과 마찬가지로 시간도 우리의 것이 아니다. 언젠가는 하나님 앞에서 계산할 때가 온다. 시간을 바르게 사용한 사람들은 칭찬을 받는다. 예수님은 "착하고 충성된 종아 네가 적은 일에 충성하였으매 내가 많은 것을 네게 맡기리니 네 주인의 즐거움에 참여할지어다"라고 하셨다(마25:21). 심판의 날을 준비하며 하루하루를 지혜롭게 살아야 한다.

라. 지혜롭게 사는 이들에게 기쁨이 있다.

　14절, "아침에 주의 인자하심이 우리를 만족하게 하사 우리를 일생동안 즐겁고 기쁘게 하소서."

　＊ 본문은 간절한 기도로 마친다. 짧은 인생이지만 성도들이 지혜롭게 살면 즐겁고 기쁘게 하시리라 믿고 기도한다. 시인의 마음속에는 공의로우신 하나님에 대한 믿음이 있다. 때가 되면 하나님은 정의와 공의로 심판하실 것이다. 그리고 하나님의 뜻대로 사는 사람들에게는 복을 주실 것을 믿는다.

　＊ 우리가 수고한 날수대로 기쁘게 하여 주시기를 기도한다(15절). 말씀에 따라 지혜롭게 사는 사람들에게는 복이 있다. 좁은 길을 갈지라도 수고하고 애쓴 만큼 기쁨이 오리라 믿는다. 하나님이 그의 능력을 주의 종들에게 나타내시며, 그의 영광을 그들의 자손에게 나타내 주시기를 기도한다(16절). 하나님의 뜻대로 사는 사람들에게는 자손대대에 복이 있다.

　＊ 하나님의 은총을 우리에게 내리셔서 우리의 손이 행한 일을 견고하게 해 달라고 기도한다(17절). 지혜를 가지고 믿음으로 사는 사람들에게는 그들의 삶을 견고하게 하신다. 하나님의 말씀으로 사는 사람들은 반석 위에 집을 짓는 자들이요, 바람이 불어도 넘어지지 않는다.

 **로마서 1장 1-6절**

믿음의 순종이 필요하다

그로 말미암아 우리가 은혜와 사도의 직분을 받아 그의 이름을 위하여 모든 이방인 중에서 믿어 순종하게 하나니 너희도 그들 중에서 예수 그리스도의 것으로 부르심을 받은 자니라(5-6절).

가. 성도는 하나님께 속한 사람들이다.

6절, "너희도 그들 중에서 예수 그리스도의 것으로 부르심을 받은 자니라."

＊ 본문은 바울의 인사말인데 그가 사도로 부르심을 받았다는 이야기로 시작한다. 그는 하나님의 복음을 위하여 택정함을 받고 부르심을 받아 사도가 되었다고 고백한다(1절). 또한 우리 모든 성도들도 이와 같이 부르심을 받아 하나님의 백성이 되었다는 것을 강조한다(6절).

＊ 성도가 부르심을 받은 데에는 특권이 있고 의무가 있다. 바울은 "너희는 다시 무서워하는 종의 영을 받지 아니하고 양자의 영을 받았으므로 우리가 아빠 아버지라고 부르짖느니라"라고 하였고(롬8:15), 또 "자녀이면 또한 상속자 곧 하나님의 상속자요 그리스도와 함께 한 상속자니 우리가 그와 함께 영광을 받기 위하여 고난도 함께 받아야 할 것이니라"라고 하였다(롬8:17).

＊ 우리는 하나님의 자녀로서 하나님의 말씀에 순종하여 그에게 영광을 돌릴 사명이 있다. 바울은 사도로 부르심을 받아 이방사람들을 구원하는 사명에 충실하였다. 성도들도 각 사람의 삶의 자리에서 하나님의 영광을 위해 살아야 한다.

나. 율법적 순종으로는 부족하다.

5절, "그로 말미암아 우리가 은혜와 사도의 직분을 받아 그의 이름을 위하여 모든 이방인 중에서 믿어 순종하게 하나니..."

　＊ 본문은 '믿음의 순종'의 필요성을 보여주는 말씀이다. 여기서 '믿어 순종하게 하나니'는 '믿음의 순종으로' (εἰς ὑπακοὴν πίστεως 에이스 휘파코엔 피스테오스)이다. 바울은 여기서 믿음의 순종을 강조한다. 하나님은 믿음의 순종을 기뻐하신다.

　＊ 그런데 대부분의 성도들은 '율법적 순종'으로 족하다고 생각한다. 바울이 '율법이 아니라 믿음으로 구원을 받는다'라고 한 것은 '율법적 순종이 아니라 믿음으로 순종하는 그 믿음으로 구원을 받는다'라고 해석해야 한다. 율법적 순종과 믿음의 순종은 천지차이이다.

　＊ 율법의 순종은 종의 믿음에서 기인한다. 종은 주인에 대한 두려움에서 복종한다. 잘못하면 벌을 받는다는 공포 속에서 가지못해 복종한다. 그들에게는 기쁨이 없다. 이것은 참다운 순종이 아니다. 이러한 복종으로는 하나님을 기쁘시게 할 수 없다. 하나님의 뜻에 능동적으로 따르지 않고 마지못해 수동적으로 복종하는 것은 참 신앙인의 자세가 아니다. 율법적 순종으로는 부족하다는 것을 알아야 한다.

다. 성도에게는 믿음의 순종이 필요하다.

5절, "그의 이름을 위하여 모든 이방인 중에서 믿어 순종하게 하나니..."

　＊ 믿음의 순종은 하나님의 자녀가 보여야 할 아름다운 믿음의 표현이다. 이것은 복이나 벌과 상관없이 순종하는 것을 말한다. 이는 하나님의 뜻에 능동적으로 순종하는 것이다. 성경은 하나님의 명령에 기쁨으로 순종하는 것이 성숙한 신앙인의 길임을 보여준다. 성도는 낮은 단계의 믿음에서 높은 단계의 믿음으로 가야한다. 율법적 순종에서 믿음의 순종으로 나아가야 한다.

　＊ 믿음의 순종의 모델은 예수님의 순종이다. 모든 성도는 예수님처럼 그

리스도의 믿음을 갖고 하나님께 순종해야 한다. 예수님이 십자가를 지고 죽기까지 순종한 것은 율법적 순종이 아니라 믿음의 순종이었다. 예수님이 어떤 대가를 바라고 순종한 것이 아니다. 벌을 받을까 두려워서 순종한 것도 아니다. 오직 하나님의 뜻이기에, 백성을 살리는 길이기에 힘들어도 기꺼이 순종하셨다.

* 아브라함을 믿음의 조상이라고 한다. 그는 오직 약속을 믿고 고향과 친척과 아버지의 집을 떠나 하나님이 지시하시는 곳으로 망설이지 않고 즉각적으로 나아갔다. 노아의 순종도 마찬가지다.

라. 믿음의 순종이 주님을 영화롭게 한다.

5절, "그의 이름을 위하여..."

* 본문에서 '그의 이름을 위하여'는 하나님의 사람으로 부름 받은 사람들의 사명을 보여준다. 성도의 사명은 주님을 영화롭게 하는 것이다. 여기서 '이름'(ὄνομα 오노마)은 '명성'과 '평판'이라는 뜻을 갖고 있다. 즉 '그의 이름을 위하여'는 주님의 명성을 높여 그를 영화롭게 하는 것이다. 그런데 믿음의 순종이 주님을 영화롭게 한다. 왜냐하면 믿음의 순종이 참된 성도가 되는 길이기 때문이다.

* 주님을 영화롭게 하는 것은 성도의 기본적인 사명이다. 주님의 기도는 '이름이 거룩히 여김을 받으시오며'로 시작한다. 여기서 '받으시오며'(수동)는 성도들에 의해 높여지는 것을 말한다. 성도들이 믿음의 순종으로 참된 성도가 될 때에 주님의 이름을 높일 수 있다.

* 주님의 이름을 영화롭게 하는 이는 주님의 영광에 동참한다. 주인을 기쁘게 하는 사람들이 주인의 즐거움에 참여하게 되는 것과 같다. 주님은 충성된 종들에게 "네 주인의 즐거움에 참여할지어다"라고 하셨다(마 25:21,23). 결국 믿음의 순종으로 주님을 영화롭게 하는 이는 결국 자신도 영화롭게 된다.

# 창세기 13장 5-11절
함께 살아야 한다

아브람이 롯에게 이르되 우리는 한 친족이라 나나 너나 내 목자나 네 목자나 서로 다투게 하지 말자 네 앞에 온 땅이 있지 아니하냐 나를 떠나가라 네가 좌하면 나는 우하고 네가 우하면 나는 좌하리라(8-9절).

가. 풍요 속에 다툼이 늘고 있다.
7절, "그러므로 아브람의 가축의 목자와 롯의 가축의 목자가 서로 다투고…"

* 본문의 말씀은 아브라함과 조카 롯 사이에 있었던 이야기다. 롯은 삼촌 아브라함의 도움으로 양과 소와 장막을 갖게 되었다. "아브람의 일행 롯도 양과 소와 장막이 있으므로"라고 하였다(5절). 여기서 '있으므로'(완료)는 상당한 재산을 이루었다는 것을 보여준다.

* 그런데 아브라함의 목자들과 롯의 목자들 사이에 다툼이 벌어졌다. 양과 소와 식솔들이 많아졌으므로 함께 다니기에 불편하게 되었다. 목자들 사이에는 서로 좋은 목초지를 차지하기 위하여 다툼이 일어났다. "그 땅이 그들이 동거하기에 넉넉하지 못하였으니 이는 그들의 소유가 많아서 동거할 수 없었음이라"라고 하였다(6절). 진정으로 하나가 되려면 물질의 풍요와 더불어 영적인 풍요가 있어야 한다.

* 소유가 많아지면 함께 살기가 더 어렵다는 것은 보편적인 현상이다. 여기서 '동거하다'(יָשַׁב야하드)는 '연합하다,' '하나가 되다' 라는 뜻이다. 진정한 동거는 마음의 연합이다. 배려하는 마음과 감사하는 마음이 조화를 이루어야 가능하다.

성령강림 후 11주

나. 이기주의가 문제다.

8절, "아브람이 롯에게 이르되 우리는 한 친족이라 나나 너나 내 목자나 네 목자나 서로 다투게 하지 말자."

* 여기서 아브라함이 롯에게 강조한 것은 '우리는 한 친족'이라는 사실이다. 한 친족은 함께 연합하여 살아야 한다. 한 친족뿐만 아니라 우리 모든 백성은 함께 어울려 살아야 한다. 이를 위해서 하나님은 그의 나라를 세우시고 정의와 공평이 온 땅에 이루어지기를 원하신다.

* 하나님은 종종 이스라엘을 포도나무에 비유하셨다. 포도송이는 열매 하나하나가 잘되어야 서로 도움이 되고 전체를 아름답게 한다. 하나님은 좋은 포도(정의, 공평)를 맺기 원하셨으나 사람들이 들포도(포학, 부르짖음)를 맺었다고 탄식하셨다(사5:7). 나 혼자 잘 살겠다는 것은 서로 죽는 길임을 알아야 한다.

* 이기주의가 문제다. 너는 죽고 나는 살겠다는 생각은 공멸을 초래한다. 너도 살고 나도 살자는 생각이 필요하다. 바울은 "그런즉 거짓을 버리고 각각 그 이웃과 더불어 참된 것을 말하라 이는 우리가 서로 지체가 됨이라"고 하였다(엡4:25). 이기주의를 극복해야 하나가 될 수 있다.

다. 배려하는 마음이 필요하다.

9절, "네 앞에 온 땅이 있지 아니하냐 나를 떠나가라 네가 좌하면 내가 우하고 네가 우하면 내가 좌하리라."

* 본문은 아브라함이 어른으로서 조카를 배려하는 아름다운 모습을 보여주었다. 아브라함은 얼마든지 먼저 선택할 권리가 있었다. 그러나 아브라함은 조카 롯에게 먼저 선택할 수 있는 기회를 줌으로써 함께 살아가는 길을 열어 놓았다. 롯이 양보하지 않고 먼저 좋은 곳을 선택한 것과는 대조적이다.

* 본문의 상황에서 선택권을 준다는 것은 전부를 주는 것과 같다. 환경에 큰 차이가 나는 상황에서는 먼저 선택하는 사람이 아주 유리하기 때문

이다. 아브라함은 아주 큰 것을 양보하였다. 이것이 함께 사는 비결이다. 상대방이 살아야 나도 산다는 가치관을 확립해야 한다.

  ＊ 성경은 배려의 문화를 가르친다. "너희가 너희의 땅에서 곡식을 거둘 때에 너는 밭 모퉁이까지 다 거두지 말고 네 떨어진 이삭을 줍지 말며 네 포도원의 열매를 다 따지 말며 네 포도원에 떨어진 열매도 줍지 말고 가난한 사람과 거류민을 위하여 버려두라"고 하였다(레19:9-10). 약한 자를 배려하는 것이 주님의 뜻이다.

라. 배려하면 하나님이 채워주신다.

11절, "그러므로 롯이 요단 온 지역을 택하고 동으로 옮기니 그들이 서로 떠난지라."

  ＊ 아브라함의 배려와 양보로 롯은 요단 지역을 택하여 떠나갔다. 요단 지역은 물이 넉넉하였고, 소돔과 고모라가 멸망당하기 전이었으므로 여호와의 동산 같았다(10절). 롯은 환경이 좋은 것만 바라보고 소돔에까지 나아갔다(12절). 그러나 소돔 사람은 여호와 앞에 악하고 더러운 죄인들이었다(13절).

  ＊ 롯의 선택은 보편적인 인간의 모습이다. 그러나 결과는 쓰디쓴 것이었다. 소돔이 연합군에 의해 점령당하고 포로가 되어 끌려갈 때에 롯도 함께 끌려갔다. 아브라함이 달려가 연합군을 치고 롯을 구출하였지만 많은 고통을 당했다. 또한 하나님이 소돔과 고모라를 심판하실 때 롯은 모든 것을 잃고 가족들만 간신히 구원을 받았다. 롯이 먼저 좋은 환경을 선택하였으나 결과는 아주 나빴다.

  ＊ 그런데 하나님은 아브라함을 위로하시고 새롭게 언약하셨다. "너는 눈을 들어 북쪽과 남쪽 그리고 동쪽과 서쪽을 바라보라 보이는 땅을 내가 너와 네 자손에게 주리니 영원히 이르리라"라고 하셨다(14-15절). 아브라함은 배려와 양보로 많은 것을 잃었지만 하나님께서 채워주셨다.

 **요한복음 4장 13-19절**

끝없는 욕망 어찌하나?

여자가 이르되 주여 그런 물을 내게 주사 목마르지도 않고 또 여기 물 길으러 오지도 않게 하옵소서 이르시되 가서 네 남편을 불러 오라(15-16절).

가. 인간의 욕망은 끝이 없다.

13절, "예수께서 대답하여 이르시되 이 물을 마시는 자마다 다시 목마르려니와…"

* 본문은 인간의 욕망을 채우려는 목마름은 끝이 없다는 것을 보여준다. 아무리 마셔도 목마름이 해소되지 않는 것이 인간의 욕망이다. 본문에 '이 물을 마시는 자마다'에서 '마시는'(분사)은 계속 마셔도, 충분히 마셔도 목마름이 끝나지 않는 것을 가리킨다.

* 인간의 욕망은 아무리 많이 가져도 채워지지 않는다. 마치 소금물을 마시는 것과 같다. 많이 가질수록 오히려 더 목마르다. 사람들은 가지면 가질수록 더 많은 것을 갖고 싶어 한다.

* 본문은 윤리적 관점에서 문제를 제기하지 않는다. 그러나 인간이 욕망의 문제를 해결하지 못하면 결국 윤리적인 문제에 봉착할 수밖에 없다. 사마리아 여인은 다섯 남편이 바뀌었으나 만족하지 못하였으며 이런 문제로 동네에서 따돌림을 받는 사람이 되었다. 솔로몬도 모든 것을 가져보았으나 만족하지 못하였다. 그는 결국 욕망의 문제를 해결하지 못하고 정치적 타락을 불러와 깊은 수렁에 빠졌다(전도서2장 참조).

나. 문제는 환경이 아니라 자신이다.

16절, "네 남편을 불러 오라."

* 사마리아 여인이 영원히 목마르지 아니하는 물을 달라고 하자 예수님은 뜻밖에 '네 남편을 데려오라' 고 하셨다. 예수님은 이 여인이 남편을 다섯 번이나 바꾸었어도(바꾸었든, 바뀌었든 중요하지 않다) 만족하지 못하고 있는 형편을 보셨다. 주님은 이 말씀을 통해 사람이 아무리 환경조건을 바꾸어도 욕망의 목마름 문제는 해결할 수 없음을 지적하셨다.

* 일반적으로 사람들은 환경조건을 바꾸고, 더 많은 것을 소유함으로써 욕망의 목마름을 해소하려고 한다. 그런데 사람이 무엇이든지 두 배를 가지면 욕망은 네 배로 커지고, 세 배를 가지면 욕당은 아홉 배로 커지는 것 같다. 환경조건이 좋아진다고 행복지수가 높아지는 것은 아니다. 환경보다 마음이 우선이다.

* 어떤 사람이 "북한 사람은 못 사는 것을 모르고, 남한 사람은 잘 사는 것을 모른다"고 하였다. 그런데 자신들이 못 사는 줄을 모르는 나라 사람들의 행복지수가 오히려 더 높다고 한다. 나라가 부강하게 될수록 행복지수가 떨어지는 것은 우연이 아니다. 환경조건을 바꾸기 전에 먼저 자신의 마음을 바꾸어야 한다.

다. 그리스도와 인격적으로 연합해야 한다.

19절, "여자가 이르되 주여 내가 보니 선지자로소이다."

* 그러면 어떻게 욕망의 갈증 문제를 해결할 수 있을까? 본문에서 여인은 자신의 속사정까지 잘 알고 계시는 예수님과의 인격적인 만남을 통하여 그리스도와 연합함으로 문제를 해결하였다. 이 연합이 욕망의 목마름 문제를 해결하는 데 결정적인 역할을 하였다.

* 에스겔 골짜기의 마른 뼈들은 하나님의 말씀과 그가 주시는 생기로 말미암아 다시 살아났다(겔 37장 참조). 그런데 그리스도와의 연합을 통하여 그의 말씀(λόγος로고스)은 우리의 핏속으로 흐르는 생명의

말씀(ρῆμα레마)이 되고, 그의 말씀의 은혜 안에서 우리의 혼을 살리는 생기가 충만해진다.

* 성도의 신앙생활은 예수님을 아는 사이에서 알고 지내는 사이로, 즉 함께 연합하는 사이로 발전시켜야 한다. 그리스도와의 연합을 통하여 내가 그리스도 안에, 그리스도가 내 안에 살아야 열매를 맺을 수 있다(요한15:5참조). 사람(흙)은 하나님(생기)과 연합하여야 정신이 살아 있는 사람(생령)이 된다(창2:7).

라. 주님의 은혜가 참 자유를 누리게 한다.

14절, "내가 주는 물을 마시는 자는 영원히 목마르지 아니하리니 내가 주는 물은 그 속에서 영생하도록 솟아나는 샘물이 되리라."

* 인간이 행복하려면 욕망을 줄여야 한다. 욕망이 반으로 줄면 행복지수는 두 배로 높아지고, 욕망이 반에 반으로 줄면 행복지수는 네 배로 높아질 것이다. 그러면 어떻게 욕망을 줄일 수 있을까? 그것은 주님이 주시는 은혜가 충만해야 가능하다.

* 본문에서 주님이 주시는 물은 하나님의 은혜다. 그런데 그리스도와의 인격적 만남을 통해 그와 연합할 때에 은혜로 말미암아 생기가 충만해진다. 그리고 생기가 충만해지면 인간의 욕망이 줄어들고 우리는 욕망의 목마름으로부터 자유를 누릴 수 있게 된다.

* 타 종교인들도 욕망을 줄이려고 애를 쓴다. 그런데 가혹한 훈련에도 불구하고 실패하고 만다. 그러나 사도 바울은 주님이 주시는 은혜와 능력으로 어떤 처지에서도 자족할 수 있었다. "나는…모든 일 곧 배부름과 배고픔과 풍부와 궁핍에도 처할 줄 아는 일체의 비결을 배웠노라 내게 능력 주시는 자 안에서 내가 모든 것을 할 수 있느니라"라고 하였다(빌4:12-13참조). 주님의 은혜가 자유함의 비결이다.

에스겔 37장 15-23절
주의 손에서 하나가 되리라

인자야 너는 막대기 하나를 가져다가 그 위에 유다와 그 짝 이스라엘 자손이라 쓰고 또 다른 막대기 하나를 가지고 그 위에 에브라임의 막대기 곧 요셉과 그 짝 이스라일 온 족속이라 쓰고 그 막대기들을 서로 합하여 하나가 되게 하라(16-17절).

가. 분단의 아픔을 직시해야 한다.

16절, "인자야 너는 막대기 하나를 가져다가 그 위에 유다와 그 짝 이스라엘 자손이라 쓰고 또 다른 막대기 하나를 가지고 그 위에 에브라임 곧 요셉과 그 짝 이스라엘 온 족속이라 쓰고…"

* 본문에서 "유다와 그 짝 이스라엘 자손"은 남 유다를 가리키며 유다지파와 베냐민지파의 연합을 말한다. 그리고 "에브라임 곧 요셉과 그 짝 이스라엘 온 족속"은 북 이스라엘을 가리키며 나머지 열 지파의 연합을 말한다. 그런데 하나님은 이를 하나로 만드시겠다고 약속하신다.

* 본문은 분단의 아픔에 이어 바빌론 포로생활에 지쳐 있는 이스라엘 백성을 위로하시는 말씀이다. 이스라엘은 남북의 분단으로 인하여 국력이 쇠약해졌다. 결국 북 이스라엘은 앗수르에게 망했고 남 유다는 바빌론에 포로가 되었다. 그들은 절망 가운데 몸부림치고 있었다.

* 우리들도 분단의 아픔을 직시해야 한다. 해방된 지 70여년이 지났으나 아직 해방은 완성되지 않았다. 남북이 분단된 채 서로 불신하고, 대립하고, 삼키려고 애를 쓰고 있다. 이 아픔은 우연이 아니다. 35년간의 일제 식민지 지배와 동족상잔의 비극의 원인이 무엇인지 직시해야 한다.

나. 언약의 파기가 문제의 중심이다.

23절, "내가 그들을 그 범죄한 모든 처소에서 구원하여 정결하게 한즉 그들은 내 백성이 되고 나는 그들의 하나님이 되리라."

* 하나님은 언약을 중시하신다. "그들은 내 백성이 되고 나는 그들의 하나님이 되리라"는 말씀이 언약의 핵심이다. 백성들이 하나님의 백성이 되기를 거절하면 하나님도 그들의 하나님이 되시기를 거부하신다. 그리고 하나님은 징계를 통하여 이 언약이 회복되기를 원하신다.

* 이스라엘의 분단의 원인은 언약의 파기였다. 여호와는 솔로몬에게 "네가 내 언약과 내가 네게 명령한 법도를 지키지 아니하였으니 내가 반드시 이 나라를 네게서 빼앗아 네 신하에게 주리라"고 경고하셨다(왕상 11:11). 그리고 솔로몬의 아들 르호보암의 공포정치로 인하여 남북 분단이 촉발되었다(왕상12장). 결국 말씀대로 여로보암은 열 지파를 이끌고 북왕국을 세웠다.

* 우리 민족의 아픔도 이러한 차원에서 직시해야 한다. 일본이 나쁘고, 공산주의는 악하다. 그러나 그들을 탓할 때가 아니다. 오히려 하나님을 멀리 떠나 악을 행하는 우리의 범죄문제를 직시해야 한다.

다. 정결한 백성으로 회복되어야 한다.

23절, "내가 그들을 그 범죄한 모든 처소에서 구원하여 정결하게 한즉…"

* 하나님이 구원하시는 목적은 백성을 정결하게 만들려는 것이요, 정결한 백성과 더불어 언약을 갱신하는 데 있다. "내가 그들을 그 범죄한 모든 처소에서 구원하여 정결하게 한즉 그들은 내 백성이 되고 나는 그들의 하나님이 되리라"고 하셨다(23절). 정결회복이 언약갱신의 지름길임을 알아야 한다.

* 여기서 '정결'(טָהֵר 타헤르, 강조, 완료)은 단순한 믿음의 문제가 아니다. 이것은 의식적인 정결의 차원이 아니다. 철저하게 회개하고 돌아서서 순수함과 깨끗함을 회복해야 한다. 단순한 반성행위를 넘어 하나님의 말씀에

입각하여 삶의 양식을 구체적으로 바꾸어야 한다. 그러므로 "회개에 합당한 열매를 맺으라"는 세례 요한의 외침을 귀담아 들어야 한다(마3:8).

* 바울은 하나님의 언약, "너희에게 아버지가 되고 너희는 내게 자녀가 되리라"는 말씀에 이어 "그런즉 사랑하는 자들아 이 약속을 가진 우리는 하나님을 두려워하는 가운데서 거룩함을 온전히 이루어 육과 영의 온갖 더러운 것에서 자신을 깨끗하게 하자"고 하였다(고후7:1). 백성의 정결이 언약갱신의 조건이다.

라. 하나님의 손에서 하나가 될 수 있다.

19절, "주 여호와께서 말씀하시기를 내가 에브라임의 손에 있는바 요셉과 그 짝 이스라엘 지파들의 막대기를 가져다가 유다의 막대기에 붙여서 한 막대기가 되게 한즉 내 손에서 하나가 되리라."

* 하나님은 정결한 백성과 언약을 갱신하시고, 새로운 언약관계를 통하여 회복시키는 은총을 베푸신다. 본문은 백성을 치료하시고 민족을 하나 되게 하시는 능력이 하나님의 손에 있음을 보여준다. 그것도 하나님을 섬기며 정결하게 살려는 백성(유다)을 중심으로 하나가 되게 하시겠다고 선포하셨다.

* 말씀에 "그들이 내게 대항하므로 나도 그들을 대항하여 내가 그들을 원수의 땅으로 끌어갔음을 깨닫고 그 할례 받지 아니한 그들의 마음이 낮아져서 그들의 죄악의 형벌을 기쁘게 받으면 내가 야곱과 맺은 내 언약과 이삭과 맺은 내 언약을 기억하며 아브라함과 맺은 내 언약을 기억하고 그 땅을 기억하리라"라고 하였다(레26:41-42). 힘의 논리로 해결되지 않는다. 하나님께서 뜻을 돌이키실 때 살길이 열린다.

* 지금까지 하나님은 우리 민족을 지켜주셨다. 해방은 하나님의 은총으로 주어졌다. 6·25동란 때에도 하나님의 크신 은총이 있었다. 평화통일의 희망도 하나님의 손에 달려 있다.

미가서 7장 1-4절
남은 자가 희망이다

재앙이로다 나여 나는 여름 과일을 딴 후와 포도를 거둔 후 같아서 먹을 포도송이가 없으며 내 마음에 사모하는 처음 익은 무화과가 없도다(1절).

가. 성도는 남은 자가 되어야 한다.

1절, "재앙이로다 나여 나는 여름 과일을 딴 후와 포도를 거둔 후 같아서 먹을 포도송이가 없으며…"

＊ 본문에서 예언자 미가는 하나님의 신실한 사람이 없음을 탄식하고 있다. 여름 과일을 딴 후와 포도를 딴 후와 같아서 열매를 구할 수 없는 것처럼 남은 자가 없음을 안타까워하였다. 그는 구체적으로 "경건한 자가 세상에서 끊어졌고 정직한 자가 사람들 가운데 없도다"라고 탄식하였다(2절).

＊ 미가는 남은 자가 없다는 것이 너무 슬펐다. 그는 이런 현상을 두고 재앙이라고 탄식하였다. 소돔과 고모라는 의인 열 사람이 없어서 하나님의 심판을 피하지 못했다. 의인 열 사람이 없다는 것은 참으로 안타까운 일이다. 예레미야도 안타까운 심정으로 하나님의 말씀, "너희가 만일 정의를 행하며 진리를 구하는 자를 한 사람이라도 찾으면 내가 이 성읍을 용서하리라"라고 외쳤다(렘5:1b).

＊ 세상에 믿는 사람은 많으나 남은 자가 없다. 여기서 "여름 과일을 딴 후와 포도를 거둔 후"의 형편은 잎은 있으나 열매가 없는 상황을 비유한다. 잎만 무성한 무화과나무의 비유를 참조하라(마21:18-19).

나. 썩어도 너무 썩었다.

4절, "그들의 가장 선한 자라도 가시 같고 가장 정직한 자라도 찔레 울타리보다 더하도다."

* 미가는 남은 자가 없음을 탄식하며 백성의 부패를 고발하였다. 그는 "무리가 다 피를 흘리려고 매복하며 각기 그물로 형제를 잡으려 하고 두 손으로 악을 부지런히 행하는도다 그 지도자와 재판관은 뇌물을 구하며 권세자는 자기 마음의 욕심을 따라 말하며 그들이 서로 결합하니"라고 탄식하였다(2-3절). 이는 경건한 사람이나 정직한 사람은 없고 모든 사람이 부패하였다는 고발이다.

* 더욱 심각한 문제는 "가장 선한 자가 가시 같고 가장 정직한 자가 찔레 울타리보다 더 하다"는 점이다. 여기서 '가시'(חֵדֶק헤데크)는 '찌르다'라는 말에서 유래하였다. 그러므로 '가시'는 복의 근원이 되어야 할 사람이 찌르는 사람이 되었음을 꼬집는 말이다. 그리고 '찔레 울타리'(מְסוּכָה메쑤카)는 사람이 장벽(걸림돌)이 되는 것을 꼬집는다. 훌륭하다는 사람이 이 정도니 참으로 안타까운 모습이다.

* 성한 곳이 한 군데도 없다. 이사야는 "온 머리는 병들었고 온 마음은 피곤하였으며 발바닥에서 머리까지 성한 곳이 없다"고 외쳤다(사1:5-6). 썩어도 너무 썩었다.

다. 끝까지 경건하고 정직해야 한다.

2절, "경건한 자가 세상에서 끊어졌고 정직한 자가 사람들 가운데 없도다."

* 하나님은 경건하고 정직한 사람을 찾으신다. 미가는 "먹을 만한 포도송이가 없으며 내 마음에 사모하는 처음 익은 무화과가 없도다"라고 탄식하였다. 여기서 '먹을 만한 포도송이'나 '처음 익은 무화과'는 경건하고 정직한 사람을 가리킨다. 성도는 하나님이 찾으시는 남은 자 즉 경건하고 정직한 사람이 되어야 한다.

* 여기서 '경건한(חָסִיד하시드) 사람'은 하나님께는 경건하고 사람들에게

는 자비롭고 은혜로운 사람을 말한다. 하나님께는 경건한 것 같으나 사람들에게 냉혹한 사람은 참다운 성도가 아니다. 야고보는 "하나님 아버지 앞에서 정결하고 더러움이 없는 경건은 곧 고아와 과부를 그 환난 중에 돌보고 또 자기를 지켜 세속에 물들지 아니하는 것이라"고 하였다(약1:27). 이런 성도가 되어야 한다.

* 그리고 '정직한'(ישׁר;야샤르) 사람은 올바르고 하나님과 사람들 앞에서 거짓이 없는 사람을 말한다. 사람들이 왜곡되고 부패할지라도 성도는 항상 옳은 길을 택하는 남은 자가 되어야 한다.

라. 남은 자들에게 희망이 있다.

4절, "그들 가운데 형벌의 날이 임하였으니 이제는 그들이 요란하리로다."

* 본문은 부패하고 타락한 사람들에게 임할 하나님의 심판의 날을 예고하고 있다. 하나님은 오래 참으시지만 때가 되면 반드시 심판하신다. 사람들은 다가올 심판 앞에서 당황하게 될 것이다. 또한 세상은 경건하고 정직한 사람이 없는 연고로 심판을 받고 혼란에 빠지게 될 것이다. 여기서 '요란'(מבוכה;메부카)은 '당황' 또는 '혼란' 이라는 뜻을 갖고 있는 말이다. 심판의 날이 어떠할지를 보여준다.

* 남은 자가 세상의 희망이다. 의인 열 사람이 있었다면 소돔과 고모라가 멸망하지 않았을 것이다. 물론 모든 사람이 경건하고 정직할 수는 없다. 또 모든 사람이 경건하고 정직해야 평안을 주시는 것도 아니다. 다만 경건하고 정직한 남은 자들이 있을 때 하나님은 그 성읍을 지켜주신다.

* 하나님은 낙심하고 있는 엘리야에게 바알에게 무릎을 꿇지 않은 사람 칠천 명이 있다고 말씀하시며 격려하셨다. 그들이 진정 남은 자들이다. 하나님은 그들이 희망이라고 보셨다. 성도는 세상에 휩쓸리지 않고 오히려 세상을 거슬러 시대정신을 이끌어 가는 남은 자가 되어야 한다. 성도들만이라도 남은 자가 되면 이 땅에 희망이 있다.

창세기 1장 1-5절
창조신앙이 희망이다

태초에 하나님이 천지를 창조하시니라 땅이 혼돈하고 공허하며 흑암이 깊음 위에 있고 하나님의 영은 수면 위에 운행하시니라 하나님이 이르시되 빛이 있으라 하시니 빛이 있었고 빛이 하나님이 보시기에 좋았더라(1-4절).

가. 하나님의 창조는 계속되고 있다.

1절, "태초에 하나님이 천지를 창조하시니라."

* 본문은 성경을 시작하는 말씀이며 성경전체를 조명하고 있다. 이 말씀은 하나님이 어떻게 천지를 창조하셨으며 또 어떻게 운영해 가시는지를 보여준다. 여기서 '태초에'(בְּרֵאשִׁית 베레쉬트)는 '시작에' 즉 '시작할 때에' 라고 읽을 수 있다. 즉 하나님은 창조로 시작하여 창조로 마치신다.

* 하나님의 역사는 창조의 역사다. 하나님의 역사는 창조를 떠나서는 이해할 수 없다. 물론 '창조'(בָּרָא 바라)는 무에서 유를 만드는 것을 말한다. 하나님은 무에서 유를 만드시며 역사를 이루셨다.

* 하나님이 아브라함에게 주신 약속은 창조의 역사를 통해 이루어졌다. 불가능한 가운데 아들 이삭을 주신 것, 큰 민족을 이루게 하신 것, 애굽에서 구원하여 내신 것, 그리고 가나안 땅으로 인도하여 나라를 이루게 하신 것 등 모든 것이 창조의 능력으로 이루어졌다.

* 예수 그리스도의 오심도 창조의 능력으로 이루어졌다. 그리고 그를 믿음으로 구원을 받고 거듭나는 것, 그리스도 안에서 새로운 피조물이 되는 것도 하나님의 창조적인 역사다.

성령강림 후 13주

나. 어둠의 세상을 포기하지 말라.

2절, "땅이 혼돈하고 공허하며 흑암이 깊음 위에 있고 하나님의 영은 수면 위에 운행하시니라."

* 본문은 창조의 성격을 보여주는 말씀이다. 이것은 하나님의 창조가 무(아무것도 없음)에서 시작하는 것임을 보여준다. 일차 창조가 부족하여 이차로 다시 창조하셨다는 견해는 옳지 않다. 땅이 혼돈하고 공허하며 흑암이 깊음 위에 있었으나 하나님은 창조를 통해 보시기에 좋게 하셨다. 세상이 어둡더라도 포기하면 안 된다.

* 그런데 본문에는 "하나님의 영이 수면 위에 운행하셨다"고 하였다. 여기서 '운행하다' (חפר 라하프, 강조, 분사)는 깊은 관심을 갖고 둘러보는 것을 뜻한다. 하나님은 어둠의 세상에 깊은 관심을 갖고 계시며 새로운 세상의 창조를 원하신다. 또한 '운행하다' (강조)를 '알을 품다'라고 해석하기도 한다. 암탉이 병아리를 까기 위하여 알을 품고 있는 형상으로서 세상을 향한 하나님의 고뇌를 암시한다.

* 창조신앙은 세상을 향한 하나님의 깊은 관심을 보여준다. 이는 세상을 있는 그대로 수용하는 것은 아니다. 그러나 세상을 대적하거나 포기하지 않는다. 창조는 어둠에 사로잡혀 있는 세상을 변화시키기 위하여 닭이 알을 품듯이 하나님이 고뇌 가운데 둘러보는 것이다.

다. 창조의 능력은 하나님께 있다.

3-4절, "하나님이 이르시되 빛이 있으라 하시니 빛이 있었고 빛이 하나님이 보기에 좋았더라..."

* 본문은 창조의 능력이 하나님께 있고 그 창조의 결과가 매우 좋았다는 것을 보여준다. 여기서 '빛이 있으라,' '빛이 있었고,' 그리고 '보시기에 좋았더라'는 창조신앙의 핵심이다. 성도들은 이러한 창조신앙으로 무장하여 하나님의 구원사역에 동참하여야 한다.

* 창세기 1장에는 하나님의 명령에 따라 '그대로 되니라'라는 말씀이 여

러 곳에 나온다(7절, 9절, 11절, 15절, 24절, 30절). 그런데 '그대로 되니라' (접와, 미완료)는 말씀하시자마자 즉각적으로 이루어졌음을 보여주는 말이다. 하나님의 창조의 능력은 대단하다.

　＊ 또 본문에서 하나님이 보시기에 '좋았더라' (완료)는 하나님의 창조가 완벽했음을 보여준다. 하나님이 만드신 작품들은 완벽한 것들이다. 이 또한 하나님의 능력이 위대함을 보여준다.

　＊ 창조신앙은 "전능하사 천지를 만드신 하나님을 내가 믿사오며"를 주요 고백으로 한다. 성도들은 무에서 유를 창조하시는 전능하신 하나님을 믿어야 한다.

라. 창조신앙은 믿는 이들에게 희망을 준다.

5절, "하나님이 빛을 낮이라 부르시고 어둠을 밤이라 부르시니라 저녁이 되고 아침이 되니 이는 첫째 날이니라."

　＊ 하나님의 시간에서는 저녁이 되고 아침이 됨으로 하루가 간다. 일반적으로 아침이 되고 저녁이 됨으로 하루가 간다는 생각과는 대조적이다. 이처럼 어둠이 가고 빛이 오는 것을 강조함으로 어둠속에 있는 사람들에게 희망의 메시지를 준다. 이것이 창조신앙의 특징이다.

　＊ 하나님의 창조 이야기는 우리에게 희망의 신앙을 갖게 한다. 성도들은 아침으로 시작하여 저녁으로 끝나는 절망의 삶을 살지 말고, 저녁으로 시작하여 아침으로 끝나는 희망의 삶을 살아야 한다. 성경은 밤이 깊으면 깊을수록 아침이 가까이 오고 있음을 상기시킨다. 이것이 희망의 신앙의 근거다.

　＊ 창조주 하나님 앞에는 어떤 어려움도 절망의 상황이 아니다. 하나님은 모든 것을 합력하여 선을 이루신다(롬8:18). 그분에게는 어떤 사람도 구제 불능이 없다. 예수께서 이르시되 "할 수 있거든이 무슨 말이냐 믿는 자에게는 능히 하지 못할 일이 없느니라"라고 하셨다(막9:23).

 **고린도후서 9장 6-9절**

헌신은 복의 근원이다

이것이 곧 적게 심는 자는 적게 거두고 많이 심는 자는 많이 거둔다 하는 말이로다 각각 그 마음에 정한 대로 할 것이요 인색함으로나 억지로 하지 말지니 하나님은 즐겨 내는 자를 사랑하시느니라(16-17절).

가. 참다운 헌신이 복을 받는 비결이다.

6절, "많이 심는 자는 많이 거둔다 하는 말이로다."

* 본문은 고린도교회의 연보문제와 관련된 말씀이다. 고린도교회는 일찍이 예루살렘교회의 어려운 사정을 듣고 연보를 준비하였었다. 바울은 이 일을 마게도냐인들에게 알렸고 그들도 연보에 참여하게 하였다. 그러나 정작 고린도교회는 약속한 연보를 제대로 준비하지 못하고 있었다. 이에 바울은 참다운 연보를 준비하게 하려고 본문의 말씀을 전했다(1-5절 참조).

* 여기서 '연보'(εὐλογία 율로기아)는 여러 가지 뜻을 갖고 있는 단어다. 어떤 이들은 성경에 '헌금'은 없고 '연보'만 있다고 한다. 이는 하나님께 드리는 헌금을 하지 말고 사람을 구제하는 연보에 힘써야 한다는 주장이다. 그런데 봉헌은 연보와 헌금을 포함하는 말이다.

* 또한 연보(εὐλογία 율로기아)는 '헌신'이라는 뜻과 '복'과 '풍성한 선물'이라는 뜻도 갖고 있다. 즉 참다운 헌신은 복을 받는 비결이며 풍성함에 이르는 길이다. 이에 바울은 "많이(율로기아이스) 심는 자는 많이(율로기아이스) 거둔다"라고 하였다. 즉 복스러운 헌신이 복을 거두는 비결이다.

나. 적게 심고 많이 거두려는 것이 문제다.

6절, "이것이 곧 적게 심는 자는 적게 거두고 많이 심는 자는 많이 거둔다 하는 말이로다."

＊ 하나님은 심은 대로 거두게 하신다. 바울은 '하나님은 업신여김을 받지 아니하시나니 사람이 무엇으로 심든지 그대로 거두리라'라고 하였다(갈 6:7). "콩 심은데 콩 나고 팥 심은데 팥 난다"는 말은 일반계시에 속한다. 적게 심은 자는 적게 거두고 많이 심은 자는 많이 거두게 하시는 것이 하나님의 뜻이다.

＊ 물론 여기서 말하는 것은 양적인 것만을 의미하지 않는다. 예수님은 한 가난한 과부가 와서 작은 돈(두 렙돈)을 헌금하는 것을 보시고 칭찬하셨다(막12:42-43). 그러나 주님은 "많이 받은 자에게는 많이 요구할 것이요 많이 맡은 자에게는 많이 달라 할 것"이라고 하셨다(눅12:48). 헌신의 양적인 문제는 그 사람이 은총을 얼마나 받았는지에 달렸다. 여기서 상대평가는 의미가 없다.

＊ 자신에게는 풍요하고 하나님과 이웃에게 인색한 것이 문제다. 본문에서 '적게'(φειδομένως 페이도메노스)는 '인색하게'라는 말이다. 즉 이웃에게 인색하고 하나님께 인색하면 하나님도 그들에게 인색하게 하신다. 자신은 인색하면서도 하나님께서 풍성하시기를 바라는 것은 문제가 있다.

다. 즐거운 마음으로 헌신해야 한다.

7절, "각각 그 마음에 정한 대로 할 것이요 인색함으로나 억지로 하지 말지니 하나님은 즐겨 내는 자를 사랑하시느니라."

＊ 헌신은 쉬운 일이 아니다. 그러나 하나님은 즐겨 내는 자를 기뻐하신다. 하나님은 성소를 지을 때에 백성들이 기쁨으로 내는 예물을 받으라고 하셨다. "이스라엘 자손에게 명령하여 내게 예물을 가져오라 하고 기쁜 마음으로 내는 자가 내게 바치는 모든 것을 너희는 받을지니라"라고 하셨다(출25:2).

＊ 연보와 헌신은 우선 마음에 정한 대로 해야 한다. 여기서 '정한'(완료)은 성령의 감동에 따라 마음에 결심했던 바를 말한다. 이런 말이 있다. 첫 번째 마음은 하나님이 주신 것이요, 두 번째 마음은 자신의 생각이요, 세 번째 마음은 마귀가 주는 것이다. 하나님이 주신 마음은 지키기가 어려우므로 매우 신중해야 한다. 아나니아와 삽비라의 사건을 참조하라(행5:1-11).

＊ 헌신은 인색함으로나(λύπη 뤼페, 걱정하면서) 억지로(의무적으로) 하면 안 된다. 걱정하지 말고 믿음 안에서 기쁨으로 해야 한다. 억지로 하지 말고 받은 은혜를 기억하며 감사함으로 즐겁게 헌신해야 한다.

라. 하나님은 헌신하는 이들을 풍요롭게 하신다.

8절, "하나님이 능히 모든 은혜를 너희에게 넘치게 하시나니 이는 너희로 모든 일에 항상 모든 것이 넉넉하여 모든 착한 일을 넘치게 하게 하려 하심이라."

＊ 본문은 헌신하는 이들을 격려하기 위하여 주신 말씀이다. 헌신은 힘들지만 하나님은 참다운 마음으로 헌신하는 이들을 부요케 하신다. 하나님은 능히(δύναμαι 뒤나마이) 그렇게 하실 수 있다. 성도는 하나님의 약속과 능력을 믿고 즐거운 마음으로 헌신해야 한다.

＊ 하나님이 헌신하는 이들을 더욱 풍요롭게 하시는 것은 "항상 모든 것이 넉넉하여 모든 착한 일을 넘치게 하게 하려 하심"이다. 인색한 이들이 넉넉하게 되면 더욱 자신만을 위하여 풍요롭게 살 뿐이다. 그러므로 하나님은 헌신하는 이들을 더욱 풍요롭게 하셔서 착한 일을 더 많이 할 수 있게 하신다.

＊ 바울은 시편의 말씀을 인용하여 하나님의 은총을 고백하였다. "그가 재물을 흩어 빈궁한 자들에게 주었으니 그의 의가 영구히 있고 그의 뿔이 영광중에 들리리로다"라고 하였다(시112:9). 하나님은 복스럽게 헌신하는 이들을 넉넉하게 하실 뿐만 아니라 그의 의로움을 기억하시며 그를 높여주신다.

 **누가복음 6장 46-49절**
말씀을 듣고 행하라

너희는 나를 불러 주여 주여 하면서도 어찌하여 내가 말하는 것을 행하지 아니하느냐 내게 나아와 내 말을 듣고 행하는 자마다 누구와 같은 것을 너희에게 보이리라(46-47절).

가. 신앙의 집을 제대로 세워야 한다.

47절, "내게 나아와 내 말을 듣고 행하는 자마다 누구와 같은 것을 너희에게 보이리라."

* 본문은 예수님이 신앙생활을 집짓기에 비유하신 말씀이다. 예수님은 신앙의 집을 짓는 사람을 두 종류로 구분하셨다. 한 사람은 집을 짓되 깊이 파고 주추를 반석 위에 놓았다. 또 한 사람은 주추 없이 흙 위에 집을 지었다. 외형상 아무런 차이가 없는 것 같지만 실제로는 엄청난 차이가 있다.

* 땅을 깊이 파고 주추를 반석 위에 놓는 사람은 말씀을 듣고 행하는 사람이다. 그리고 주추 없이 흙 위에 집을 지은 사람은 말씀을 듣고 행하지 않는 사람이다. 두 사람 모두 신앙의 집을 짓고 있다는 점에서는 차이가 없다. 그런데 어떤 집을 세우느냐가 중요한 문제다.

* 신앙의 집을 제대로 세워야 한다. 잘못 지은 집은 하나님의 심판을 견디지 못한다. 바울은 "만일 누구든지 금이나 은이나 보석이나 나무나 풀이나 짚으로 이 터 위에 세우면 각 사람의 공적이 나타날 터인데 그 날이 공적을 밝히리니 이는 불로 나타내고"라고 하였다(고전3:12-13). 말씀을 듣고 행하지 않으면 신앙의 집을 지어도 사상누각이 된다.

나. 말씀을 실천하지 않는 것이 문제다.

49절, "듣고 행하지 아니하는 자는 주추 없이 흙 위에 집을 지은 사람과 같으니 탁류가 부딪치매 집이 곧 무너져 파괴됨이 심하니라."

* 신앙의 집을 제대로 짓는 사람과 그렇지 않은 사람 사이에는 큰 차이가 있다. 그것은 말씀을 듣고 행하느냐, 행하지 않느냐에 달려있다. 사실 두 종류의 사람 모두 주님을 영접하고 그의 말씀을 들은 사람들이다. 그런데 예수님은 이들의 신앙생활에는 매우 심각한 차이가 있음을 지적하셨다. 말씀의 실천이 중요하다는 지적이다.

* 반석 위에 집을 짓는(현재분사) 사람은 말씀을 듣고(현재분사) 실천하는(현재분사) 사람이다. 그러나 흙 위에 집을 지은(과거분사) 사람은 말씀을 듣고(과거분사) 실천하지(과거분사) 않는 사람이다. 즉 말씀을 계속적으로 듣고 현재 즐겨 실천하는 사람이 지혜로운 사람이다.

* 이 말씀은 불신자에게 주신 것이 아니다. 주님을 영접하고 그의 말씀을 들으면서도 그의 말씀을 따르지 않는 사람들에게 주신 경고의 말씀이다. 한국 교회가 기복신앙이나 신비주의에 빠져 하나님의 말씀을 제대로 실천하지 않는 경향이 있다. 이를 깊이 반성해야 할 때다.

다. 주님을 주인으로 받들어 섬겨야 한다.

46절, "너희는 나를 불러 주여, 주여 하면서도 어찌하여 내가 말하는 것을 행하지 아니하느냐."

* 말씀을 듣고 행하는 성도가 되려면 주님을 주인으로 영접하고 받들어 섬겨야 한다. 그러나 한국 교회는 주님을 우리의 주인 또는 왕으로 받들어 섬기는 데에 익숙하지 않다. 대부분 '나를 위한 주님' 이라는 신앙관을 넘지 못하여 '주님을 위한 나' 라는 신앙관에 이르지 못하고 있다. 아주 이기적인 신앙관을 갖고 있다.

* 여기서 '주'(Κύριε 퀴리에)는 주인, 주군, 또는 왕이라는 뜻이다. 즉 우리가 주님을 향하여 주여, 주여 하면서도 그의 말씀을 따르지 않는 것은 그

를 주인(왕)으로 섬기지 않기 때문이다. 신앙생활을 잘 하려면 주님(주인, 왕)과 성도(종, 노예)와의 관계를 올바르게 정립해야 한다.

　＊ 성도는 예수님을 믿을 뿐더러 예수님의 믿음을 따라야 한다. 바울은 "사람이 의롭게 되는 것은 율법의 행위로 말미암음이 아니요 오직 예수 그리스도를(그리스도의) 믿음으로 말미암는 줄 알므로 우리도 그리스도 예수를 믿나니"라고 하였다(갈2:16). 즉 예수 그리스도를 믿음은 우리의 왕이신 그리스도의 믿음을 따르는 것이어야 한다.

라. 말씀을 듣고 행하는 자에게 평강이 있다.

48절, "집을 짓되 깊이 파고 주추를 반석 위에 놓은 사람과 같으니 큰물이 나서 탁류가 그 집에 부딪치되 잘 지었기 때문에 능히 요동하지 못하게 하였거니와…"

　＊ 이러한 결과는 당장에는 나타나지 않는다. 예수님은 '너희에게 보이리라' 고 미래형으로 말씀하셨다(47절). 지금 당장은 모르지만 신앙의 집을 어떻게 짓느냐에 따라 결과에는 엄청난 차이가 있다. 그리고 당장에 차이가 드러나지 않은 것이 유혹일 수 있으므로 경계하여야 한다.

　＊ 가인의 예배(미완료)와 아벨의 예배(완료)는 "세월이 지난 후에" 엄청난 차이가 결과로 나타났다(창4:3). 때가 되면 드러난다. 예수님의 비유에 "싹이 나고 결실할 때에 가라지도 보이거늘"이라는 말씀이 있다(마13:26). 여기서 '보이거늘' 은 가라지가 결실할 때가 되어서야 '분명하게 드러났다' 는 뜻이다.

　＊ 말씀을 듣고 행하느냐, 행치 않느냐는 개인의 문제다. 이는 자유의지에 속한 문제다. 그러나 결국에는 상당히 큰 차이를 가져온다. 말씀을 듣고 행하는 사람은 어려운 가운데서도 평강을 누리지만 말씀을 듣고 행치 않은 사람은 어려운 중에 무너지게 된다.

예레미야 9장 23-24절
선행으로 자랑하라

자랑하는 자는 이것으로 자랑할지니 곧 명철하여 나를 아는 것과 나 여호와는 사랑과 정의와 공의를 땅에 행하는 자인 줄 깨닫는 것이라 나는 이 일을 기뻐하노라 여호와의 말씀이니라(24절).

가. 자랑은 바르게 해야 한다.

23절, "여호와께서 이와 같이 말씀하시되 지혜로운 자는 그의 지혜를 자랑하지 말라…"

＊ 본문은 성도가 받은 은사를 말로 자랑하지 말고 선행으로 보이라는 말씀이다. 자랑은 선행으로 해야 한다. 바울은 "너희가 자랑하는 것이 옳지 아니하도다 적은 누룩이 온 덩어리에 퍼지는 것을 알지 못하느냐"라고 하였다(고전5:6). 은사 자체를 자랑거리로 삼으면 안 된다.

＊ 사람이 자랑하는 것은 인정받고 싶은 욕구 때문이다. 매슬로우는 인간의 욕구를 생리적 욕구, 안전의 욕구, 애정의 욕구, 존경의 욕구, 그리고 자아실현의 욕구까지 5단계로 설명하였다. 인정을 받고 존경을 받고 싶은 욕구 때문에 사람들은 자랑을 한다.

＊ 그런데 자랑을 바르게 하지 않으면 존경은커녕 폄훼를 당하게 된다. 이것이 자랑을 잘 해야 하는 이유다. 여기서 자랑을 '잘' 한다는 것은 '바르게' 한다는 것을 뜻한다. 본문은 어떻게 하는 것이 자랑을 바르게 하는 것인지를 보여준다. 올바른 자랑이 사람의 인격을 높이고 존경을 받게 한다. 자랑을 바르게 하는 것이 자신을 바로 세우는 기회가 된다.

나. 선물은 자기를 자랑하라고 주신 것 아니다.

23절, "지혜로운 자는 그의 지혜를 자랑하지 말라 용사는 그의 용맹을 자랑하지 말라 부자는 그의 부함을 자랑하지 말라."

* 본문에서 거론된 지혜, 용맹, 그리고 부함은 사람들이 일반적으로 자랑하는 것들이다. 그러나 하나님은 이런 것들을 자랑하지 말라고 하신다. 이런 것들은 자랑하라고 주신 것이 아니기 때문이다. 이런 것들은 하나님의 나라와 그의 의를 이루라고 주신 하나님의 선물이다.

* 여기서 '자랑하다'(הָלַל 할랄, 히트파엘)는 '자찬하다' 그리고 '영광을 얻다' 라는 뜻이 있다. 따라서 이것은 자신의 영광을 얻으려는 목적으로 자기를 자랑하지 말라는 말씀이다. 이런 자랑은 하나님이 선물을 주신 목적에 어긋난다. 더구나 '자랑하다'(הָלַל 할랄, 칼형)가 '과시하다' 또는 '어리석다' 라는 뜻인 것을 보면 자랑은 자신을 과시하다가 어리석은 자가 되는 길이라고 할 수 있다.

* 성도는 하나님이 주신 선물(지혜, 용맹, 부함)이 얼마나 큰가에 관심을 갖기 보다는 어떻게 하여 받은 선물에 걸맞는 영광을 하나님께 돌릴 것인가를 생각해야 한다. 달란트의 비유를 참조하라(마25장).

다. 받은 선물은 선행을 통해 자랑해야 한다.

24절, "자랑하는 자는 이것으로 자랑할지니 곧 명철하여 나를 아는 것과 나 여호와는 사랑과 정의와 공의를 땅에 행하는 자인 줄 깨닫는 것이라."

* 이 말씀은 자랑을 바르게 하는 비결을 보여준다. "자랑하는 자는 이것으로 자랑할지니"는 자랑을 바르게 하라는 말씀이다. 바른 자랑은 받은 선물을 가지고 선을 행하는 것이다. 받은 달란트가 자랑거리가 아니라 그것으로 얼마나 선행을 했느냐가 진정한 자랑거리다.

* 우선 자랑을 바르게 하려면 선물을 주신 하나님이 사랑과 정의와 공의를 땅에 행하시는 분임을 깨달아야 한다. 여기서 '깨닫다'(שָׂכַל 사칼, 히필)는 '관심을 기울이다' 그리고 '신중하게 행하다' 라는 뜻을 갖고 있는 말이다.

그러므로 자랑을 바르게 하려면 하나님이 주신 선물을 가지고 세상에서 사랑과 정의와 공의를 이루는 일에 깊은 관심을 기울이며 신중하게 살아가야 한다.

* 자랑은 말로 하는 것이 아니다. 오히려 지혜와 용맹과 부함으로 선을 행하고 공의와 정의를 행하는 실천으로 해야 한다. 물질을 가지고 선한 일을 하는 것이 진정한 자랑이다. 용기가 있으면 정의를 실천하는데 앞장서는 것이 진정한 자랑이다. 하나님이 주신 지혜로 바른 세상을 만드는 것이 진정한 자랑이다.

라. 하나님은 선행으로 자랑하는 이를 기뻐하신다.

24절, "나는 이 일을 기뻐하노라 여호와의 말씀이니라."

* 하나님은 자녀들이 받은 선물을 가지고 선을 행하고 자비를 베푸는 것을 기뻐하신다. 여기서 '기뻐하다'(יָפֵץ하페츠)는 '호의를 보이다' 또는 '은혜를 베풀다' 라는 뜻을 갖고 있다. 즉 하나님은 기뻐하시는 그의 자녀들에게 호의를 보이고 은혜를 베푸시는 것을 알 수 있다.

* 하나님은 모세에게 주신 축복선언문에서 그가 기뻐하시는 이들에게 은혜와 평강을 주시겠다고 약속하셨다. "여호와는 그의 얼굴을 네게 비추사(기쁨으로) 은혜 베푸시기를 원하며, 여호와는 그 얼굴을 네게로 향하여 드사(기쁨으로) 평강 주시기를 원하노라"라고 축복하게 하셨다(민6:25-26). 이 축복선언문은 하나님이 기뻐하시는 사람들에게 은혜와 평강을 내려주시는 것을 보여준다.

* 성숙한 성도는 자신의 요구를 간구하기 전에 먼저 하나님이 기뻐하시는 일에 최선을 다해야 한다. 예수님은 우리가 먼저 하나님의 나라와 의를 구하면 하나님은 이를 기뻐하시며 우리에게 필요한 모든 것을 채워주신다고 약속하셨다(마6:33). 받은 선물로 선을 행하는 이들에게 복이 있다.

창세기 1장 26-28절
하나님의 형상을 회복하라

하나님이 이르시되 우리의 형상을 따라 우리의 모양대로 우리가 사람을 만들고 그들로 바다의 물고기와 하늘의 새와 가축과 온 땅과 땅에 기는 모든 것을 다스리게 하자 하시고(26절).

가. 인간은 가장 고귀한 피조물이다.
26절, "하나님이 이르시되 우리의 형상을 따라 우리의 모양대로 우리가 사람을 만들고…"

* 하나님은 자신의 형상을 따라 사람을 만드셨다. 다른 것을 만드실 때에는 그냥 '있으라' 하셨고 만드셨다(단수). 그러나 사람을 창조하실 때에는 하나님이 "우리의 형상을 따라…우리가 사람을 만들고"라고 의논하셨는데 '만들고'(복수)는 단순히 '장엄의 복수'가 아니다. 이것은 사람을 창조하실 때에 정성들여 가장 고상하게 만드셨음을 보여준다.

* 시편에 "사람이 무엇이기에 주께서 그를 생각하시며 인자가 무엇이기에 주께서 그를 돌보시나이까 그를 하나님보다 조금 못하게 하시고 영화와 존귀로 관을 씌우셨나이다"라고 하였다(시8:4). 이처럼 사람은 하나님과는 비교할 수 없지만 피조물 중에서는 최고임을 보여준다.

* 하나님의 형상은 세 가지로 나누어 설명할 수 있다. 첫째는 자연적 형상이요, 둘째는 도덕적 형상이고, 셋째는 정치적 형상이다. 인간이 비록 연약할지라도 이렇게 하나님의 형상대로 창조되었기 때문에 가장 고상한 존재다. 이로써 인간은 만물의 영장으로 불리어진다.

나. 타락이 문제다.

27절, "하나님이 자기 형상 곧 하나님의 형상대로 사람을 창조하시되..."

* 여기서 '형상'(צֶלֶם첼렘)은 '그림자' 또는 은유적으로 '헛된 것'이라는 뜻도 있다. 이것은 사람이 하나님의 형상대로 창조되어 아주 고상한 존재임을 말하는 동시에, 하나님의 형상인 사람이 그 맛을 잃으면 그림자와 같은 존재요 헛된 것에 불과하다는 것을 암시한다.

* 하나님은 사람(אָדָם아담)을 흙(אֲדָמָה아다마)으로 만드시고 그 코에 생기를 불어넣으시어 생령이 되게 하셨다(창2:7). 사람은 하나님의 생기를 받아 생령이 되었기 때문에 가장 고상한 존재다. 그러나 그 생기가 없어지면 참사람의 맛을 잃고 흙덩어리에 불과한 존재가 된다.

* 하나님은 "선악을 알게 하는 나무의 열매는 먹지 말라 네가 먹는 날에는 반드시 죽으리라"라고 하셨다(창2:17). 여기서 '죽음'은 하나님의 생기를 잃고 하나님의 형상인 사람이 그 맛을 잃는 것을 뜻한다. 타락이 문제다. 실제로 아담과 하와는 타락함으로 하나님께 심판을 받고 삶의 고통을 당하게 되었다. 현대인의 근본적인 인생문제인 허무주의나 우울증 같은 것들은 타락의 결과다.

다. 하나님의 형상을 회복해야 한다.

27절, "하나님이 자기 형상 곧 하나님의 형상대로 사람을 창조하시되 남자와 여자를 창조하시고..."

* 인간이 타락함으로 잃어버린 하나님의 형상을 회복해야 한다. 이것을 회복하는 것이 신앙생활의 핵심이다. 구원받은 사람이 하나님의 형상을 회복함으로 구원을 온전히 이루게 된다.

* 하나님의 형상 중에 특별히 도덕적 형상을 회복해야 한다. 그리고 이것을 회복하려면 하나님의 형상이신 예수 그리스도를 닮아가야 한다. 바울은 "그 아들 안에서 우리가 속량 곧 죄 사함을 얻었느니라 그는 보이지 아니하는 하나님의 형상이시요"라고 하였다(골1:14-15). 성도는 예수님을 통

하여 죄 사함을 받을 뿐만 아니라 그를 닮아가며 하나님의 형상을 회복해야 한다.

   * 하나님의 형상을 회복하는 것이 신앙생활의 목표다. 성경에 "너는 이스라엘 자손의 온 회중에게 말하여 이르라 너희는 거룩하라 나 여호와 너희 하나님은 거룩함이니라"라고 하였다(레19:2). 또 "하늘에 계신 너희 아버지의 온전하심과 같이 너희도 온전하라"고 하였다(마5:48). 우리가 비록 하나님과 같이 온전하게 될 수 없으나 이 목표를 도기해서는 안 된다.

라. 하나님의 형상을 회복하는 이에게 복이 있다.

28절, "하나님이 그들에게 복을 주시며 하나님이 그들에게 이르시되 생육하고 번성하여 땅에 충만하라 땅을 정복하라 바다와 물고기와 하늘의 새와 땅에 움직이는 모든 생물을 다스리라 하시니라."

   * 이것은 하나님이 자신의 형상대로 사람을 창조하신 후에 복을 주시며 명령하신 말씀이다. 여기서 '복을 주시며' (바라크, 강조)는 '찬양하다' 라는 뜻이 있다. 즉 사람들이 하나님의 형상을 입고 하나님의 찬양할 때에 하나님은 그들에게 복을 주신다는 약속이다. 하나님의 형상을 회복한 사람들은 자연스럽게 하나님을 찬양하게 되고 하나님이 주시는 복을 받아 누리게 된다.

   * 그러나 하나님을 찬양하지 않는 이들에게는 저주가 임한다. '바라크' (강조)는 '저주하다' 라는 뜻도 가지고 있다. 즉 하나님을 찬양하지 않는 사람들에게는 저주가 임한다는 고백이다.

   * 기독교는 하나님을 기쁘시게 하는 사람들에게 복을 주시는 축복의 종교다. 성도는 하나님께 무엇을 구하기 전에 먼저 하나님의 형상을 회복하여 하나님을 기쁘시게 하는 삶을 살아야 한다. 하나님이 기뻐하시며 생육하고, 번성하며, 땅에 충만하고, 땅을 정복하고, 모든 것을 다스리라고 강복하신 것을 참조하라.

야고보서 2장 18-22절
행함으로 믿음을 보이라

어떤 사람은 말하기를 너는 믿음이 있고 나는 행함이 있으니 행함이 없는 네 믿음을 내게 보이라 나는 행함으로 내 믿음을 네게 보이리라 하리라(18절).

가. 믿음은 행함으로 보여 져야 한다.

18절, "너는 믿음이 있고 나는 행함이 있으니 행함이 없는 네 믿음을 내게 보이라 나는 행함으로 내 믿음을 네게 보이리라."

* 본문은 믿음이 행함을 통하여 구체적으로 보여져야 한다는 말씀이다. 믿음이 계속 추상적인 차원에 머무른다면 이는 신실한 믿음이 아니다. 여기서 '보이다'(δείκνυμι 데이크뉘미)는 '증명하다' 라는 말이다. 즉 믿음의 신실성은 행함을 통해 구체적으로 보여져야 증명될 수 있다.

* 아브라함은 순종을 통하여 그의 믿음을 구체적으로 보여주었다. 그는 믿을 수 없는 중에 바라고 믿었으며 약속하신 것은 또한 능히 이루실 줄 확신하고 온전히 따랐다(롬4:18-21).

* 예수님은 "너희가 나를 사랑하면 나의 계명을 지키리라"라고 하셨다 (요14:15). 계명을 지켜야 진정한 사랑이다. 야고보는 "스스로 경건하다 생각하며 자기 혀를 재갈 물리지 아니하고 자기 마음을 속이면 이 사람의 경건은 헛것"이라고 하였고, 또한 "정결하고 더러움이 없는 경건은 고아와 과부를 그 환난중에 돌보고 또 자기를 지켜 세속에 물들지 아니하는 그것"이라고 하였다(약1:26-27).

나. 믿음은 종교적 차원이 아니다.

19절, "네가 하나님은 한 분이신 줄 믿느냐 잘하는도다 귀신들도 믿고 떠느니라."

* 귀신들이 주님을 믿고 떠는 차원의 믿음은 참 믿음이 아니다. 귀신들은 예수님이 어떤 분인지 잘 안다. 귀신들린 사람이 "지극히 높으신 하나님의 아들 예수여 나와 당신이 무슨 상관이 있나이까 원하건대 하나님 앞에 맹세하고 나를 괴롭히지 마옵소서"라고 하였다(막5:7). 그러나 이러한 지적 차원의 믿음, 교리적 차원의 믿음은 참 믿음이 아니다.

* 그리고 종교적 두려움을 극복하려는 무속신앙은 참 믿음이 아니다. 신적 존재를 두려워하며 재앙을 피하기 위하여 복을 비는 기복적 신앙은 참 믿음이 아니다. 믿음은 종교적 차원 그 이상이다.

* 참 믿음은 거룩한 두려움에서 시작한다. 귀신들에게는 거룩한 두려움이 없다. 베드로가 예수님의 무릎 아래 엎드려 "주여 나를 떠나소서 나는 죄인이로소이다"라고 한 것은 거룩한 두려움 때문이었다(눅5:8). 그는 거룩한 두려움에 사로잡혀 주님의 제자가 되었고 모든 것을 버려두고 주님을 따랐다. 거룩한 두려움이 삶을 변하게 한다.

다. 행함으로 믿음을 온전하게 하라.

22절, "네가 보거니와 믿음이 그의 행함과 함께 일하고 행함으로 믿음이 온전하게 되었느니라."

* 본문은 참 믿음을 얻는 방법을 제시한다. 구체적으로 보여줄 수 있는 참 믿음을 얻으려면 믿음이 행함과 함께 일해야 한다. 여기서 '함께 일하다'(συνεργέω쉰에르게오)는 행함으로 믿음이 온전하게 되는 것을 보여주는 말이다. 믿음과 행함을 따로 분리하여 생각하면 안 된다.

* 일반적으로 행함은 믿음의 결과로 본다. 나무가 좋으면 열매도 좋다는 말씀을 인용한다. "나무도 좋고 열매도 좋다 하든지 나무도 좋지 않고 열매도 좋지 않다 하든지 하라 그 열매로 나무를 아느니라"고 하였다(마

12:33). 그런데 믿음이 좋아질 때까지 기다려서는 안 된다. 믿음은 행함으로 말미암아 온전해지기 때문이다.

　＊ 웨슬리는 루터의 영향을 받은 모라비안 교도들의 정적주의를 비판하였다. 정적주의는 믿음이 좋아질 때까지 조용히 기다리라는 가르침이다. 그러나 믿음의 성장을 위해서는 은혜의 수단에 적극적으로 참여해야 한다. 그는 악을 피하라, 선을 행하라, 그리고 은혜의 수단에 적극적으로 참여하라고 권면하였다. 말씀을 실천하는 가운데 믿음이 온전해진다.

라. 온전한 믿음이 사람을 가치 있게 한다.

20절, "아아 허탄한 사람아 행함이 없는 믿음이 헛것인 줄을 알고자 하느냐."

　＊ 본문은 온전한 믿음이 없는 사람은 허탄한 사람이 되는 것을 보여준다. 여기서 '허탄한'(κενός케네)은 '내용이 없는' 또는 '쓸데없는' 이라는 뜻을 갖고 있는 단어다. 또 행함이 없는 믿음은 헛것이라 하였는데 여기서 '헛것'(ἀργός아르고스)이라는 말도 '쓸데없는' 또는 '무익한' 이라는 뜻이다. 즉 행함이 없는 믿음이 쓸데없고 무익한 것처럼 행함이 없는 사람은 쓸데없고 무익한 사람이 된다.

　＊ 예수님은 한 달란트 받은 사람이 그것을 땅에 묻어 두었다가 그냥 가지고 왔을 때 그를 '무익한 종' 이라고 하셨다(마25:30). 결국 열매가 없는 사람 즉 행함이 없는 사람은 무익한 사람이다. 이와는 반대로 행함이 있고 온전한 믿음을 가진 사람은 가치 있고 유익한 사람이 된다. 즉 행함이 있는 믿음이 사람을 가치 있게 만든다.

　＊ 이에 야고보는 "자유롭게 하는 온전한 율법을 들여다보고 있는 자는 듣고 잊어버리는 자가 아니요 실천하는 자니 이 사람은 그 행하는 일에 복을 받으리라"라고 하였다(약1:25). 온전한 믿음으로 하나님의 말씀을 실천하는 사람, 즉 행함이 있는 믿음을 가진 사람이 삶의 여정에서 하나님의 복을 받는다.

로마서 14장 16-23절
서로 덕을 세워라

그러므로 우리가 화평의 일과 서로 덕을 세우는 일을 힘쓰나니 음식으로 말미암아 하나님의 사업을 무너지게 하지 말라 만물이 다 깨끗하되 거리낌으로 먹는 사람에게는 악한 것이라(19-20절).

가. 믿음의 사람은 고상해야 한다.
16절, "그러므로 너희의 선한 것이 비방을 받지 않게 하라."

* 본문은 믿음의 차원을 넘어 덕을 세우라는 말씀이다. 여기서 '선한 것'은 성도의 강한 믿음을 말한다. 즉 고기가 우상의 제물이라는 통념을 깨고 자유롭게 먹었던 사람들의 믿음을 말한다. 고기를 우상의 제물이라고 먹지 않은 사람이나 하나님이 주신 것이라고 믿고 먹는 사람이나 큰 믿음을 가진 사람들이다. 그러나 자신의 신념이 믿음이 약한 사람들에게 덕이 되지 않는다면 깊이 생각하라는 말씀이다.

* 기독교는 믿음의 종교다. 그러나 믿음은 더 많은 것을 요구한다. 자신의 신념만 주장하다가 다른 사람을 실족하게 하면 안 된다. "너희가 더욱 힘써 너희 믿음에 덕을, 덕에 지식을, 지식에 절제를, 절제에 인내를, 인내에 경건을, 경건에 형제 우애를, 형제 우애에 사랑을 더하라"고 하였다(벧후1:5-7). 믿는 사람들에게 덕을 세우는 문제는 아주 중요하다.

* 믿는 자는 무지개 영성을 가져야 한다. 믿고 구원받는 것이 신앙의 전부가 아니다. 지성주의 영성, 열정주의 영성, 금욕주의 영성, 행동주의 영성, 박애주의 영성 등 많은 것이 필요하다.

나. 강한 신념이 걸림돌이 되면 안 된다.

16절, "그러므로 너희의 선한 것이 비방을 받지 않게 하라."

＊ 본문에서 선한 것이 비방을 받는다는 것은 성도의 강한 신념이 다른 사람들에게 걸림돌이 될 수 있다는 것을 말한다. 고기를 마음대로 먹을 수 있다는 사람들의 자유로운 행동이 고기가 우상의 제물이라고 생각하고 먹지 않는 사람들에게 상처를 줄 수 있다. 이런 경우 덕이 되지 않는다. 이는 믿음의 문제가 아니다. 믿음이 약한 사람들에게 상처를 주는 것이 진정으로 큰 문제다.

＊ 바울이 디모데에게 준 교훈에 "신화와 끝없는 족보에 몰두하지 말게 하려 함이라 이런 것은 믿음 안에 있는 하나님의 경륜을 이룸보다 도리어 변론을 내는 것이라"고 하였다(딤전1:4). 여기서 '하나님의 경륜'은 구원을 위한 하나님의 경영을 말한다. 신앙의 논쟁이 하나님의 경륜을 이루는 데 방해가 된다면 중지해야 한다. 개인의 강한 신념을 주장하다가 하나님의 일을 그르치면 안 된다.

＊ 개인의 소신, 즉 술이나 담배 등에 관한 소신이 믿음이 약한 사람들에게 상처를 준다면 하나님의 경륜을 이루는 데 방해가 된다. 성도는 믿음이 약한 사람들을 배려해야 한다.

다. 서로 덕을 세우기를 힘쓰라.

17절, "하나님의 나라는 먹고 마시는 것이 아니요 오직 성령 안에 있는 의와 평강과 희락이라."

＊ 바울은 본문에서 하나님의 나라의 특징을 소개하면서 서로 덕을 세우기를 요구하였다. 하나님의 나라는 먹는 것과 마시는 것의 교리적인 논쟁이 주제가 아니다. 하나님 나라의 의는 강한 자들이 포학하지 않으며 서로 공평을 누리는 것이다(사5:7). 믿음의 문제에서도 마찬가지다. 이를 통하여 하나님의 나라는 서로 화목하고 함께 즐거워하는 것을 기본적인 목표로 삼아야 한다.

* 바울은 본문의 취지를 다음과 같이 설명하였다. "그러므로 우리가 화평의 일과 덕을 세우는 일에 힘쓰나니"라고 하였다(19절). 여기서 '덕을 세우는 일'은 '서로 세워주는 것'을 말한다. 만일 서로 세워주기는커녕 상처를 입히고 실족하게 하면 이는 하나님의 사업을 무너지게 하는 것이다. 그래서 바울은 "음식으로 인하여 하나님의 사업을 무너지게 하지 말라"고 하였다(20절).

* 예수님도 이 문제를 강하게 말씀하셨다. "누구든지 나를 믿는 이 작은 자 중 하나를 실족하게 하면 차라리 연자 맷돌이 그 목에 달려서 깊은 바다에 빠뜨려지는 것이 나으니라"(마18:6).

라. 덕을 세우는 사람은 칭찬을 받는다.

18절, "이로써 그리스도를 섬기는 자는 하나님을 기쁘시게 하며 사람에게도 칭찬을 받느니라."

* 덕을 세우는 일은 하나님을 기쁘시게 해드리는 일이다. 아울러 사람들에게 칭찬을 받는 길이기도 하다. 여기서 '칭찬을 받다'는 '검증되다' 또는 '인정받다'라는 뜻이다. 사람들에게 덕을 세우고 하나님의 나라를 세우는 사역에 도움을 주는 사람은 하나님의 자녀라고 인정받게 된다.

* 하나님의 나라에는 칭찬을 받는 사람들이 필요하다. 초대 예루살렘 교회는 온 백성에게 칭송을 받으므로 하나님이 구원받는 사람을 날마다 더하게 하셨다(행2:47). 또한 일꾼을 세울 때에 칭찬받는 사람을 선택하였다. 열두 사도는 제자들을 불러 말하기를 "형제들아 너희 가운데서 성령과 지혜가 충만하여 칭찬받는 사람 일곱을 택하라"고 하였다(행6:3).

* 사람이 덕을 세우려면 자기희생과 헌신이 필요하다. 이를 위해서는 주님의 종으로서 섬기는 자세를 가져야 한다. '섬기다'는 '종노릇 하다'라는 뜻이다. 그런데 하나님의 나라를 생각하고 진정으로 헌신하며 덕을 세우는 사람은 하나님과 사람들에게 칭찬을 받는다.

시편 24편 1-6절
여호와의 산에 오를 사람

여호와의 산에 오를 자가 누구며 그의 거룩한 곳에 설 자가 누구인가 곧 손이 깨끗하며 마음이 청결하며 뜻을 허탄한 데에 두지 아니하며 거짓 맹세하지 아니하는 자로다(3-4절).

가. 하나님은 지금도 그의 나라를 세우신다.
2절, "여호와께서 그 터를 바다 위에 세우심이여 강들 위에 건설하셨도다."

* 본문은 성도가 하나님의 나라에 들어가는 데 합당한 사람이 되기를 바라는 말씀이다. 아무나 하나님의 나라에 들어가는 것은 아니다. 본문은 "여호와의 산에 오를 자 누구며 그의 거룩한 곳에 설 자가 누구인가"라고 묻는다(3절). 하나님의 나라는 하나님의 통치이념에 걸맞는 사람들이 들어간다. 성도는 하나님 나라의 건국이념을 따라야 한다.

* 그런데 하나님은 지금도 그의 나라를 건설하고 계신다. 여기서 '세우심이여'(완료)는 하나님의 나라가 완전한 곳임을 보여주고, 또한 '건설하셨도다'(미완료)는 지금도 하나님이 그의 나라를 세우고 계심을 보여준다. 하나님은 천지를 완벽하게 창조하셨으나(완료) 지금도 여전히 세상을 만들고(미완료) 계시는 것과 같은 맥락이다(창1장 참조). 지금도 하나님의 창조사역은 계속되고 있다.

* 성도들은 하나님의 나라 건설사역에 동참해야 한다. 교회는 이 땅에 하나님의 나라를 세우는 데 도구로 사용되어야 한다. 성도는 부름 받은 사람으로서 하나님의 선교에 동참해야 한다.

나. 칭의가 전부가 아니다.

2절, "여호와께서 그 터를 바다 위에 세우심이여 강들 위에 건설하셨도다."

＊ 본문은 하나님 나라의 특징을 잘 보여준다. 여기서 '바다'와 '강'은 어둠의 세력을 상징한다. 이는 창세기의 창조 이야기에서 그 근원을 찾을 수 있다. "땅이 혼돈하고 공허하며 흑암이 깊음 위에 있고 하나님의 영은 수면 위에 운행하시니라"라고 하였다(창1:2). 여기 '흑암이 깊음 위에 있고'에서 '깊음'(תהום 테홈)은 '깊은 바다'를 가리킨다. 그것은 혼돈과 공허와 흑암의 상징이다. 그런데 하나님은 빛으로 이 흑암의 세력을 물리치고 보시기에 좋은 세상을 만드셨다.

＊ 하나님의 의를 무조건 칭의로 해석하는 것은 옳지 않다. 인간이 연약하기 때문에 결국은 하나님의 은총으로 인하여 믿음으로 말미암아 의롭다고 인정받는 것은 맞다. 그러나 이것이 의의 전부가 아니다. 하나님은 실제적인 의, 즉 정의와 공의를 원하신다.

＊ 칭의가 전부가 아니다. 신앙생활의 핵심은 하나님의 나라와 그의 의를 구하는 것이다. 이것은 신앙생활에서 우선순위에 해당한다. 신앙생활은 믿음으로 의롭다고 인정받는 차원으로부터 실제로 의를 이루는 성화의 단계로 나아가야 한다.

다. 의를 따르는 사람이 하나님의 나라에 들어간다.

3절, "여호와의 산에 오를 자 누구며 그의 거룩한 곳에 설 자가 누구인가."

＊ 하나님의 나라에는 아무나 들어가지 못한다. 물론 모든 사람이 하나님의 것이요 그의 백성이라고 하였다(1절). 그러나 하나님의 통치이념에 따르는 사람들만이 그의 나라에 들어갈 수 있다. 한 나라의 백성이 되려면 건국이념과 법을 지켜야 하듯이 하나님의 백성은 하나님 나라의 통치이념을 따라야 한다.

＊ 하나님 나라의 통치이념은 정의와 공의다. 하나님의 산에 오를 사람은 "곧 손이 깨끗하며 마음이 청결하며 뜻을 허탄한 데 두지 아니하며 거짓맹

세하지 아니하는 자"라고 하였다(4절). 행실이 바르고, 마음이 깨끗하고, 뜻을 바르게 세운 사람이 하나님의 나라에 어울린다.

　＊ 시편 15편의 말씀은 이를 더 자세히 보여준다. "여호와여 주의 장막에 머무를 자 누구오며 주의 성산에 사는 자 누구오니이까 정직하게 행하며 공의를 실천하며 그의 마음에 진실을 말하며 그의 혀로 남을 허물하지 아니하고 그의 이웃에게 악을 행하지 아니하며 그의 이웃을 비방하지 아니하며…이자를 받으려고 돈을 꾸어주지 아니하며 뇌물을 받고 무죄한 자를 해하지 아니하는 자"라고 하였다(시15:1-5).

라. 그의 나라에 들어가는 사람은 복이 있다.
5절, "그는 여호와께 복을 받고 구원의 하나님께 의를 얻으리니…"

　＊ 하나님의 나라에 들어가는 사람들은 여호와께 복을 받는다. 여기서 '복'(בְּרָכָה베라카)은 '무릎을 꿇다'(בָּרַךְ바라크)에서 유래하였으며 '선물' 과 '평화' 라는 뜻도 갖고 있다. 즉 하나님의 나라에 들어가서 하나님께 무릎을 꿇고 경배하는 성도들에게는 평화의 복을 선물로 주신다는 것을 보여주는 말씀이다.

　＊ 그리고 하나님의 나라에 들어가는 사람은 하나님께 '의' 를 얻는다고 하였다. 여기서 '의'(צְדָקָה체다카)는 '정의' 또는 '안녕' 과 '복지' 라는 뜻을 갖고 있다. 즉 하나님의 정의를 추구하는 사람들에게는 안녕과 복지의 복을 주신다는 약속이다.

　＊ 하나님이 이스라엘을 애굽에서 건져내시고 가나안 땅을 기업으로 주신 것은 편애가 아니다. 그것은 애굽의 우상숭배와 불법을 징계하신 것이며 가나안 일곱 족속의 죄악을 심판하신 결과였다. 마찬가지로 이스라엘이 죄를 범하였을 때에는 하나님은 그들도 징계하셨다. 다만 이스라엘이 하나님의 의, 즉 공의와 정의를 추구할 때에는 평화와 안녕을 주셨다는 것을 기억해야 한다.

이사야 2장 1-4절
칼을 쳐서 보습을 만들라

그가 열방 사이에 판단하시며 많은 백성을 판결하시리니 무리가 그들의 칼을 쳐서 보습을 만들고 그들의 창을 쳐서 낫을 만들 것이며 이 나라와 저 나라가 다시는 칼을 들고 서로 치지 아니하며 다시는 전쟁을 연습하지 아니하리라(4절).

가. 하나님은 교회를 통하여 일하신다.

2절, "말일에 여호와의 전의 산이 모든 산 꼭대기에 굳게 설 것이요 모든 작은 산 위에 뛰어나리니 만방이 그리로 모여들 것이라."

* 본문은 하나님이 마지막 때에 교회를 통하여 일하시는 모습을 보여준다. 여기서 '말일'은 '마지막 때'로서 절망의 그늘이 짙어지는 때를 말한다. 더 이상 어떤 것에서도 희망을 찾을 수 없는 상황을 가리킨다. 이사야가 예언하던 시대는 그런 때였다. 지금 우리가 살고 있는 이 시대도 그런 때다. 이 때가 바로 교회가 하나님의 일을 위해 일어날 때다.

* 하나님은 그의 성전이 있는 산을 높이 굳게 세우시겠다고 하셨다. 모든 것보다 뛰어나게 하겠다고 하셨다. 그래서 많은 사람들이 그리로 모여들게 하겠다고 하셨다. 이 시대에 교회도 그렇게 되어야 한다. "산 위에 있는 동네가 숨겨지지 못할 것"처럼 교회도 세상의 빛으로서 높이 세워져야 한다(마5:22).

* 교회의 위상이 높아지려면 성도들이 하나님의 의를 이루어야 한다. 이사야는 "야곱 족속아 오라 우리가 여호와의 빛에 행하자"라고 권면하였다(5절). 교회의 위상은 빛을 행하는 성도에게 달려있다.

나. 교회는 말씀을 바르게 선포해야 한다.

3절, "많은 백성이 가며 이르기를 오라 우리가 여호와의 산에 오르며 야곱의 하나님의 전에 이르자 그가 그의 길을 가르치실 것이라 우리가 그의 길로 행하리라."

* 교회는 하나님의 말씀을 바르게 선포해야 한다. 교회에서는 하나님의 나라와 그의 의를 이루는 말씀이 선포되어야 한다. 사람들의 생각이 아니라 하나님의 말씀과 하나님 나라의 가치관이 선포되어야 한다. 세속적인 가치관을 따라 말씀을 선포하는 교회에는 생명이 없다.

* 대체로 교회들이 하나님의 말씀을 따라 의를 이루는 가르침보다 믿기만 하면 의롭다고 인정받는 칭의의 말씀에 집중하고 있다. 이러한 값싼 은총으로는 하나님의 나라를 이룰 수 없다.

* 또한 기복적인 신앙을 강조하는 말씀도 생명이 없다. 바르게 사는 것을 가르치지 않고 믿기만 하면 잘된다고 가르치는 것은 문제가 많다. 예레미야도 이사야와 같은 상황에서 거짓 선지자들의 가르침을 공격하였다. 그는 거짓 선지자들의 "이것이 성전이다, 이것이 성전이다, 이것이 성전이다"라는 말과(렘7:4), "평강하다, 평강하다, 평강하다"라는 거짓된 가르침을 경계하라고 하였다(렘8:11).

다. 세상을 하나님의 말씀으로 다스려야 한다.

4절, "그가 열방 사이에 판단하시며 많은 백성을 판결하시리니…"

* 하나님은 교회에서 선포되는 말씀을 통하여 세상을 다스리기 원하신다. 하나님의 나라는 하나님이 통치하시는 나라며 이는 하나님의 말씀으로 통치하는 것을 의미한다. 본문에서 '판단하다' (שפט 샤파트)는 '지배하다' 와 '다스리다' 라는 말이다. 그리고 '판결하다' (יכח 야카흐)는 '고치다' 와 '바로 잡다' 라는 뜻을 갖고 있다. 즉 하나님의 나라는 그의 말씀으로 다스려지고 말씀에 의해 잘못이 고쳐지는 곳이다.

* 세상은 대체로 욕심에 의해 다스려진다. 욕심을 따르는 세속적 가치관

이 세상을 지배하고 있다. 교회까지도 욕심에 끌려가는 것을 보면 참으로 안타깝다. 또한 세상은 공중의 권세 잡은 자들 즉 사탄의 지배를 받고 있다. 사탄은 우리를 위하는 척 하지만 실상은 망치려고 애를 쓴다. 그리고 세상은 사람의 욕심과 사탄의 유혹에 이끌려 악한 풍조가 만연하여 있다. 여기서 교회의 책임이 크다.

* 세상은 하나님의 말씀으로 바르게 다스려야 한다. 정치인이나 백성이 모두 하나님의 말씀으로 무장해야 한다. 우선 성도들이 말씀을 실천하여 말씀에 의한 하나님의 통치를 이루어야 한다.

라. 하나님의 말씀으로 다스릴 때 평화가 있다.

4절, "무리가 칼을 쳐서 보습을 만들고 그들의 창을 쳐서 낫을 만들 것이며 이 나라와 저 나라가 다시는 칼을 들고 서로 치지 아니하며 다시는 전쟁을 연습하지 아니하리라."

* 세상의 분쟁은 욕심 때문이다. 나라와 나라 사이의 전쟁도 욕심 때문에 일어난다. 욕심을 부추기는 사탄의 유혹을 따르기 때문이다. 욕심을 버리고 공중의 권세 잡은 자, 사탄의 유혹을 물리치면 분쟁을 피할 수 있다. 하나님의 말씀만이 평화를 가져오는 생명의 말씀이다.

* 여기서 칼과 창은 전쟁을 상징하며 보습과 낫은 평화를 상징한다. 그런데 하나님이 말씀으로 통치하시면 칼을 쳐서 보습을 만들고 창을 쳐서 낫을 만든다고 하였다. 이는 전쟁이 끝나고 평화로운 시절을 맞게 됨을 말한다. 농사에 전념할 수 있는 시대가 진정 평화의 시대다.

* 진정한 평화는 하나님이 그의 말씀으로 통치하실 때 가능하다. 가정에서부터 직장, 모임, 나라에 이르기까지 욕심을 따르는 세속적 가치관을 버리고 하나님 나라의 가치관을 따를 때 평화가 이루어진다. 하나님의 말씀은 혼돈과 무질서를 무너뜨리고 세상을 보기에 좋게 만드는 능력이 있다.

 **누가복음 13장 6-9절**
어찌 땅만 버리게 하느냐

대답하여 이르되 주인이여 금년에도 그대로 두소서 내가 두루 파고 거름을 주리니 이 후에 만일 열매가 열면 좋거니와 그렇지 않으면 찍어버리소서 하였다 하시니라(8-9절).

가. 하나님은 열매를 간절히 원하신다.

6절, "한 사람이 포도원에 무화과나무를 심은 것이 있더니 와서 그 열매를 구하되 얻지 못한지라."

* 본문은 철저하게 회개하고 좋은 열매를 맺는 성도가 되라는 비유의 말씀이다. 그 때에 예루살렘에는 갈릴리 사람들이 정치적인 이유로 죽임을 당한 일과 망대가 무너져 열여덟 명이 죽는 사건이 있었다. 예수님은 보고를 받으시고 이렇게 말씀하셨다. "이 갈릴리 사람들이 이같이 해 받으므로 다른 모든 갈릴리 사람들보다 죄가 더 있는 줄 아느냐....너희도 만일 회개하지 아니하면 다 이와 같이 망하리라"라고 하였다(2절, 4절 참조). 스스로 의로운 줄 아는 사람들에게 자신을 돌아보라고 주신 말씀이다.

* 하나님은 성도들이 좋은 열매 맺기를 간절히 원하신다. 성도는 아름다운 선행의 열매를 맺어야 한다. 성령의 열매, 빛의 열매, 의의 열매를 맺어야 한다. 좋은 열매를 맺는 성도가 믿음이 좋은 성도다.

* 하나님은 열매가 없는 나무를 찍어버리라고 단호하게 말씀하셨다. 하나님이 얼마나 열매를 원하시는지 알 수 있다. 누가 더 죄가 많은가 보다 누가 더 열매를 많이 맺었느냐가 중요하다.

나. 열매를 맺지 못하면 쓸모가 없다.

7절, "포도원지기에게 말하되 내가 삼년을 와서 이 무화과나무에서 열매를 구하되 얻지 못하니 찍어버리라 어찌 땅만 버리게 하겠느냐."

* 하나님은 열매를 간절히 구하신다. 그러나 열매가 없을지라도 오랫동안 참고 기다리신다. 하나님은 "내가 (보라) 삼 년을 와서 이 무화과나무에서 열매를 구하되"라고 하셨다. 이것은 하나님이 오래 참고 기다리셨음을 보여준다. 그러나 언제까지나 기다리시지는 않는다.

* 하나님은 열매 없는 나무를 찍어버리라고 하시며 "어찌 땅만 버리게 하겠느냐"라고 하신다. 여기서 '버리게 하다'(καταργέω 카타르게오)는 '게으르다' 또는 '쓸데없다'라는 뜻을 내포하고 있다. 만일 성도에게 열매가 없다면 '땅을 버리게 하는 자'로서 하나님의 나라에 손해를 끼치는 자요 하나님 나라의 방해꾼이다. 이런 사람은 결국 악하고 게으른 자로서 쓸데없어 밖의 어두운 곳에 버려진다.

* 교회에서 평신도로 남아 아무 것도 하지 않겠다는 생각은 재고해야 한다. 남에게 피해만 주지 않으면 고상한 줄 아는 사람은 재고해야 한다. 성도는 좋은 열매를 맺어 기쁨을 주는 사람이 되어야 한다.

다. 열매를 맺도록 최선을 다해야 한다.

8절, "대답하여 이르되 주인이여 금년에도 그대로 두소서 내가 두루 파고 거름을 주리니…"

* 포도원지기는 주인에게 조금만 더 기다려주시면 최선을 다하여 열매를 맺게 하겠다고 대답하였다. 물론 이 비유에서 주님은 포도원지기를 책망하지 않으신다. 열매가 없는 것은 각자의 책임이다. 다만 포도원지기의 말을 통해서 우리가 어떻게 하여야 열매를 많이 맺을 수 있는지 생각해 보아야 한다.

* 포도원지기는 열매를 맺게 하려고 "두루 파고 거름을 주리니"라고 하였다. 여기서 '거름'은 하나님의 은혜를 가리킨다. 사람은 약하지만 하나

님의 은혜는 능력이 있다. 좋은 열매를 맺으려면 은혜가 더욱 충만해야 한다. 성도는 은혜 받는 것을 게을리하는 태만죄를 경계하여야 한다.

　＊ 그리고 '두루'(περί페리)는 '주변'이나 '둘레'를 가리키는 전치사다. 즉 성도가 좋은 열매를 맺으려면 하나님의 은혜(기름)가 삶의 구석구석에까지 미쳐야 한다. 교회 안에서만 은혜의 생활을 하면 안 된다. 사람들이 보는 데에서만 경건하게 행동을 하면 안 된다. 삶의 주변에서도, 사람들이 보지 않는 곳에서도 하나님의 은혜를 따르는 생활을 해야 좋은 열매를 맺을 수 있다.

라. 열매를 맺어야 심판을 피할 수 있다.

9절, "이후에 만일 열매를 맺으면 좋거니와 그렇지 않으면 찍어버리소서 하였다 하시니라."

　＊ 본문은 하나님이 오래 참으시지만 결국은 심판하신다는 것을 보여준다. 하나님은 열매가 없는 나무에 대하여 미련없이 찍어버리라고 단호하게 말씀하신다(과거, 명령). 성도는 하나님의 심판이 임하기 전에 빨리 회개하고 바로 서서 좋은 열매를 맺어야 한다.

　＊ 여기서 삼 년을 기다리고도 또 한 해를 유예하시는 하나님은 오래 참으시는 분이다. 삼 년은 상당히 긴 시간을 가리킨다. 그리고도 또 유예기간을 주시니 하나님의 은혜다. 그러나 이로 인하여 유혹을 받으면 안 된다. 하나님은 때가 차면 상 줄 자에게는 상을 주시고 벌을 내릴 자에게는 벌을 내리신다.

　＊ 이에 대하여 베드로는 "사랑하는 자들아 주께는 하루가 천 년 같고 천 년이 하루 같다는 이 한 가지를 잊지 말라....주께서는 너희를 대하여 오래 참으사 아무도 멸망하지 아니하고 다 회개하기에 이르기를 원하시느니라 그러나 주의 날이 도둑같이 오리니"라고 하였다(벧후3:8-10). 이에 성도는 두렵고 떨리는 마음으로 구원을 이루고 좋은 열매를 많이 맺어야 한다.

요한계시록 13장 16-18절
짐승의 표를 거부하라

이 표는 곧 짐승의 이름이나 그 이름의 수라 지혜가 여기 있으니 총명한 자는 그 짐승의 수를 세어 보라 그것은 사람의 수니 그의 수는 육백육십육이니라(17-18절).

가. 마귀는 동물인간을 원한다.

13절, "그가 모든 자 곧 작은 자나 큰 자나 부자나 가난한 자나 자유인이나 종들에게 그 오른손에나 이마에 표를 받게 하고…"

* 본문은 마귀가 부리는 짐승(악한 세력)을 경배하고 그에게 표를 받는 것을 경계하는 말씀이다. 여기에 나오는 '표'(χάραγμα카라그마)는 영역을 표시하는 것으로서 짐승의 표를 받으면 마귀에게 속한 사람이 된다. 마귀는 사람들을 자신의 것으로 만들고 동물인간이 되게 하려고 하는데 이를 경계해야 한다.

* 마귀가 부리는 짐승에는 두 종류가 있다. 하나는 힘과 폭력으로 사람을 무력하게 만드는 세력이다. 다른 하나는 미혹하는 것으로서 사람을 비인간화하는 세력이다. 이들은 사람을 구원하시려는 하나님의 계획에 정면으로 도전한다. 이에 지면 안 된다. 지는 사람은 동물인간으로 전락한다. 식물인간이 되는 것을 두려워하듯이 동물인간이 되는 것을 두려워해야 한다.

* 마귀는 모든 사람을 대상으로 한다. 작은 자나 큰 자나 부자나 가난한 자나 자유인이나 종이나 예외가 없다. 약한 사람들만이 대상이 아니다. 모두가 이를 경계해야 한다.

나. 짐승의 표는 유혹이다.

17절, "누구든지 이 표를 가진 자 외에는 매매를 못하게 하니 이 표는 곧 짐승의 이름이나 그 이름의 수라."

※ 마귀가 부리는 짐승은 자신이 주는 표를 받지 아니하면 매매를 못하게 하겠다고 말한다. 여기서 매매는 세상에서 살아가는 일상의 삶을 총체적으로 말하는 비유이다. 그런데 이것은 유혹이다. 사람이 세상에서 동물인간으로 사는 것이 유리하게 보일지라도 넘어가면 안 된다.

※ 짐승의 표를 받는 것이 매력적으로 보이기도 한다. 사람답게 사는 것보다 동물처럼 사는 것이 훨씬 편하다. 섬기는 것보다 군림하는 것이 매력적이다. 희생하는 것보다 착취하는 것이 실리적이다. 정직하게 사는 것보다 거짓이 훨씬 잘 통한다. 그러나 이 모든 것은 마귀의 간사한 유혹일 뿐이다.

※ 성도는 이러한 유혹을 이겨야 한다. 정직하면 사업을 할 수 없다, 착해서는 아무 것도 할 수 없다, 술을 안 마시면 사업을 할 수 없다는 말은 유혹을 이기지 못하는 사람들의 변명이다. 세상에는 이러한 유혹을 이기고 바르게 잘 사는 사람들도 많이 있다는 것을 알아야 한다.

다. 짐승의 표를 거부해야 한다.

16절, "그 오른손에나 이마에 표를 받게 하고..."

※ 짐승의 표를 받는 것은 사람답게 사는 것을 포기하는 것이다. 성도는 마귀의 한계를 알고 그가 부리는 짐승의 표를 거부해야 한다. 오늘날의 666이 무엇이든지 당당하게 거부해야 한다.

※ 마귀가 부리는 짐승은 사람의 오른손에나 이마에 표를 받으라고 한다. 여기서 오른손은 능력을 상징한다. 하나님은 우리의 능력으로 선을 행하게 하시나 마귀는 악을 행하게 한다. 마귀는 우리의 힘, 물질, 지식 등을 악의 도구로 사용하게 한다. 자신의 능력을 어떻게 사용하고 있는지 점검해보아야 한다.

＊ 또 이마에 짐승의 표를 받으면 우리의 인격이 변하여 짐승을 닮은 동물인간이 된다. 성도는 이를 거부하고 하나님의 자녀로서 하나님의 자녀다움과 사람다움을 지켜나가야 한다.

＊ 우리는 짐승의 표가 아니라 하나님의 인치심을 받아야 한다. 하나님의 인침을 받은 이들에게는 구원이, 짐승의 표를 받은 이들에게는 심판이 있다. "누구든지 짐승과 그의 우상에게 경배하고 이마에나 손에 표를 받으면 그도 하나님의 진노의 포도주를 마시리니"라고 하였다(계14:9-10). 성도는 이를 경계하여야 한다.

라. 유혹을 이기는 이에게 승리가 있다.

18절, "지혜가 여기 있으니 총명한 자는 그 짐승의 수를 세어보라 그것은 사람의 수니 그의 수는 육백육십육이니라."

＊ 마귀의 유혹이 더욱 거세어진 현실에서 유혹을 분별할 지혜가 필요하다. 그런데 본문이 강조하는 지혜는 짐승의 수를 세는 것이다. 짐승의 수는 666이요 결코 전능하신 하나님의 수 777을 넘지 못한다. 결국은 하나님의 편에 서는 자들이 승리한다는 것을 알아야 한다.

＊ 당시는 네로에 의한 폭력적인 핍박이 지나간 때였다. 그런데 본문에서는 666으로 네로를 암시하며 그가 결국 어떻게 되었는지를 상기시킨다. 네로가 한 때는 성도를 괴롭히는 사탄의 괴수였으나 그는 하나님의 심판으로 비참한 최후를 맞았다. 여기서 지혜는 하나님의 승리를 확고하게 믿는 것이다.

＊ 이와 같은 방식으로 계시록은 로마제국을 암시하는 바빌론의 멸망을 선포한다(18장 참조). 600여년 전에 바빌론이 하나님의 심판으로 무너진 것처럼 로마제국도 무너진다는 예언이다. 하늘에서 용(마귀)이 미가엘 천사장에게 져서 땅으로 내쫓긴 것처럼 마귀를 따르는 세력은 곧 무너질 것이라는 말씀이다.

에스겔 22장 17-22절
평화는 값을 치러야 한다

여호와의 말씀이 내게 임하여 이르시되 인자야 이스라엘 족속이 내게 찌꺼기가 되었나니 곧 풀무 불 가운데에 있는 놋이나 주석이나 쇠나 납이며 은의 찌꺼기로다(17-18절).

가. 평화에는 치러야 할 값이 있다.

19절, "너희가 다 찌꺼기가 되었은즉 내가 너희를 예루살렘 가운데로 모으고…"

* 본문은 이스라엘이 타락하고 부패하여 찌꺼기 같이 되었으므로 하나님이 심판하셨다는 것을 일깨워주는 말씀이다. 그가 이 말씀을 선포할 때는 이스라엘은 이미 심판을 받고 포로생활을 하는 중이었다. 에스겔은 이제라도 하나님의 심판을 깨닫고 돌아오라고 권면하였다.

* 하나님은 심판을 선포하시며 "내가 너희를 예루살렘에 모으고"라고 하셨다. 예루살렘은 '평화의 땅'을 상징한다. 그런데 하나님은 예루살렘을 풀무로 삼고 찌꺼기 같은 백성들을 불러 모아 녹여버리셨다. 형식적인 신앙으로는 하나님의 진정한 평화를 누릴 수 없다.

* 예레미야는 거짓 예언자들의 평화를 공격한 바 있다. 이는 "그들이 내 백성의 상처를 가볍게 여기면서 말하기를 평강하다, 평강하다, 평강하다 하나 평강이 없도다"라는 말씀에 잘 나타난다(렘6:14). 예레미야는 형식적인 성전신앙으로는 평화를 누릴 수 없다고 강력하게 규탄하였다(렘7:1-15). 평화를 위해서는 의를 행하는 값을 치러야 한다.

나. 하나님을 떠나는 것이 문제다.

18절, "인자야 이스라엘 족속이 내게 찌꺼기가 되었나니…"

※ 하나님은 이스라엘 족속이 찌꺼기가 되었으므로 풀무에 녹여버리셨다. 하나님은 타락하여 쓰레기가 된 백성에게 진노를 쏟아 심판하셨다. 여기서 '진노하다'(נתך 나타크, 칼형)와 '녹이다'(נתך 나타크, 히필)는 뿌리가 같다. 즉 하나님의 진노는 찌꺼기를 풀무에 녹이는 것과 같은 심판을 불러온다는 것을 보여준다.

※ 본문에서 하나님은 이스라엘의 찌꺼기 같은 상태가 '내게'(하나님 앞에) 그렇다고 하셨다. 사람들이 볼 때는 정상으로 보일지라도 하나님이 보시기에는 찌꺼기 같다는 말이다. 그런데 사람들의 평가가 중요하지만 하나님의 평가는 더 중요하다. 사람들 앞에는 위대한 왕이었으나 하나님 앞에서는 '무게가 없는'(מנא מנא תקל ופרסין 메네 메네 데겔 우바르신) 바빌론의 벨사살 왕이 어떻게 되었는지를 참조하라(단5:25-28).

※ 여기서 더욱 중요한 것은 찌꺼기가 된 이유다. 본문에서 '찌꺼기'(סיג 씨그)는 '쑤그'(סוג 떠나다, 벗어나다)에서 유래하였다. 즉 하나님을 떠나 우상을 숭배하고 하나님의 말씀에서 벗어나 좌우로 치우치면 찌꺼기 같은 인생이 된다는 것을 보여준다(23-31절 참조).

다. 하나님의 의의 통치를 알아야 한다.

22절, "은이 풀무 불 가운데에서 녹는 것 같이 너희가 그 가운데에서 녹으리니 나 여호와가 분노를 너희 위에 쏟은 줄을 너희가 알리라."

※ 에스겔은 이스라엘 백성들로 하여금 예루살렘성의 함락과 바빌론 포로생활이 하나님의 심판이었다는 것을 깨닫기 원했다. 하나님의 의의 통치는 찌꺼기 같은 백성을 심판한다.

※ 하나님의 통치는 하나님의 나라와 같은 말이다. 하나님의 나라는 '의' 즉 공의와 정의를 추구한다. 그런데 '의'(משפט 미스파트)와 '심판'(משפט 미스파트)은 같은 말이다. 하나님은 불의를 행하는 백성을 의의 통치로 심판하신

다. 이것이 하나님 나라의 의의 통치의 핵심이다.

＊ 예수님은 예루살렘 성을 보고 우시면서 "너도 오늘 평화에 관한 일을 알았더라면 좋을 뻔하였거니와 지금 네 눈 속에 숨겨졌도다"라고 하시며 불의한 성 예루살렘이 무너질 것을 예언하셨다(눅19:41-42). 여기서 '평화에 관한 일'은 하나님을 떠나지 말고 그의 말씀에 순종하고 의를 행하여야 평화를 누릴 수 있다는 말씀이다. 우리들도 반드시 하나님의 의의 통치를 따르는 것이 평화의 길임을 깨달아야 한다.

라. 하나님께 돌아오면 평화를 주신다.

19-20절, "너희가 다 찌꺼기가 되었은즉 내가 너희를 예루살렘 가운데 모으고 사람이 은이나 놋이나 쇠나 납이나 주석이나 모아서 풀무 불 속에 넣고 불을 불어 녹이는 것 같이 내가 노여움과 분으로 너희를 모아 그곳에 두고 녹이리라."

＊ 이스라엘 백성이 하나님을 떠남으로 하나님 앞에 찌꺼기가 되었고 심판을 받았다. 그러므로 하나님의 나라와 의의 통치를 깨닫고 그에게로 돌아와야 한다. 다시 하나님께로 돌아와야 진정한 평화를 누릴 수 있다. 하나님을 떠나는 것이 문제고 돌아오는 것이 해답이다.

＊ 우리는 예루살렘의 멸망과 포로생활을 신앙생활의 반면교사요 타산지석의 교훈으로 삼아야 한다. 하나님은 이스라엘의 역사를 통하여 신명기의 언약을 실행하셨다. 하나님께 순종하면 복과 생명이 있고 불순종하면 저주와 사망이 따른다. 하나님은 이것을 이스라엘의 역사를 통하여 분명히 보여주셨다. 그중에서 예루살렘의 멸망과 바빌론 포로생활은 대표적인 사건이다.

＊ 히스기야 왕이 백성들에게 "너희가 만일 여호와께 돌아오면 너희 형제들과 너희 자녀가 사로잡은 자들에게서 자비를 얻어 다시 이 땅으로 돌아오리라"고 권고한 말씀을 참조하라(대하30:9).

히브리서 6장 4-8절
완전한 데로 나아가라

땅이 그 위에 자주 내리는 비를 흡수하여 밭 가는 자들이 쓰기에 합당한 채소를 내면 하나님께 복을 받고 만일 가시와 엉겅퀴를 내면 버림을 당하고 저주함에 가까워 그 마지막은 불사름이 되리라(7-8절).

가. 은혜를 힘입고 완전한 데로 나아가야 한다.

4-5절, "한 번 빛을 받고 하늘의 은사를 맛보고 성령에 참여한 바 되고 하나님의 선한 말씀과 내세의 능력을 맛보고도…"

* 본문은 하나님의 은혜를 받은 성도들은 완전한 데로 나아가야 한다는 말씀이다. 성경은 그리스도의 도의 초보를 버리고 "완전한 데로 나아가라"고 한다(2절, 원문1절). 이것이 이 본문의 주제다.

* 본문은 가정법을 사용하고 있으나 상당히 현실성이 있는 경고의 말씀이다. 은혜를 많이 받고도 하나님 앞에 성숙하지 못한 성도들이 교회 안에 실제로 많이 있다. 은혜를 받았으면 받은 은혜를 힘입어 성숙한 신앙생활을 하는 성도가 되어야 하나님이 기뻐하신다.

* 본문의 동사들(받고, 맛보고, 참여한바 되고)은 모두 과거분사형이다. 이는 은혜를 받은 것은 확실하지만 현실생활에서 영향을 미치지 못하고 있음을 보여준다. 신앙생활은 은혜를 받는 것이 목적이 아니다. 신앙생활은 은혜를 받고 성숙한 단계로 나아가는 것이다. 본문은 성도들이 받은 은혜에 합당한 열매를 맺고 완전에 나아가야 한다고 교훈하고 있다. 주님이 온전하신 것처럼 성도는 온전해야 한다.

나. 성도의 완전은 회개의 차원이 아니다.

6절, "타락한 자들은 다시 새롭게 하여 회개하게 할 수 없나니 이는 그들이 하나님의 아들을 다시 십자가에 못 박아 드러내 놓고 욕되게 함이라."

* 본문은 완전에 나아가지 못하는 성도들에게 주는 경고다. 여기서 '타락한'(παραπίπτω파라핍토, 곁으로 떨어지다)은 성숙한 단계에 나아가지 못하고 은혜의 언저리에 머물러 있는 상태를 말한다. 이런 사람들은 결국 예수님을 다시 십자가에 못 박고 예수님의 명예를 더럽히게 된다.

* 본문은 '구원은 취소될 수 있다'는 말씀이 아니다. 그렇다고 '한 번 구원은 영원한 구원이다'라고 하며 '구원은 취소될 수 없다'고 주장하는 것도 옳지 않다. 본문의 취지는 아니다.

* 본문은 은혜를 받았으나 성숙한 단계로 나아가지 못하는 문제는 회개로서 해결할 수 없다는 것을 보여준다. 이는 회개만능주의를 경계하는 말씀이다. 구원을 받는 것은 회개하고 예수님을 영접함으로 가능하다. 그러나 성숙은 단순히 회개하는 차원이 아니라 은혜에 합당한 열매를 맺는 것이다. 잘못을 해도 하나님께 회개만 하면 성숙한 성도라고 생각하는 것은 아주 위험한 착각이다.

다. 성도는 은혜에 합당한 열매를 맺어야 한다.

7절, "땅이 그 위에 내리는 비를 흡수하여 밭가는 자들이 쓰기에 합당한 채소를 내면…"

* 본문은 성도가 은혜에 합당한 열매를 맺어야 한다는 것을 비유로 말씀하신 것이다. 여기서 '땅'은 성도를, '비'는 은혜를, '밭가는 자'는 하나님을, '채소'는 열매를 가리킨다. 성도가 은혜를 받으면 이에 합당한 열매를 맺음으로 하나님의 뜻을 이루어 드려야 한다.

* 성경은 성숙한 성도가 되려면 열매를 맺어야 한다고 가르친다. 회개를 하면 회개에 합당한 열매를 맺어야 한다(마3:8). 성령이 임하시면 성령의 열매를 맺어야 한다. 성령의 열매는 "사랑과 희락과 화평과 오래 참음과 자

비와 양선과 충성과 온유와 절제"와 같은 것들이다(갈5:22-23). 또 은혜의 빛을 받았으면 빛의 열매를 맺어야 한다. 빛의 열매는 "모든 착함과 의로움과 진실함"이다(엡5:9).

＊ 신앙생활은 열매로 말한다. "좋은 나무가 나쁜 열매를 맺을 수 없고 못된 나무가 좋은 열매를 맺을 수 없느니라"라고 하였다(마7:18). 예수님은 농부와 포도나무의 비유에서 "너희가 열매를 많이 맺으면 내 아버지께서 영광을 받으실 것이요 너희는 내 제자가 되리라"고 말씀하셨다(요15:8).

라. 좋은 열매를 맺으면 칭찬을 받는다.

8절, "만일 가시와 엉겅퀴를 내면 버림을 당하고 저주함에 가까워 그 마지막은 불사름이 되리라."

＊ 앞에서는 "밭가는 자들이 쓰기에 합당한 채소를 내면 하나님께 복을 받고"라고 하였다(7절). 그런데 여기서는 "만일 가시와 엉겅퀴를 내면 버림을 당하고 저주함에 가까워 그 마지막은 불사름이 되리라"고 하였다. 이것은 열매를 맺는 사람과 그렇지 못한 사람 사이에 엄청난 차이가 있음을 보여준다.

＊ 여기서 '복'(εὐλογία율로기아)은 '축복' 또는 '풍성한 선물' 그리고 '칭찬'의 뜻이 있다. 은혜에 합당한 열매를 맺는 사람들에게는 칭찬의 복이 있다. 그러나 은혜를 받고도 좋지 못한 행동을 하는 사람들에게는 '저주'(κατάρα카타라)가 임한다. 이는 가치가 없어 멸시를 당하고 버려지는 것을 뜻한다.

＊ 하나님의 나라에서는 칭찬을 받는 사람들이 귀하게 쓰인다. 초대교회에서 일꾼을 세울 때에 칭찬받는 사람을 택하였다. "형제들아 너희 가운데서 성령과 지혜가 충만하여 칭찬받는 사람 일곱을 택하라"고 하였다(행6:3). 칭찬을 받고 귀하게 쓰일 것인가, 아니면 가치 없는 사람이 되어 버림을 받을 것인가는 어떤 열매를 맺느냐에 달려있다.

고린도전서 10장 1-5절
신령한 떡을 먹는 사람들

모세에게 속하여 다 구름과 바다에서 세례를 받고 다 같은 신령한 음식을 먹으며 다 같은 신령한 음료를 마셨으니 이는 그들을 따르는 신령한 반석으로부터 마셨으매 그 반석은 곧 그리스도시라 (2-4절)

가. 성도는 신령한 떡을 먹는 사람들이다.

3절, "다 같은 신령한 음식을 먹으며..."

※ 본문은 세례를 받고 성찬을 받는 성도들에게 신령한 음식을 먹으면 신령하게 살아야 한다고 권면하는 말씀이다. 바울은 이를 위해 광야에서 심판을 받고 멸망한 이스라엘 백성을 예로 들었다. 그들은 다 같이 홍해를 건넜으며 광야에서 하나님이 주신 만나를 먹었다. 그러나 그들 중에 많은 사람들이 육신에 속하여 살면서 하나님을 원망하고 불평하다가 저주와 심판을 받았다.

※ 바울은 본문에서 홍해를 건넌 것을 세례에 비유하였다. 광야에서 만나를 먹은 것은 성찬식에 비유하였다. 그리고 신령한 떡을 먹고도 하나님을 거역한 이스라엘 백성을 성찬에 참여하고도 신령하게 살지 않는 성도들에 비유하였다. 즉 사람이 신령한 떡을 먹었으면 신령하게 살아야 한다는 말씀이다.

※ 성도는 신령한 떡을 먹는 사람들이다. 신령한 떡을 먹고 신령한 음료를 마시고도 육신에 속하여 살면 광야에서 멸망한 사람들처럼 하나님이 약속하신 유업을 누리지 못한다. 성도는 신령한 양식을 먹은 값을 해야 한다.

나. 예식에 참여하는 것이 전부가 아니다.

5절, "그러나 그들의 다수를 하나님이 기뻐하지 아니하였으므로…"

＊ 바울은 모든 성도가 다 같이 성찬을 받을지라도 하나님이 기뻐하시지 않는 사람이 많다는 것을 지적하였다. 본문에서 '그들의 다수'(비교급)가 보여주는 의미는 매우 크다. 일반적으로 소수의 사람들만이 은혜의 자리에서 탈락할 것으로 생각한다. 그러나 광야에서 이스라엘 백성 중 많은 사람들이 심판을 받았다. 많은 사람들이 은혜의 자리에서 탈락할 수 있음을 알아야 한다.

＊ 신령한 떡을 먹고도 신령하게 살지 않은 사람들은 저주와 심판을 받는다. 성찬을 받고도 신령하게 살지 않으면 은혜의 자리에서 탈락한다. 성찬 예식에 참여하는 것이 전부가 아니다. 예식에 참여하는 것도 중요하지만 신령한 양식을 먹은 사람으로서 신령하게 사는 것이 체질이 되게 하여야 한다.

＊ 그래서 바울은 성찬을 행하기 전에 자신을 살피라고 하였다. "누구든지 주의 떡이나 잔을 합당하지 않게 먹고 마시는 자는 주의 몸에 대하여 죄를 짓는 것이니라"라고 하였고, "사람이 자기를 살피고 그 후에야 이 떡을 먹고 이 잔을 마실지니"라고 하였다(고전11:27-28).

다. 주님과 동행하며 신령하게 살아야 한다.

4절, "다 같은 신령한 음료를 마셨으니 이는 그들을 따르는 신령한 반석으로부터 마셨으매 그 반석은 곧 그리스도시라."

＊ 바울은 광야에서 물을 내어준 "그들을 따르는 신령한 반석"을 '그리스도'의 상징으로 보았다. 그런데 여기서 '따르다'(ἀκολουθέω 아콜루데오)는 '동행하다'라는 뜻이다. 즉 우리와 동행하시며 신령한 양식을 주시는 분은 예수 그리스도시다. 신앙생활에서 주님과 동행하는 것이 중요하다.

＊ 본문은 성도가 신령하게 사는 비결이 그리스도와 동행하는 것임을 보여준다. 그리스도가 우리와 동행하며 신령한 양식을 주시므로 그것을 먹고

마시는 사람은 마땅히 주님과 동행해야 한다. 성도는 주님이 주신 '살과 피'를 먹고 마시는 사람이므로 그와 동행해야 한다.

　＊ 그리고 주님과 동행하려면 그분의 수준에 맞추는 것이 필요하다. 주님이 온전하신 것처럼 우리도 온전해야 한다. 주님이 거룩하신 것처럼 우리도 거룩해야 한다. 성도는 육신의 정욕, 마귀의 유혹, 세상의 악한 풍조를 이겨야 한다. 그리고 주님과 동행하며 그의 수준에 맞추어 신령하게 살아야 한다.

라. 신령하게 살면 약속하신 유업을 누린다.
　5절, "그들의 다수를 하나님이 기뻐하지 아니하였으므로 그들이 광야에서 멸망을 받았느니라."
　＊ 본문은 이스라엘 백성 중 많은 사람들이 신령한 양식을 먹고도 신령하게 살지 않았으므로 멸망당한 것을 상기시킨다. 그렇지만 본문은 성도가 신령하게 살면서 하나님의 유업을 누리기를 기원하는 말씀이다.
　＊ 바울은 본문에 이어서 이스라엘 백성들이 광야에서 행한 악을 열거하고 있다. 우상숭배 문제, 음행을 하다가 하루에 이만 삼천 명이 죽은 사건, 하나님을 시험하다가 뱀에게 물린 사건, 그리고 원망하다가 멸망당한 사건 등 육에 속한 일들이다(6-10절). 많은 사람들이 이러한 일로 심판을 받고 가나안 땅에 들어가지 못했다. 신령한 양식을 먹고도 먹은 값을 하지 못한 책임이 크다.
　＊ 바울은 이러한 일들을 본보기로 삼으라고 권면한다(6절). 여기서 '본보기'(τύπος 뒤포스)는 '찍힌 자리' 또는 '맞은 흔적'을 가리킨다. 이스라엘 백성들의 상처를 보고 반면교사의 교훈으로 삼아야 한다. 반면 여호수아와 갈렙은 하나님의 뜻대로 신실하게 충성하였으므로 가나안 땅에 들어가 하나님이 약속하신 유업을 누렸다. 신령하게 살면 약속하신 유업을 누리게 된다.

호세아 2장 14-17절
주님의 인도를 따르라

그러므로 보라 내가 그를 타일러 거친 들로 데리고 가서 말로 위로하고 거기서 비로소 그의 포도원을 그에게 주고 아골 골짜기로 소망의 문을 삼아 주리니(14-15절).

가. 거친 들에서 낙심하지 말라.

14절, "그러므로 보라 내가 그를 타일러 거친 들로 데리고 가서 말로 위로하고…"

* 본문은 하나님이 이스라엘 백성을 거친 들로 인도하여 거기서 새롭게 시작하게 하시겠다는 말씀이다. 여기서 '거친 들'은 인생길의 어려움을 뜻한다. 그리고 소망의 문은 새로운 시작을 암시한다. 거친 광야가 인생의 종말이 아니라 새로운 시작이 되는 것을 알아야 한다.

* 어려움을 당할 때 포기하는 사람이 있고, 새롭게 시작하는 사람이 있다. 대부분의 사람들은 어려움을 당하면 원망하고, 절망하고, 포기한다. 그러나 믿음의 사람들은 절대로 절망하지 말고 새롭게 시작해야 한다. 이것이 믿음이며 그렇게 하는 것이 주님의 뜻이다.

* 거친 들은 하나님이 그의 자녀들을 연단시키는 훈련장이다. 욥은 어려운 가운데 "내가 가는 길을 그가 아시나니 그가 나를 단련하신 후에는 내가 순금 같이 되어 나오리라"고 하였다(욥23:10). 야고보는 "시험을 참는 자는 복이 있나니 이는 시련을 견디어 낸 자가 주께서 자기를 사랑하는 자들에게 약속하신 생명의 면류관을 얻을 것이기 때문이라"고 하였다(약1:12).

나. 하나님을 떠나는 것이 문제다.

17절. "내가 바알들의 이름을 그의 입에서 제거하여…"

* 본문에서 가장 중요한 문제는 우상숭배다. 진정한 남편(בַּעַל바알)인 하나님을 떠나 우상을 자신들의 신(בַּעַל바알)으로 섬기는 우상숭배가 가장 큰 문제다. "그가 귀고리와 패물로 장식하고 그가 사랑하는 자를 따라가서 나를 잊어버리고 향을 살라 바알들을 섬긴 시일대로 내가 그에게 벌을 주리라"고 하였다(13절). 우상숭배가 하나님이 이스라엘을 거친 들로 이끌어 가시는 중대한 이유임을 보여준다.

* 우상숭배의 문제는 자신의 '배'를 섬기는 데 있다. 사도 바울은 "그들의 신은 배요 그 영광은 그들의 부끄러움에 있고 땅의 일을 생각하는 자라"고 하였다(빌3:19). 또한 "그러므로 땅에 있는 지체를 죽이라 곧 음란과 부정과 사욕과 악한 정욕과 탐심이니 탐심은 우상숭배니라"라고 하였다(골3:5). 우상숭배는 탐심의 결과다. 이처럼 우상숭배는 자신의 영광을 구하는 것으로서 하나님의 뜻에 어긋난다.

* 우상을 숭배하는 사람들에게는 영적 지식이 부족하다. 하나님을 떠난 사람은 말씀에 관심이 없다. 오로지 자신의 정욕과 탐심에 이끌려 땅의 영광을 추구하다가 멸망당한다.

다. 하나님의 인도를 따라야 한다.

14절. "그러므로 보라 내가 그를 타일러 거친 들로 데리고 가서…"

* 여기서 '거친 들'(מִדְבָּר미드바르)은 '다바르'에서 유래하였는데 '말하다'라는 뜻과 '인도하다' 또는 '따르다'라는 뜻을 갖고 있다. 즉 '거친 들'은 하나님이 인도하시고 백성들이 따르는 곳이다. 하나님은 이스라엘이 애굽에서 올라오던 때처럼 하나님의 인도를 따르는 백성이 되기를 바라신다. "그가 거기서 응대하기를…애굽 땅에서 올라오던 날과 같이 하리라"고 하신 말씀에 잘 나타나 있다(15절).

* 하나님은 구름기둥과 불기둥으로 인도하셨고, 이스라엘은 광야에서

하나님의 인도를 따라 행진하였다. "구름이 성막 위에서 떠오르는 때에는 이스라엘 자손이 그 모든 행진하는 길에 앞으로 나아갔고, 구름이 떠오르지 않을 때에는 떠오르는 날까지 나아가지 아니 하였으며"라고 하였다(출 40:36-37).

＊ 하나님은 목자시고 우리는 그의 양이다. 백성을 '양'으로 비유한데는 이유가 있다. 하나님은 우리를 인도하시는 분이시며 우리는 그를 따를 때에 평안하다는 것을 보여준다. 시인은 "여호와는 나의 목자시니 내게 부족함이 없으리로다"라고 노래하였다(시23:1).

라. 주를 따르면 거친 들이 소망의 문이 된다.

15절, "거기서 비로소 그의 포도원을 주고 아골 골짜기로 소망의 문을 삼아 주리니…"

＊ 하나님은 이스라엘이 우상을 버리고 하나님께로 돌아오면 아골 골짜기로 소망의 문을 삼아주시겠다고 약속하신다. 아골 골짜기는 괴로움의 골짜기를 말한다. 아간이 죄를 범함으로 그를 쳐서 죽이고 돌무덤을 쌓았던 곳이다. 그런데 하나님은 괴로움의 골짜기에서 소망의 문을 여신다.

＊ 이것은 새로운 언약의 말씀이다. 이스라엘은 응대하기를 어렸을 때와 애굽 땅에서 올라오던 날과 같이 하고, 하나님은 아골 골짜기로 소망을 문을 열어주시고 포도원을 주신다. 여기서 '소망'(תִּקְוָה 티크바)은 '카바'(קָוָה)에서 유래하였는데 '기다리다' 또는 '앙망하다'라는 뜻이 있다. 즉 하나님을 간절히 기다리고 진실로 앙망하면 아골 골짜기에서도 소망의 문을 열어 주신다.

＊ 야곱은 형 에서의 낯을 피하여 도망하는 중에 루스 광야에서 소망의 문이 열리는 체험을 하였다. 당시 그에게는 동서남북으로 길이 막혀 있었다. 그런데 하나님께서 그에게 하늘로 향한 문을 열어주심으로 소망을 가지고 새롭게 시작할 수 있게 하셨다(창28장).

호세아 7장 8-12절
세속화를 경계하라

에브라임이 여러 민족 가운데에 혼합되니 그는 곧 뒤집지 않은 전병이로다 이방인들이 그의 힘을 삼켰으나 알지 못하고 백발이 무성할지라도 알지 못하는도다(8-9절).

가. 하나님은 성별을 원하신다.
8절, "에브라임이 여러 민족 가운데에 혼합되니…"

* 본문은 이방 종교와 문화에 혼합되어 세속화되는 것을 경계하시는 말씀이다. 세속화의 물결은 언제나 강하게 밀려온다. 그러나 하나님은 거룩(성별)을 원하신다. "너희는 거룩하라 이는 나 여호와 너희 하나님이 거룩함이니라"고 하였다(레19:2).

* 여기서 '혼합하다'(בָּלַל 발랄, 히필)는 밀려오는 세속문화에 항거하지 않고 자연스럽게 젖어드는 모습을 보여준다. 그런데 교회가 세상문화와 혼합하여 뒤죽박죽이 되면 자연히 자신을 더럽히게 되고, 그리고 자신을 더럽히면 결국 힘을 잃고 연약해진다. "이방인들이 그의 힘을 삼켰으나 알지 못하고 백발이 무성할지라도 알지 못하는도다"라고 하였다(9절). 성별이 중요한 이유가 여기에 있다.

* 본문은 특별히 에브라임의 혼합을 지적한다. 에브라임은 북왕국 이스라엘의 중심이었다. 이것은 중심이 흔들리면 위험하다는 것을 보여주는 말씀이다. 마찬가지로 교회는 세상의 중심인데 교회가 세상에 혼합되어 흔들거린다면 희망이 없다. 교회는 세속화를 경계해야 한다.

나. 끊임없는 변화가 관건이다.

8절, "그는 곧 뒤집지 않은 전병이로다."

∗ 뒤집지 않은 전병은 한쪽은 타고 다른 한쪽은 설어서 쓸모없는 떡을 말한다. 교회도 뒤집지 않은 전병처럼 쓸모없는 것이 될 수 있다고 경고하는 말씀이다. 교회가 영향력을 잃고 세상을 변화시키지 못하면 더 이상 소용이 없다. 예수님은 "소금이 만일 그 맛을 잃으면 무엇으로 짜게 하리요 후에는 아무 쓸데없어 다만 밖에 버려져 사람에게 밟힐 뿐이니라"라고 말씀하셨다(마5:13).

∗ 여기서 '뒤집다' (הָפַךְ 하파크, 수동)는 '변화되다' 라는 뜻이 있다. 성도(교회)는 은혜를 받고 변화되어야 한다. 그리고 교회는 세상을 변화시키고 개혁할 사명이 있다. 그런데 먼저 자신이 변하지 않고는 세상을 변화시킬 수 없다. 예수님이 물로 포도주를 만드신 표적을 참조하라(요2:1-11).

∗ 그런데 '뒤집다' (הָפַךְ 하파크, 분사)는 끊임없이 변화되어야 한다는 것을 보여준다. 한두 번의 성별체험으로 온전한 성도가 될 수 없다. 순간적 성화 체험도 중요하지만 점진적 성화는 계속되어야 한다. 성도는 은혜의 수단에 참여하여 은혜를 받고 계속적으로 변화되어야 귀한 존재가 될 수 있다.

다. 돌아와서 하나님을 구하라.

10절, "이스라엘의 교만은 그 얼굴에 드러났나니 그들이 이 모든 일을 당하여도 그들의 하나님 여호와께로 돌아오지 아니하며 구하지 아니하도다."

∗ 성도가 끊임없이 변화되려면 하나님께로 돌아와 그의 은혜를 구해야 한다. 그런데 이스라엘은 교만하여 하나님을 찾지 않았다. 그들의 교만은 그 얼굴에 드러날 정도였다. 대부분의 사람들은 자신들의 힘으로 문제를 해결하려고 한다. 그러나 결국 하나님께로 돌아와야 산다.

∗ 여기서 '돌아오다' (שׁוּב 슈브)는 '방향을 돌리다' 또는 '회복하다' 라는 뜻이 있다. 이것은 하나님과의 관계를 제자리로 돌려놓는 것을 말한다. 하나님의 은혜를 구하기 전에 먼저 관계를 회복시켜야 한다. 하나님과의 관

계를 회복하고 그와 연합하면 그의 능력에도 연합하게 된다.

＊ 그러므로 하나님의 은혜를 구하되 능력만 구하지 말고 그의 가치관을 구해야 한다. 일반적으로 삶의 문제를 해결하기 위하여 하나님의 능력을 구하는 것을 우선으로 생각하고 있다. 그러나 성도는 먼저 자신을 영적으로, 정신적으로 온전하게 하는 말씀(가치관)의 은혜를 구해야 한다. 하나님께로 돌아와서 그와 인격적으로 연합하는 것이 우선이다.

라. 성별이 복을 받는 비결이다.

12절, "그들이 갈 때에 내가 나의 그물을 그 위에 쳐서 공중의 새처럼 떨어뜨리고 전에 그 회중에 들려 준 대로 그들을 징계하리라."

＊ 이것은 하나님을 떠난 사람들에게 징계를 내리시겠다는 말씀이다. 즉 공중에 그물을 쳐서 새를 떨어뜨리듯이 하나님을 거역하는 사람들을 심판하시겠다는 말씀이다. 하나님은 이미 여러 차례 이러한 말씀을 하셨다고 하였다. 성도는 이러한 말씀을 귀담아 듣고 반면교사의 교훈으로 삼아야 한다.

＊ 여기서 '그물'(רֶשֶׁת 레셰트)은 '야라쉬'(ירשׁ 점령하다, 말살하다)에서 유래하였다. 하나님은 그를 떠난 사람들을 징계하기 위하여 그물을 사용하신다. 그러나 '징계하다'(יסר 야싸르)는 '훈계하다' 또는 '잘못을 고치다' 라는 뜻을 갖고 있다. 즉 하나님의 징계는 그의 사람들을 온전케 하려는 데 목적이 있다.

＊ 결국 성별이 복을 받는 비결이다. 하나님은 "네게 명령한 그 율법을 다 지켜 행하고 우로나 좌로나 치우치지 말라 그리하면 어디로 가든지 형통하리니"라고 하셨다(수1:7). 그런데 '형통하다'(שׂכל 사칼)는 '분별력 있게 행동하다' 라는 뜻도 있다. 하나님의 뜻을 따라 구별되게 사는 이들이 형통하게 되는 복이 있다.

전도서 7장 23-26절
죄는 사망보다 더 쓰다

내가 돌이켜 전심으로 지혜와 명철을 살피고 연구하여 악한 것이 얼마나 어리석은 것이요 어리석은 것이 얼마나 미친 것인 줄을 알고자 하였더니 마음은 올무와 그물 같고 손은 포승 같은 여인은 사망보다 더 쓰다는 사실을 내가 알아내었도다(25-26절).

가. 인생문제에 지혜가 필요하다.

23절, "내가 이 모든 것을 지혜로 시험하여 스스로 이르기를 내가 지혜자가 되리라 하였으나 지혜가 나를 멀리하였도다."

* 본문은 솔로몬이 말년에 인생문제를 고민하며 기록한 말씀이다. 솔로몬은 삶을 지혜로 시작하였으나 세속에 젖어 살다가 실패하고 말았다. 그는 결국 인생문제를 고민하면서 전도서를 기록하였다.

* 솔로몬은 인생을 지혜롭게 살고자 했었다. "스스로 이르기를 내가 지혜자가 되리라 하였으나"가 이를 잘 보여준다. 그가 일천번제를 드릴 때에 하나님은 무엇을 구하는지 물었는데 솔로몬은 지혜로운(듣는) 마음을 구했다. 그는 백성을 잘 다스려서 평안하게 하려고 지혜를 구했다.

* 솔로몬은 삶의 지혜를 얻기 위해 최선을 다했다. 그는 "내가 이 모든 것을 지혜로 시험하여"라고 하였다. 여기서 '시험하여'(נִסִּיתִי, 피엘완료)는 무엇을 얻기 위한 도전적인 자세를 보여준다. 그는 '진리를 사되 팔지는 말며 지혜와 훈계와 명철도 그리할지니라"라고 하였다(잠23:23). 인생문제는 결코 쉬운 것이 아니다(24절). 성도는 아름다운 삶을 위하여 지혜를 구해야 한다.

나. 죄가 인생문제의 핵심이다.

25절, "내가 돌이켜 전심으로 지혜와 명철을 살피고 연구하여 악한 것이 얼마나 어리석은 것이요 어리석은 것이 얼마나 미친 것인 줄을 알고자 하였더니."

* 솔로몬은 사실 지혜롭게 살고자 했다. 그러나 지혜를 잃고 방황하다가 하나님의 심판을 초래하였다. 하나님은 솔로몬이 죽고 솔로몬의 아들이 왕이 되면 나라를 쪼개어 신하에게 주겠다고 예고하셨다. 이에 솔로몬이 고민하던 중에 인생문제의 핵심은 죄라는 것을 깨달았다.

* 그는 죄악이 인생에 미치는 영향이 얼마나 큰지를 깨달았다. 인생은 우연이 아니다. 운명론으로 인생을 판단할 수 없다. 인생은 하나님의 섭리 아래 있다. 사람이 하나님의 말씀에 따라 선을 행했는지, 아니면 하나님을 떠나 죄를 범하고 죄악에 빠졌는지가 삶에 큰 영향을 미친다. 이것이 신명기의 주제다. "보라 내가 오늘 생명과 복과 사망과 화를 너희 앞에 두었나니"라고 하였다(신30:15).

* 인생문제를 죄악의 문제로 푸는 것이 성도의 지혜다. 죄가 인생의 삶에 미치는 영향이 얼마나 큰지 알아야 한다. 죄의 삯은 사망이다. 죄로 말미암아 사망이 들어왔다(롬5:12).

다. 성도는 죄를 미워해야 한다.

25절, "악한 것이 얼마나 어리석은 것이요 어리석은 것이 얼마나 미친 것인 줄을 알고자 하였더니"

* 본문에서 솔로몬은 악행은 어리석은 것이요 그것은 또한 미친 것이라고 하였다. 죄악이 우리의 삶에 미치는 영향이 심각하다는 것을 보여준다. 죄가 사람을 어리석게(약하게) 만든다.

* 솔로몬은 범죄를 미친 짓이라고 하였다. 그리고 '미친 것'(여성형)을 "마음은 올무와 그물 같고 손은 포승 같은 여인"으로 비유하였다(26절). 여기서 '여인'이 솔로몬의 여인들을 가리키는 것은 아니다. 물론 솔로몬이 여인들로 인하여 실패한 것은 사실이다. 그러나 여기서는 '미친 것' 즉

'범죄'가 우리의 삶을 속박하고 망하게 하는 무서운 것이며 사망보다 더 쓴 것이라고 비유하고 있다.

* 선은 사람의 삶을 충만하게 하지만, 악은 올무에 걸리고 포승에 묶이게 한다. 성도는 선을 행하여 좋은 것을 먹을 것인지, 아니면 악을 행하여 칼에 삼켜질 것인지를 선택해야 한다. "너희가 즐겨 순종하면 땅의 아름다운 소산을 먹을 것이요, 너희가 거절하여 배반하면 칼에 삼켜지리라"라고 하였다(사1:19-20). 범죄는 우리를 무너지게 만드는 것이요 결국 미친 짓임에 틀림없다.

라. 하나님을 기쁘시게 하는 사람은 심판을 피한다.

26절, "하나님을 기쁘게 하는 자는 그 여인을 피하려니와 죄인은 그 여인에게 붙잡히리로다."

* 범죄가 아무리 올무와 같고 포승과 같아도 하나님을 기쁘게 하는 사람에게는 상관이 없다. 죄를 짓는 사람은 결국 망하게 되지만 하나님을 기쁘게 하는 사람은 심판을 피할 수 있다.

* 본문에 '하나님을 기쁘게 하는 자'는 중요한 개념이다. 여기서 '하나님을'(리페네 하엘로힘)은 '하나님 앞에'를 뜻하며, '기쁘게 하는 자'(토브)는 '선하다' 또는 '훌륭하다'라는 뜻이다. 즉 하나님 앞에서 선을 행하고 보시기에 좋은 삶을 사는 사람은 죄를 삼가게 되고 결국 심판의 칼을 피하게 된다.

* 성도는 외모를 보지 않고 중심을 보시는 하나님 앞에서 살아야 한다. 성도들은 "내가 주의 영을 떠나 어디로 가며 주의 앞에서 어디로 피하리이까 내가 하늘에 올라갈지라도 거기 계시며 스올에 내 자리를 펼지라도 거기 계시나이다"라는 믿음으로 살아야 한다(시139:7-8참조).

* 사람이 하나님을 기쁘시게 하려면 자신의 양심 앞에서 또는 다른 사람 앞에서 사는 것만으로는 부족하다. 성도들은 하나님 앞에서 살아야 한다. 이런 사람들에게는 복이 있다.

디모데후서 2장 20-21절
깨끗한 그릇이 되라

그러므로 누구든지 이런 것에서 자기를 깨끗하게 하면 귀히 쓰는 그릇이 되어 거룩하고 주인의 쓰심에 합당하며 모든 선한 일에 준비함이 되리라(21절).

가. 선한 일에 쓰이는 일꾼이 되어야 한다.

21절, "그러므로 누구든지 이런 것에서 자기를 깨끗하게 하면 귀히 쓰는 그릇이 되어 거룩하고 주인의 쓰심에 합당하며 모든 선한 일에 준비함이 되리라."

* 본문은 하나님이 쓰시기에 합당한 일꾼이 되기를 바라는 말씀이다. 그릇에는 여러 종류가 있는데 그 중에는 귀히 쓰이는 것도 있고 천하게 쓰이는 것도 있다. 여기서 '귀히 쓰이다' 는 '존경을 받는다' 는 말이다. 그리고 하나님이 쓰시기에 합당한 사람은 선한 일에 쓰임 받는 일꾼을 말한다. 그러므로 자신을 깨끗하게 하여 선한 일에 쓰임을 받음으로 존경받는 일꾼이 되라는 말씀이다.

* 우선 일꾼이 선한 일에 쓰이려면 거룩해야 한다. 거룩함은 성별되어 세속적인 일과 구별되는 것을 말한다. 직업도 하나님의 나라를 세우는 데 유익하도록 성별된 것을 택해야 한다.

* 하나님이 쓰시기에 '합당하다' (εὔχρηστος 유크레스토스)는 말은 '유익하다' 또는 '쓸모 있다' 라는 뜻이다. 즉 선한 일에 쓰이는 일꾼은 하나님의 나라에 유익을 주는 일을 해야 한다. 하나님의 나라를 허물고 그의 자녀들에게 상처를 주는 사람은 좋은 일꾼이 아니다.

나. 그릇의 종류는 중요하지 않다.

20절, "큰 집에는 금 그릇과 은 그릇 뿐 아니라 나무 그릇과 질그릇도 있어…"

＊ 본문에서 '큰 집'은 하나님의 나라나 교회를 비유한다. 그런데 여기에는 여러 종류의 그릇이 있다. 금이나 은으로 만든 비싼 그릇이 있고 나무나 흙으로 만든 값싼 그릇도 있다. 그런데 여기에서 강조하고 있는 것은 금이나 은으로 만든 것이 '귀하다'(존경받을 만함)는 뜻이 아니다. 또한 나무나 흙으로 만든 것은 '천하다'(부끄러움)는 뜻도 아니다. 성도는 세상적인 가치관을 극복해야 한다.

＊ 그릇의 종류는 중요하지 않다. 그릇의 종류는 하나님이 결정하신다. 예수님의 달란트의 비유에서 보여주듯이 하나님은 여러 종류의 사람을 세우신다. 세상에는 다섯 달란트나 두 달란트를 받은 사람처럼 금이나 은으로 만든 그릇이 있고, 한 달란트 받은 사람처럼 나무나 흙으로 만든 그릇도 있다. 이것은 우리가 선택할 몫이 아니다. 오직 우리가 '누구든지' 어떻게 쓰이느냐가 중요한 문제다(21절).

＊ 선한 일에 쓰임을 받아 하나님의 나라에 유익을 주는 사람이 귀한 그릇이다. 그러나 하나님의 나라를 파괴하고 그의 자녀들에게 상처를 입히는 사람은 천한 그릇이다.

다. 선한 일에 쓰이는 깨끗한 그릇이 되어야 한다.

21절, "그러므로 누구든지 이런 것에서 자기를 깨끗하게 하면…"

＊ 본문은 선한 일에 쓰임을 받으려면 자신을 깨끗하게 해야 한다고 권면한다. 여기서 '깨끗하게 하다'(ἐκκαθαίρω엑카다이로)는 '불속에서 불순물을 제거하는 것'을 가리킨다. 성도는 더러운 것들을 성령의 불속에서 완전히 태워버리고 정금 같은 믿음의 사람으로 거듭나야 한다.

＊ 그런데 "이런 것에서 자기를 깨끗하게 하면"에서 '이런 것'이 무엇을 말하는지를 알아야 한다. 이것은 앞에서 언급한 망령되고 헛된 말을 말한다. 바울은 "망령되고 헛된 말을 버리라"고 하였다(16절). 당시 후메내오와

빌레도의 말은 '악성 종양'(γάγγραινα강그라이나, 갉아 먹다)과 같아서 하나님의 나라를 파괴하고 그의 자녀들을 시험에 들게 하였다(17절). 성도는 이런 것들을 버려야 한다.

　* 또한 바울은 청년의 정욕을 피하라고 하였다(22절). 그리고 다툼을 일으키는 어리석고 무식한 변론을 피하라고 하였다(23절). 특별히 성도는 육체의 욕심을 경계해야 한다. 야고보가 "오직 각 사람이 시험을 받는 것은 자기 욕심에 끌려 미혹됨"이라고 한 말씀을 참조하라(약1:14).

라. 선한 일에 쓰이면 존경을 받는다.
20절, "귀하게 쓰는 것도 있고 천하게 쓰는 것도 있나니…"

　* 세상에서는 일반적으로 금이나 은으로 만든 그릇이 존경을 받는다고 생각한다. 그러나 하나님 앞에서는 자신을 깨끗하게 하여 하나님의 나라에 유익이 되도록 선한 일에 쓰임 받는 사람이 존경을 받는다. 본문에서 '귀하다'(τιμή티메)는 '존경' 또는 '영예'를 뜻한다. 그리고 '천하다'(ἀτιμία아티미아)는 '부끄러움' 즉 '존경스럽지 못함'을 뜻한다. 나무나 흙으로 만든 그릇이 천하다는 것 아니다. 이것은 깨끗하지 못하여 악한 일에 쓰이는 사람이 부끄러움을 당한다는 말이다.

　* 하나님은 우리가 선한 일에 쓰임 받기를 원하신다. 바울은 "우리는 그가 만드신 바라 그리스도 예수 안에서 선한 일을 위하여 지으심을 받은 자니 이 일은 하나님이 전에 예비하사 우리로 그 가운데서 행하게 하려 함이라"고 하였다(엡2:10). 사람이 깨끗한 그릇이 되어 선한 일에 쓰이는 것이 하나님의 뜻이다.

　* 다섯 달란트 받은 사람이 다섯 달란트를 받았기 때문에 칭찬 받은 것이 아니다. 그가 달란트를 받은 만큼 선한 일에 쓰임을 받고 아름다운 열매를 맺었기 때문에 칭찬을 받았던 것이다(마25장). 선한 일에 쓰여야 존경을 받는다.

누가복음 11장 33-36절
빛이 어둡지 아니한가 보라

네 몸의 등불은 눈이라 네 눈이 성하면 온 몸이 밝을 것이요 만일 나쁘면 네 몸도 어두우리라 그러므로 네 속에 있는 빛이 어둡지 아니한가 보라 네 온 몸이 밝아 조금도 어두운 데가 없으면 등불의 빛이 너를 비출 때와 같이 온전히 밝으리라 하시니라(34-36절).

가. 성도는 세상에 빛을 비춰야 한다.
33절, "누구든지 등불을 켜서 움 속에나 말 아래 두지 아니하고 등경 위에 두나니 이는 들어가는 자로 그 빛을 보게 하려 함이라."

* 본문은 성도에게 세상에 빛을 비추는 사명이 있음을 보여주는 말씀이다. "이는 들어가는 자로 그 빛을 보게 하려 함이라"라는 말씀이 사명의 성격을 잘 보여준다. 성도가 하나님의 빛을 받아 새로워지는 것은 중요하다. 그러나 또한 그 빛을 받아 하나님의 나라로 나아오는 사람들에게 빛을 비추는 역할은 더욱 중요하다. 하나님은 "일어나라, 빛을 발하라"라고 하셨다(사60:1).

* 예수님은 우리를 향하여 세상의 빛이 되라고 하셨다. "이같이 너희 빛이 사람 앞에 비치게 하여 그들로 너희 착한 행실을 보고 하늘에 계신 너희 아버지께 영광을 돌리게 하라"는 사명의 말씀을 주셨다(마5:14-16). 우리는 하나님의 기대에 부응하는 성도가 되어야 한다.

* 그런데 빛이 없으면 자신도 천국에 들어가지 못하고 다른 사람도 들어가지 못하게 한다. 예수님은 "맹인이 맹인을 인도할 수 있느냐 둘 다 구덩이에 빠지지 아니하겠느냐"라는 말씀으로 권고하셨다(눅6:39).

나. 빛이 드러나지 않으면 문제가 있다.

35절, "그러므로 네 속에 있는 빛이 어둡지 아니한가 보라."

* 빛은 드러나게 되어 있다. 빛이 드러나지 않는다면 문제가 있다. "누구든지 등불을 켜서 움 속에나 말 아래 두지 아니하고"는 중요한 말이다(33절). 여기서 '아무도 아니하고'(οὐδείς우데이스)는 '하나도 없다,' '결코 없다'는 뜻이다. 등불을 움 속에나 말 아래 두는 일은 결코 없다. 결국 빛이 드러나지 않는다면 어떤 외부적인 요건이 아니라 빛 자체에 문제가 있다는 것이다.

* 그러므로 예수님은 "네 속에 있는 빛이 어둡지 아니한가 보라"고 권면하셨다. 여기서 '어둡다'(σκοτεινός스코테이노스)는 말은 '종교적 또는 도덕적 암흑 상태'를 가리킨다. 성도가 그리스도의 빛을 받고도 영적 암흑에 속하여 세상에 빛을 비추지 못한다면 자신에게 문제가 있다는 것을 알아야 한다.

* 사도 요한은 그리스도를 '세상의 빛'이라고 하면서 "만일 우리가 하나님과 사귐이 있다 하고 어둠에 행하면 거짓말을 하며 진리를 행하지 아니함"이라고 지적하였다(요1서1:6). 그러므로 성도가 빛을 드러내지 못한다면 무엇보다 우선 자신의 빛이 온전한지를 살펴야 한다.

다. 영적 판단력이 건강해야 한다.

34절, "네 몸의 등불은 눈이라 네 눈이 성하면 온 몸이 밝을 것이요..."

* 여기서 예수님은 사람의 '영적 판단력'을 '눈'(ὀφθαλμός옵달모스, 판단력)으로 비유하셨다. 눈이 밝아야 온 몸이 밝듯이 영적 판단력이 건강해야 성숙한 신앙생활을 할 수 있다. 우리의 눈이 근시, 원시, 사시 또는 백내장이나 녹내장이면 대단히 불편하다. 육신의 눈은 안경을 쓰거나 수술을 통하여 어느 정도 바로잡을 수 있다. 그러나 영적 판단력이 흐리고 건강하지 못하면 심각한 문제가 발생한다.

* 육신의 눈이 건강해야 하듯이 영적 판단력이 건강해야 한다. 예수님은

당시에 표적을 구하는 백성들을 향해 '악한 세대'라고 비판하셨다(29절). 표적을 구하는 신앙으로 말미암아 영적 사시가 되어 예수님을 제대로 알아보지 못하는 것을 지적하셨다. 주님을 제대로 보아야 제대로 닮을 수 있기 때문이다.

＊여기서 성도들은 오늘날 우리들의 영적 판단력에 어떤 문제가 있는지 살펴야 한다. 영적 판단력이 흐리면 예수님의 초상을 제대로 볼 수 없다. 특히 한국 교회의 영적 판단력을 흐리게 하는 기복주의 신앙관, 신비주의 신앙관, 탐욕에 의한 이기적인 신앙관 등을 극복해야 한다.

라. 빛이 온전한 사람이 사명을 감당한다.

36절, "네 온 몸이 밝아 조금도 어두운 데가 없으면 등불의 빛이 너를 비출 때와 같이 온전히 밝으리라 하시니라."

＊이 말씀은 우리가 영적 판단력이 건강하여 어두운 데가 없이 온전해지면 우리도 온전한 빛으로 다른 사람에게 빛을 비출 수 있다는 것이다. 아무리 "일어나라 빛을 발하라"라는 하나님의 명령을 알고 있어도 우리의 빛이 어두우면 아무 것도 할 수 없다. 빛이 온전해진 사람만이 다른 사람을 빛으로 인도할 수 있으며 또한 하나님의 기대에 부응하여 살면서 칭찬을 받게 된다.

＊물론 예수님의 빛(ἀστραπή아스트라페)과 우리의 빛(φῶς포스)은 다르다. 그러나 태양의 빛을 받은 달이 세상을 환히 밝히듯이 주님의 빛을 받은 우리는 세상을 밝히는 빛이 되어야 한다. 초승달 같이 희미한 빛이 아니라 보름달과 같이 온전히 밝은 빛이 되어야 어두운 세상을 밝히는 사명을 잘 감당할 수 있다.

＊다니엘의 말씀에 "지혜 있는 자는 궁창의 빛과 같이 빛날 것이요 많은 사람을 옳은 데로 돌아오게 한 자는 별과 같이 영원토록 빛나리라"라고 한 말씀을 참조하라(단12:3).

아가서 2장 15-17절
하나님께 온전히 속하라

우리를 위하여 여우 곧 포도원을 허는 작은 여우를 잡으라 우리의 포도원에 꽃이 피었음이라 내 사랑하는 자는 내게 속하였고 나는 그에게 속하였도다 그가 백합화 가운데에서 양 떼를 먹이는구나(15-16절).

가. 주님과의 사귐을 잘 지켜야 한다.

15절, "포도원을 허는 작은 여우를 잡으라 우리의 포도원에 꽃이 피었음이라."

 * 본문은 솔로몬 왕과 술람미 여인 사이의 사랑의 고백을 통해 하나님과 우리가 어떤 사귐을 가져야 하는지를 보여주는 말씀이다. 여기서 포도원은 주님과의 사귐의 동산을 말한다. 성도가 열매를 맺는 성숙한 신앙생활을 하기 위해서는 개인적으로 하나님과의 사귐을 잘 지켜야 한다. 아울러 하나님과의 사귐의 동산인 교회나 하나님의 나라를 잘 지켜야 한다.

 * 본문에서 포도원을 허는 여우를 잡아야 할 이유는 포도원에 꽃이 피었기 때문이다. 여기서 꽃은 열매를 맺는 과정으로서 주님과의 사귐을 상징한다. 꽃을 잘 피워야 좋은 열매를 맺을 수 있듯이 성숙한 신앙생활을 위해서는 주님과의 사귐을 꽃피워야 한다.

 * 신앙생활에서 과정은 아주 중요하다. 꽃 없이 열매가 없듯이 과정 없이 성숙은 없다. 열매를 갑자기 맺을 수 없듯이 신앙성숙은 갑자기 이루어지지 않는다. 신앙의 과정을 충실히 할 때 좋은 열매를 맺는다. 성도가 좋은 열매를 맺으려면 주님과의 사귐을 꽃피워야 한다.

나. 악은 작은 것이라도 막아야 한다.

15절, "우리를 위하여 여우 곧 포도원을 허는 작은 여우를 잡으라."

※ 그런데 주님과의 사귐의 동산에는 이를 파괴하려는 악한 세력이 있다. 여기서 여우는 사귐을 파괴하려는 악한 세력을 대표한다. 여우는 포도원에 들어가 포도나무의 뿌리를 갉아먹음으로 큰 피해를 입힌다. 마찬가지로 주님과의 사귐을 파괴하려는 악한 세력과 그들의 유혹을 막아야 한다.

※ 작은 여우도 예외는 아니다. 작은 여우라고 방심하면 큰 낭패를 볼 수 있으므로 철저하게 잡아야 한다. 사람들이 작은 죄나 유혹은 대체로 가볍게 여기는 경향이 있다. 그래서 바울은 "범사에 헤아려 좋은 것을 취하고 악은 어떤 모양이라도 버리라"고 하였다(살전5:21-22). 선이 성장하듯이 악도 성장한다. 작은 악이라고 방심하면 큰 죄악으로 성장하므로 조심해야 한다.

※ 사탄이 하와를 유혹하는 과정도 점진적이었다. 하나님은 선악과를 먹으면 '반드시 죽으리라'라고 하셨는데, 사탄이 '먹지 말라 하시더냐'라고 은근히 유혹하자 하와는 '죽을까 하노라'라고 대답하였으며, 이에 사탄은 '결코 죽지 아니하리라'라고 하였고, 결국 하와는 유혹에 넘어가 선악과를 따먹었다(창3:1-4).

다. 하나님께 온전히 속해야 한다.

16절, "내 사랑하는 자는 내게 속하였고 나는 그에게 속하였도다 그가 백합화 가운데에서 양 떼를 먹이는도다."

※ 하나님과의 온전한 사귐은 주님께 철저하게 속하는 것이어야 한다. 이것은 내가 주님 안에, 주님이 내 안에 거하는 상태를 말한다(요15:5). 그리고 '양 떼를 먹이는도다'(라아)는 '사귀다'로 해석해도 좋다. 하나님과의 사귐 안에서 주님은 우리를 먹이시고, 우리는 그에게 온전히 속하여 그의 품안에서 평안을 누릴 수 있다.

※ 그리고 주님께 온전히 속한 상태는 성령충만의 상태이다. 이는 성령님

이 내 속에 거하시며 나를 온전히 통치하시는 상태를 말한다. 성령충만이 주님께 온전히 속하는 필수적인 요소다.

※ 더욱이 악한 세력이 파고들 수 없도록 빈틈이 전혀 없는 사귐이어야 한다(라아, 분사). 주님과의 사귐이 있다고 하면서도 악의 지배를 받는다면 그것은 온전한 사귐이 아니다. 사도 요한은 "만일 우리가 하나님과 사귐이 있다 하고 어둠에 행하면 거짓말을 하고 진리를 행하지 아니 함"이라고 하였다(요1서 1:6). 성도는 어둠의 악한 세력이 파고들지 못하도록 주님께 온전히 속해야 한다.

라. 주님과의 사귐 안에 평안이 있다.

17절, "내 사랑하는 자야 날이 저물고 그림자가 사라지기 전에 돌아와서 베데르 산의 노루와 어린 사슴 같을지라."

※ 본문은 하나님의 사람이 어둠 속에서 방황하지 않고 하나님의 품에서 안식을 누리는 것을 그리고 있다. 주님과의 사귐이 있는 사람은 날이 저물고 해가지기 전에 집으로 돌아온 사람과 같다. 그리고 본문은 하나님의 품으로 돌아온 사람들에게 평안이 있음을 노래한다.

※ 본문에서 '베데르 산'에 대하여는 여러 가지 학설이 있다. 그런데 '베데르'(베테르)는 '분할' 또는 '구분'이라는 뜻인데 여성의 품을 암시한다. 즉 "베데르 산의 노루와 어린 사슴 같을지라"는 말씀은 목자이신 하나님의 품속에서 편히 쉬고 있는 어린 양들과 같이 되라는 축복의 말씀으로 해석할 수 있다.

※ 아버지의 품으로 돌아온 탕자는 평안과 안식을 얻었다. 더 이상 어둠의 세력이 그를 괴롭히지 못했다. 즉 주님과의 사귐 안에 있는 사람에게 평안이 있다. "여호와는 나의 목자시니 내게 부족함이 없으리로다 그가 나를 푸른 풀밭에 누이시며 쉴만한 물가로 인도하시는도다"라고 하였다(시23:1).

호세아 10장 12-15절
묵은 땅을 기경하라

너희가 자기를 위하여 공의를 심고 인애를 거두라 너희 묵은 땅을 기경하라 지금이 곧 여호와를 찾을 때니 마침내 여호와께서 오사 공의를 비처럼 너희에게 내리시리라(12절).

가. 죄에는 하나님의 심판이 따른다.

14절, "그러므로 너희 백성 중에 요란함이 일어나겨 네 산성들이 다 무너지되 살만이 전쟁의 날에 벧아벨을 무너뜨린 것 같이 될 것이며 그 때에 어머니와 자식이 함께 부서졌도다."

＊ 본문의 말씀은 이스라엘 여로보암 2세가 왕으로 있을 때에 선지가 호세아를 통해 주신 하나님의 경고의 말씀이다. 하나님은 그의 백성이 죄에서 돌이켜 돌아오기를 원하신다. 그러나 회개하지 않고 돌아오지 않으면 결국은 무서운 심판이 임하게 된다는 것을 강조하고 있다.

＊ 하나님의 심판의 말씀을 가벼이 보면 안 된다. 여기서 "살만이 벧아벨을 무너뜨린 것 같이"와 "어머니와 자식이 함께 부셔졌도다"라는 말은 심판의 심각성을 잘 보여주고 있다. 니느웨는 경고를 받고 회개한 모범적인 사례인데 소돔과 고모라는 아쉽게도 그렇지 못했다.

＊ 15절에서 "너희의 큰 악으로 말미암아 벧엘이 이같이 너희에게 행하리니 이스라엘 왕이 새벽에 정녕 망하리로다"는 심판을 피하기 위해서 신앙생활을 어떻게 해야 하는지를 잘 보여준다. 즉 형식적인 신앙으로는 참 평안을 누릴 수 없다는 말씀이다.

나. 문제는 교만이다.

13절, "너희는 악을 밭 갈아 죄를 거두고 거짓 열매를 먹었나니 이는 네가 네 길과 네 용사의 많음을 의뢰하였음이라."

＊ 이 말씀은 하나님의 심판을 받게 되는 직접적 또는 간접적 이유를 말하고 있다. 물론 심판의 직접적 이유는 "악을 밭 갈아 죄를 거두고 거짓의 열매를 먹는 것"이다. 그러나 이러한 결과를 가져오는 간접적인 이유는 교만인데 이것이 더 심각한 문제다. 여기서 하나님은 "네가 네 길과 네 용사의 많음을 의뢰하였음이라"라는 말씀을 통해 교만이 죄의 원인임을 밝히신다.

＊ 사람이 자신의 길을 의뢰하는 것은 아주 위험하다. 여기서 자신의 길(데레크, 삶의 방식)을 의뢰하는(바타흐, 확신하다) 것은 자신의 생각에 몰두하여 하나님보다 앞서 가는 것을 말한다. 하나님은 여호수아에게 법궤를 앞세우고 그것의 뒤를 따르라고 하셨다(수3:3참조). 그러나 사사시대에는 사람마다 자기 소견에 옳은 대로 행하였고, 그때는 결국 암흑시대가 되었다(삿17:6참조). 사탄의 타락은 "가장 높은 구름에 올라가 지극히 높은 이와 같아지리라"고 한 것에 있었음을 참조하라(사14:12-14참조).

다. 묵은 땅을 기경해야 한다.

12절, "너희가 자기를 위하여 공의를 심고 인애를 거두라 너희 묵은 땅을 기경하라."

＊ 교만은 죄를 가져오고 죄는 심판을 불러온다. 이 문제를 해결하기 위해서 하나님은 "너희 묵은 땅을 기경하라"고 말씀하셨다. 그리고 공의를 심어 인애를 거두라고 말씀하셨다.

＊ 여기서 "묵은 땅을 기경하라"는 말씀이 강조하는 것은 "땅을 갈아엎으라"라는 것이다. '기경하다'(니르)는 '땅을 쟁기로 갈아엎다'라는 뜻이다. 땅을 쟁기로 갈아엎어야 잡초가 뿌리까지 죽는다.

＊ 묵은 땅(니르)은 단순히 '오래 묵은 땅'이나 '길가와 같이 딱딱한 땅'

을 말하는 것이 아니다(마13:19참조). 여기서 묵은 땅은 '기경한 땅'이지만 지금까지 계속하여 악을 심고 죄를 거두어들이던 땅을 말한다. 따라서 묵은 땅은 악을 심고 죄를 거두는 일에 만성이 된 사람의 마음을 비유하는 것이다.

∗ 죄를 짓는 일에 만성이 되면 결국은 감각을 잃는다. 바로가 강퍅하게 되는 단계는 첫째 '고집하다'(חזק 하자크 칼형)이고, 둘째는 '둔감해지다'(כבד 카베드 히필형)이며, 셋째는 '강퍅하게 하다'(חזק 하-자크 피엘형)이다. 고집부리다 보면 둔감해지고 결국 강퍅하게 되므로 계속 갈아엎어야 한다.

라. 공의를 심으면 인애를 거둔다.

12절, "너희가 자기를 위하여 공의를 심고 인애를 거두라 너희 묵은 땅을 기경하라 지금이 곧 여호와를 찾을 때니 마침내 여호와께서 오사 공의를 비처럼 너희에게 내리시리라."

∗ 이스라엘 여로보암 2세 때는 상당히 부유한 시대였다. 백성들은 자신의 신념에 차 있었으며, 풍요로 인해 자만에 빠져 있었다. 그런데 그들은 결국 무서운 심판을 받게 되었다.

∗ 그래서 하나님은 돌이켜 회개하라고 하셨다. 하나님은 악을 심어 죄를 거두고 거짓을 먹던 사람들에게 마음의 밭을 갈아엎고 이제는 공의를 심어 인애를 거두라고 말씀하신다. 공의를 심는 것이 사는 길이다. 또한 하나님은 공의를 심는 사람들에게 공의를 비처럼 내려 주시겠다고 약속하신다. 공의를 심고 인애를 거두는 사람들에게 공의의 열매를 풍성하게 하시겠다는 약속이다.

∗ 여기서 '인애'(חסד 헤세드)는 '사랑'과 '질책'이라는 다른 뜻을 갖고 있다. 이것은 하나님이 공의를 심는 사람들은 사랑하시고, 악을 심어 죄를 거두는 사람들은 질책하신다는 것을 암시한다. 하나님 앞에 사랑의 대상이 될 것인지, 증오와 질책의 대상이 될 것인지는 어떤 것을 심느냐에 달려 있다.

 **빌립보서 3장 7-9절**
믿음의 의를 이루라

내가 그를 위하여 모든 것을 잃어버리고 배설물로 여김은 그리스도를 얻고 그 안에서 발견되려 함이니 내가 가진 의는 율법에서 난 것이 아니요 오직 그리스도를 믿음으로 말미암은 것이니 곧 믿음으로 하나님께로부터 난 의라(8-9절).

가. 성도는 믿음의 의를 이루어야 한다.

9절, "내가 가진 의는 율법에서 난 것이 아니요 오직 그리스도를 믿음으로 말미암은 것이니 곧 믿음으로 하나님께로 난 의라."

＊ 본문은 율법에서 난 의가 아니라 하나님께로부터 난 믿음의 의를 이루라는 말씀이다. 바울은 자신을 가리켜 "나는 팔일 만에 할례를 받고 이스라엘 족속이요 베냐민 지파요 히브리인 중의 히브리인이요 율법으로는 바리새인이요 열심으로는 교회를 박해하고 율법의 의로는 흠이 없는 자"라고 소개하였다(5-6절). 그는 율법의 의로는 흠이 없다고 하였다. 그러나 바울은 예수 그리스도를 만난 후에는 율법의 의를 뛰어넘는 믿음의 의를 추구하게 되었다.

＊ 예수님은 일찍이 제자들에게 "너희 의가 서기관과 바리새인보다 더 낫지 못하면 결코 천국에 들어가지 못하리라"라고 하셨다(마5:20). 여기서 서기관과 바리새인의 의는 율법에서 난 의를 말한다. 성도들은 바리새인과 서기관의 율법적인 의를 뛰어넘어 믿음의 의를 이루어야 한다. 물론 믿음의 의를 이루기는 쉽지 않다. 그래서 바울도 오직 푯대를 바라보고 계속 좇아간다고 한 것이다(14절).

나. 믿음의 의가 율법무용론은 아니다.

7절, "그러나 무엇이든지 내게 유익하던 것을 내가 그리스도를 위하여 다 해로 여길뿐더러…"

* 바울은 예수 그리스도를 만난 후에는 자랑스럽게 여기던 모든 것들을 해로 여기고 배설물처럼 버렸다. 여기에는 할례, 혈통, 열심, 율법의 의 등이 포함된다. 그런데 이것을 마치 율법의 무용론으로 오해하면 심각한 문제가 생긴다. 바울이 율법의 의는 포기하였지만 율법 자체는 포기하지 않았다.

* 믿음의 의를 주장하는 것이 율법무용론이 아니다. 예수님은 "내가 율법이나 선지자를 폐하러 온 줄로 생각하지 말라 폐하러 온 것이 아니요 완전하게 하려 함이라"고 하셨다(마5:17). 예수님의 은총의 복음이 율법을 지키지 않아도 되는 것으로 생각하면 안 된다. 칭의의 의만 가지고는 서기관과 바리새인의 의를 뛰어넘을 수 없다.

* 예수님과 바울이 말하는 믿음으로 나는 의는 칭의의 의만을 말하는 것이 아니다. 이것은 또한 율법에 의한 의 즉 형식적이고 위선적인 의를 뛰어넘는 것이다. 이것은 결코 율법을 폐기하는 것이 아니다. 오히려 율법의 정신을 살려서 온전히 지킴으로 이루어지는 성화의 의를 말한다.

다. 그리스도의 지식과 믿음을 따라야 한다.

8절, "또한 모든 것을 해로 여김은 내 주 그리스도 예수를 아는 지식이 가장 고상하기 때문이라."

* 바울이 율법의 의를 버리고 하나님께로부터 나는 믿음의 의를 추구하게 된 것은 그리스도 예수를 아는 지식이 가장 고상하다는 것을 깨달았기 때문이다. 그런데 여기서 '그리스도 예수를 아는 지식' (γνώσεως Χριστοῦ Ἰησοῦ 그노세오스 그리스투 예수)은 '그리스도가 가졌던 하나님에 대한 지식'을 말한다. 그것도 그리스도께서 하나님에 대하여 알고 그대로 삶으로 실천했던 지식이다.

* 또한 바울은 본문에서 "내가 가진 의는 율법에서 난 것이 아니요 오직 그리스도 예수를 믿음으로 말미암은 것"이라고 하였다(9절). 여기서도 '예수 그리스도를 믿음'(πίστεως Χριστου피스테오스 크리스투)은 '그리스도 예수의 믿음'을 따르는 것을 말한다. 성숙한 믿음은 예수님의 믿음과 지식을 따르는 것이다.

* 예수님은 "살인하지 말라"는 율법에 대해 "형제에게 노하는 자마다 심판을 받게 되고…미련한 놈이라 하는 자는 지옥에 들어가게 되리라"고 하셨다. 또 "간음하지 말라"는 율법의 말씀도 마찬가지로 말씀하셨다(마태 5장 참조). 성도는 그리스도의 지식과 믿음을 온전히 따라야 한다.

라. 믿음의 의가 진정 구원에 이르게 한다.
8-9절, "그리스도를 얻고 그 안에서 발견되려 함이니…"

* 바울은 율법의 의를 뛰어넘는 믿음의 의가 진정 구원에 이르는 길이라고 소개한다. 물론 예수님과 함께 십자가에 달렸던 강도가 구원받은 특별한 경우도 있다. 하나님은 얼마든지 강권적인 방법으로 구원할 수 있다. 이것은 하나님의 주권에 속한다. 그러나 하나님의 특별한 구원행위를 보편적인 진리로 생각하면 안 된다.

* 본문에서 "그리스도를 얻고 그 안에서 발견되려 함"이라고 한 것은 "죽은 자 가운데서 부활에 이르려 함"을 가리킨다(11절). 여기서 '그리스도를 얻고'(win Christ)는 푯대를 바라보고 믿음으로 달려간 사람들이 받을 '부름의 상'이다(14절). 이는 결코 우리의 노력으로 얻어지는 것(gain Christ)이 아니다.

* 그러므로 믿음의 의가 구원에 이르는 길이라고 할지라도 우리의 노력으로 구원받는 것이 아니다. 구원은 오직 은총으로 인하여 믿음으로 말미암아 받는다. 그러나 구원은 무임승차가 아니다. 구원은 은총의 선물이지만 믿음의 의를 이루려고 열심히 달려가는 그 믿음으로 받는다.

마태복음 5장 23-26절
먼저 가서 사화하라

그러므로 예물을 제단에 드리려다가 거기서 네 형제에게 원망들을 만한 일이 있는 것이 생각나거든 예물을 제단 앞에 두고 먼저 가서 형제와 화목하고 그 후에 와서 예물을 드리라(23-24절).

가. 원망들을 일이 있는지 살펴야 한다.

23절, "예물을 제단에 드리려다가 거기서 네 형제게에 원망들을 만한 일이 있는 것이 생각나거든…"

＊ 본문은 '살인하지 말라'는 교훈에 이어 주신 말씀이다. "형제에게 노하는 자마다 심판을 받게 되고, 형제에 라가라 하는 자는 공회에 잡혀가게 되고, 미련한 놈이라 하는 자는 지옥불에 들어가게 되리라"고 하셨다(22절). 사소한 일 같지만 실제로 남에게 상처를 줄 수 있는 행동들이므로 자신을 돌아보라는 말씀이다.

＊ 일반적으로 사람들은 남에게 상처를 준 것은 생각하지 않고 자신이 받은 것만 생각하는 경향이 있다. 그러나 남에게 어떤 상처를 준 것이 있는지 살피는 사람이 덕이 있는 사람이다.

＊ 본문에서 '생각나거든' (μνησθῆς 므네스데스, 수동 디포)은 성령의 감동으로 생각나게 되는 것을 말한다. 이러한 경우에 우연이라고 생각하지 말고 그것을 하나님의 뜻으로 받아들여 기쁨으로 순종해야 한다. 이런 일은 기쁨으로 즉시 실행해야 한다. 25절에도 '급히 사화하라'고 하시며 미루지 말 것을 권고하셨다.

나. 작은 일이라도 소홀히 하면 안 된다.

26절, "네가 한 푼이라도 남김이 없이 갚기 전에는 결코 거기서 나오지 못하리라."

* 일반적으로 자신은 작은 일에도 크게 상처를 받고 분노하는 반면에 남에게 큰 상처를 주고도 대수롭지 않게 여기는 경향이 있다. 이는 자신의 허물은 졸보기로 보고, 남의 허물은 돋보기로 보는 인간의 속성 때문이다. 그러나 주님은 자신이 받은 상처는 작게, 반면에 남에게 준 것은 크게 보라고 하신다.

* 본문에서 '한 푼'(μνησθῆς고드란트, 두 렙돈)은 가장 작은 화폐가치를 말한다. 그런데 주님은 한 푼이라도 남김이 없이 갚지 않으면 결코 심판을 피하지 못하리라고 하셨다.

* 주님은 산상설교에서 유난히 작은 일에 큰 관심을 두고 말씀하셨다. 사람이 세상에서 빛과 소금의 사명을 감당하려면 작은 일에도 신중해야 한다. 예수님은 "누구든지 이 계명 중에 지극히 작은 것 하나라도 버리고 또 그같이 사람을 가르치는 자는 천국에서 지극히 작다 일컬음을 받을 것이요"라고 하셨고(19절), 또한 형제에게 노하는 것, 라가(ῥακά바보)라 하는 것, 그리고 미련한 놈이라 하는 것까지 살인이라고 하셨다(22절). 성도는 주님의 의도를 잘 살펴서 작은 일에도 소홀함이 없어야 한다.

다. 예배드리기 전에 먼저 화목을 이루라.

24절, "예물을 제단 앞에 두고 먼저 가서 형제와 화목하고 그 후에 와서 예물을 드리라."

* 예배는 아주 중요하다. 그러나 주님은 예배하는 자들이 화목하지 않고 드리는 예배는 받지 않겠다고 하신다. 구약의 전통에 '속죄제'와 '속건제'가 있다. 특별히 속건제는 형제가 화목하고 와서 드리는 속죄 제사를 의미한다. 형제가 화목하지 않으면 속죄의 제사를 드려도 하나님은 받지 않으신다.

* 그런데 본문에서 '화목하고' (διαλλάγηθι 디알라게디, 수동)는 진정한 화해가 상대방의 용서로 이루어지는 것임을 보여준다. 상대방에게서 용서를 받지 않고 하나님께 용서를 받으려는 제사는 옳지 않다. 하나님은 그런 예배는 받지 않으신다. 영화 '밀양'의 주제를 참조하라.

* 그리고 진정한 화목을 이루기 위해서는 먼저 가서 사화를 해야 한다. 여기서 '사화하다' (εὐνοῶν 유노온, 능동)는 상처를 준 사람이 먼저 할 일이다. 즉 사화(사과, 합의)는 상처를 준 사람이 하고, 화해는 상처를 받은 사람이 한다. 그리고 사화(능동 분사)는 진정으로 해야 한다. 한결같은 마음으로 진정으로 사화해야 한다. 이로써 진정한 화목이 이루어진다.

라. 사람과 통하면 하나님과도 통한다.

24절, "그 후에 와서 예배를 드리라."

* 예배는 하나님과의 교통이다. 그런데 사람들과의 교통이 막히면 하나님과의 교통도 막힌다고 말씀하신다. 그러므로 예배를 드리려 하다가도 사람들과 막힌 것이 있다면 풀고 와서 예배를 드리라고 하시는 것이다. 막힌 형제와 소통하는 일은 어려운 일이지만 순종하면 복이 된다.

* 사도 바울은 예수님의 의도와 섭리를 이렇게 소개하였다. "그는 우리의 화평이신지라 둘로 하나를 만드사 원수 된 것 곧 중간에 막힌 담을 허시고...또 십자가로 이 둘을 한 몸으로 하나님과 화목하게 하려 하심이라"고 하였다(엡2:14-16). 하나님은 이것을 간절히 원하신다.

* 마태복음 18장에 보면, 형제가 죄를 범하면 찾아가 권고하라는 말씀이 있다. 그들이 들으면 형제를 구하는 것이요, 듣지 않으면 버릴 수밖에 없다고 하시면서, "무엇이든지 너희가 땅에서 매면 하늘에서도 매일 것이요 무엇이든지 땅에서 풀면 하늘에서도 풀리리라"라고 하셨다(마18:18). 땅에서 막히면 하늘에서도 막힐 것이요, 땅에서 풀리면 하늘에서도 풀린다는 말씀이다.

 **잠언 11장 9-11절**
복의 근원이 되라

의인이 형통하면 성읍이 즐거워하고 악인이 패망하면 기뻐 외치느니라 성읍은 정직한 자의 축복으로 인하여 진흥하고 악한 자의 입으로 말미암아 무너지느니라(10-11절).

가. 성도는 복의 근원이 되어야 한다.
11절, "성읍은 정직한 자의 축복으로 인하여 진흥하고…"
* 본문은 성읍이 의로운 사람들의 복(은덕)으로 부흥한다는 말씀이다. 나라나 공동체는 의로운 사람들이 많으면 그들의 은덕으로 부흥한다. 소돔과 고모라에 의인이 열 사람만 있었더라면 심판을 면할 수 있었다. 공동체에서 의인 한 사람의 역할이 얼마나 중요한지를 보여준다.
* '축복'(בְּרָכָה베라카)은 '축원'이라는 뜻이지만 '하나님의 은혜로 인간이 받은 복'이라는 뜻도 있다. 그래서 나라가 정직한 사람들의 축원으로 부흥한다는 해석도다 그들의 복(은덕)으로 부흥한다는 것이 더 좋은 해석이다. 즉 정직하고 의로운 사람이 복의 근원이 된다는 말씀이다.
* 이것은 하나님이 아브라함에게 주신 복이기도 하다. 하나님은 아브라함에게 복을 주시며 "내가 너로 큰 민족을 이루고 네게 복을 주어 네 이름을 창대하게 하리니 너는 복이 될지라"라고 하셨다(창12:2). 여기서 '복(בְּרָכָה베라카)'이 된다는 것은 아브라함이 '복의 근원'이 되는 것을 말한다. 모든 사람이 정직하고 의로워지기를 바랄 수 없다. 그러나 성도들만이라도 복의 근원이 된다면 희망이 있다.

나. 세상에 해악을 끼치는 사람이 너무 많다.

9절, "악인은 그 입으로 그의 이웃을 망하게 하여도.."

＊ 세상에는 공동체를 부흥시키는 복의 근원이 되는 사람은 적고 오히려 해악을 끼치는 사람이 더 많다. 하나님은 노아 홍수 시대에 이르러 "사람의 죄악이 세상에 가득함과 그의 마음으로 생각하는 모든 것들이 항상 악할 뿐임을 보시고" 한탄하시며 심판을 준비하셨다(창6:5). 또한 소돔과 고모라에 의인 열 사람이 없어서 심판을 받았다는 것은 세상 형편이 얼마나 심각한지 잘 보여준다(창19장).

＊ 본문에 "악인은 그 입으로 그의 이웃을 망하게 한다"고 하였다. 이것은 악한 사람들의 '악한 말'이나 '저주'가 이웃을 망하게 한다는 말이다. 그런데 '입'(פֶּה페)은 '입구'라는 뜻과 '몫'이라는 뜻을 갖고 있다. 그래서 이것은 악이 멸망의 입구라는 뜻이 되고, 세상은 악한 사람들의 몫에 따라 망한다는 뜻도 된다. 즉 의인은 부흥케 하는 몫이 있고 악인은 망하게 하는 몫이 있다.

＊ 말씀에 "공의는 나라를 영화롭게 하고 죄는 백성을 욕되게 하느니라"라고 하였다(잠14:34). 다윗은 이스라엘을 부흥하게 한 몫을 담당한 반면 솔로몬은 망하게 하는 몫을 담당하였다.

다. 복의 근원이 되려면 정직해야 한다.

11절, "성읍은 정직한 자의 축복으로 인하여 진흥하고..."

＊ 정직은 사람으로 하여금 복의 근원이 되게 하는 덕목이다. 여기서 '정직하다'(יָשַׁר야사르)는 의로움을 포함하는 말이다. 정직한 사람은 솔직하고, 의롭고, 공정하고, 진실하고, 일관성이 있는 사람이다. 이렇게 정직하고 의로운 사람들이 세상을 부흥시키는 복의 근원이 된다.

＊ 솔로몬은 아버지 다윗을 회상하며 그의 정직함을 언급하였다. 솔로몬이 이르되 "내 아버지 다윗이 성실과 공의와 정직한 마음으로 주와 함께 주 앞에서 행하므로 주께서 그에게 큰 은혜를 베푸셨다"고 하였다(왕상3:6). 이

것은 하나님이 의롭고 정직한 다윗에게 큰 은혜를 베푸셨고, 이스라엘을 강대한 나라로 만들게 하셨으며, 또 귀한 후사를 주어 나라를 평안하게 하셨다는 고백이다.

＊ 의롭고 정직한 사람은 하나님과 연합한 사람이다. 그리고 하나님과 인격적으로 연합한 사람은 그의 능력에도 연합되므로 역사하는 힘이 크다. "의인의 간구는 역사하는 힘이 크다"고 하였다(약5:16). 정직은 최고의 정책이다(세르반테스). 정직만큼 풍부한 재산은 없다(섹스피어).

라. 정직하고 의로운 사람은 인심을 얻는다.

10절, "의인이 형통하면 성읍이 즐거워하고 악인이 패망하면 기뻐 외치느니라."

＊ 하나님은 의로운 사람들의 길을 형통하게 하신다. 말씀에 "대저 정직한 자는 땅에 거하며 완전한 자는 땅에 남아 있으리라 그러나 악인은 땅에서 끊어지겠고 간사한 자는 땅에서 뽑히리라"라고 하였다(잠2:21-22). 그리고 "악인의 길은 여호와께서 미워하셔도 공의를 따라가는 자는 그가 사랑하시느니라"라고 하였다(잠15:9). 하나님의 심판의 수레바퀴는 천천히 돌지만 상벌은 분명히 내리신다.

＊ 사람들도 의인이 형통하게 되는 것을 기뻐한다. 이는 세상의 인심을 반영한 말이다. 악한 사람들이 잘되는 것은 시기하여도 착한 사람들은 잘되기를 바란다. 악한 사람들은 천벌을 받고 망하기를 기대하지만 착한 사람들은 하나님이 반드시 복을 내려주시라고 축원한다. 이것이 인심이다. 그리고 인심이 천심이다.

＊ 인심을 얻는 것은 아주 중요하다. 사람들의 축복과 저주를 무시할 수 없다. 사람들의 축복이 쌓이면 하나님께서 복을 주시고 사람들의 저주가 쌓이면 하나님께서 벌을 내리신다. 물론 까닭 없는 축복과 저주는 의미가 없다. 의인을 향한 축복은 강복의 근원이다.

데살로니가전서 5장 16-18절
감사는 행복의 근원이다

항상 기뻐하라 쉬지 말고 기도하라 범사에 감사하라 이것이 그리스도 예수 안에서 너희를 향하신 하나님의 뜻이니라(16-18절).

가. 감사는 우리를 향하신 하나님의 뜻이다.

18절, "범사에 감사하라 이것이 그리스도 예수 안에서 너희를 향하신 하나님의 뜻이니라."

* 본문은 성도가 행복하게 살 수 있는 비결을 보여준다. 특별히 감사는 우리의 삶을 행복하게 만드는 최고의 비결이다. 그것은 진정 우리를 위한, 우리를 향하신 하나님의 뜻이다.

* 여기서 하나님의 '뜻' (θέλημα 델레마)은 '갈망하다' 또는 '기뻐하다' 라는 '델로' 에서 유래하였다. 즉 감사는 우리가 행복하기를 바라시는 하나님의 뜻이요 간절히 원하시는 것이다.

* 무엇을 하든지 감사함으로 해야 한다. 찬양에도 감사가 넘쳐야 한다. "너희는 감사하는 자가 되라 시와 찬미와 신령한 노래를 부르며 마음에 감사함으로 하나님을 찬양"하라고 하였다(골3:15-16).

* 기도도 감사함으로 해야 한다. "기도를 항상 힘쓰고 기도에 감사함으로 깨어 있으라"고 하였다(골4:2). 또 "아무것도 염려하지 말고 오직 모든 일에 기도와 간구로 너희 구할 것을 감사함으로 하나님께 아뢰라"고 하였다(빌4:6). 하나님께 원망하고 불평하는 것은 신앙인의 도리가 아니다.

나. 감사는 은혜를 선용하는 것이다.

18절, "범사에 감사하라."

* 여기서 '감사'(εὐχαριστέω유카리스테오)는 '올바르게 행하다'(εὖ유)와 '은혜'(χάρις카리스)의 합성으로 이루어진 말이다. 즉 감사는 은혜를 받은 사람이 은혜에 따라 올바르게 행하여 은혜를 주신 이를 기쁘게 하는 것이다. 감사는 표현 그 이상이다. 받은 은혜를 헛되이 흘려버리면 진정한 감사가 아니다.

* 바울은 "우리가 하나님과 함께 일하는 자로서 너희를 권하노니 하나님의 은혜를 헛되이 받지 말라"고 권면하였다(고후6:1). 여기 '헛되이'(εἰς κενὸν에이스 케논)에서 '케노스'는 '내용이 없는' 또는 '어리석은'이라는 뜻을 갖고 있다. 은혜를 받았으나 은혜를 허비하여 결과가 아무 내용이 없는 것을 말하며, 그것은 결국 어리석은 행동임을 보여준다.

* 예수님의 비유에서, 탕자는 아버지가 주신 재물을 헛되이 탕진하고 거지가 되어 돌아왔다. 그는 참으로 어리석게 살아가는 사람의 전형적인 모습을 보여준다. 사람이 받은 달란트를 탕진하여 버린다면 이는 참으로 어리석은 일이다. 다섯 달란트를 받았으면 다섯 달란트를 남기는 것이 올바른 삶이다.

다. 성도는 범사에 감사해야 한다.

18절, "범사에 감사하라."

* 성도는 범사에 감사를 해야 한다. 범사에 감사하는 것은 좋을 때만 아니라 어려울 때에도 감사하는 것을 말한다. 좋은 일에도 감사를 제대로 못하는 사람들이 많다. 더욱이 어려운 일에 감사하는 것은 아주 어렵다. 그러나 어려운 일에도 감사할 수 있어야 성숙한 신앙이다.

* 범사에 감사하려면 믿음이 있어야 한다. 하나님이 하시는 일은 모두 좋은 것으로 믿어야 한다. 바울은 "우리가 알거니와 하나님을 사랑하는 자 곧 그의 뜻대로 부르심을 입은 자들에게는 모든 것이 합력하여(하나님이 모

든 것을 합하여) 선을 이루시느니라"라고 하였다(롬8:28). 이러한 믿음이 필요하다.

＊ 믿음의 사람이라도 범사에 감사하기가 쉽지 않다. 그래서 성경은 "쉬지 말고 기도하라"고 하였다(17절). 여기서 '기도하다'(προσεύχεσθε 프로슈케스데, 수동, 디포)는 간구하는 기도가 아니라 하나님의 음성을 듣는(수동) 기도를 말한다. 그리고 기도하는 가운데 하나님의 음성을 듣고 즐거운 마음으로 순종하다 보면(디포) 어려운 일에 대해서도 하나님의 깊은 뜻을 깨닫게 되고 감사하게 된다.

라. 범사에 감사하는 이들에게 기쁨이 있다.

16절, "항상 기뻐하라."

＊ 본문의 단락은 항상 기뻐하라는 말씀으로 시작한다. "항상 기뻐하라"는 말씀은 이 단락의 주제이기도 하다. 그리고 "쉬지 말고 기도하라"는 말씀과 "범사에 감사하라"는 말씀은 항상 기뻐할 수 있도록 만드는 삶의 양식들이다. 즉 쉬지 말고 기도하며 범사에 감사하는 사람은 항상 기뻐할 수 있게 된다는 말이 된다. 범사에 감사하는 사람은 항상 기뻐할 수 있는 복을 받는다.

＊ 범사에 감사하지 못하고 불평과 원망으로 사는 사람은 불행한 사람이다. 그런 사람들의 삶은 점점 어두워진다. 그런 사람들은 기쁨은커녕 우울, 슬픔, 낙망, 좌절을 경험하게 된다.

＊ 시편 기자는 "감사로 제사를 드리는 자가 나를 영화롭게 하나니 그의 행위를 옳게 하는 자에게 내가 하나님의 구원을 보이리라"고 하였다(시 50:23). 감사로 하나님을 영화롭게 하는 것이 행위를 옳게 하는 것이며 그들에게는 하나님의 구원이 임한다. 여기서 '구원'(ישע 예샤)은 '야샤'에서 유래하였는데 구원, 안전, 번영, 승리 등의 뜻을 갖고 있다. 이처럼 감사는 행복의 근원이다.

시편 50편 23절
감사는 신앙의 기본이다

감사로 제사를 드리는 자가 나를 영화롭게 하나니 그의 행위를 옳게 하는 자에게 내가 하나님의 구원을 보이리라(23절).

가. 감사는 신앙생활의 기본이다.

23절, "감사로 제사를 드리는 자가 나를 영화롭게 하나니…"

* 본문은 감사가 하나님을 영화롭게 하는 길이라고 소개한다. 그런데 하나님을 영화롭게 하는 것이 신앙생활의 가장 중요한 목표이므로 감사는 신앙생활의 기본이라 할 수 있다.

* 감사(הדות토다)는 '신앙하다,' '감사하다,' '찬양하다' 그리고 '고백하다' 라는 뜻을 가진 '야다' 에서 유래하였다. 이 말이 보여주듯이 감사는 찬양과 고백과 함께 신앙생활의 기본이다. 이처럼 감사는 하나님을 영화롭게 하는 가장 중요한 요소 중의 하나다. 이를 소홀히 하면 안 된다.

* 바울은 성도의 기도에서도 감사를 중요한 요소로 언급하였다. "그러므로 내가 첫째로 권하노니 사람을 위하여 간구와 기도와 도고와 감사를 하되"라고 하였다(딤전2:1). 받은 은혜에 감사는 하지 않고 우리가 필요한 것만을 간구한다면 좋은 기도가 아니다.

* 또한 감사는 우리를 향하신 하나님의 뜻이다. "범사에 감사하라 이것이 그리스도 예수 안에서 너희를 향하신 하나님의 뜻이니라"라고 하였다(살전5:18). 신앙생활을 잘 하려면 감사를 잘 해야 한다.

나. 감사 없는 제사가 문제다.

23절, "감사로 제사를 드리는 자가 나를 영화롭게 하나니…"

＊ 감사로 드리는 제사가 하나님을 영화롭게 한다. 그렇다면 감사가 없는 제사는 문제가 많다. 감사가 없는 제사는 기복신앙의 굿판이 되기 때문이다. 예배를 드리면서 감사는 형식적으로 하고 오로지 복을 구하는 데 관심을 기울인다면 이는 올바른 예배가 될 수 없다. 감사가 예배의 중심이 되어야 한다.

＊ 모든 것은 하나님이 주신 것이라고 고백하면서도 감사하지 않으면 이는 의미가 없다. 성도는 하나님의 주권을 인정해야 한다. 하나님의 선택주권, 변경주권, 섭리주권에 불평하거나 원망하면 안 된다. 하나님을 향하여 원망하고 불평하는 것은 그의 주권을 인정하지 않는다는 증거다.

＊ 성도가 하나님의 주권을 인정하면 이는 감사로 이어져야 한다. 다윗은 "부와 귀가 주께로 말미암고 또 주는 만물의 주재가 되사 손에 권세와 능력이 있사오니 모든 사람을 크게 하심과 강하게 하심이 주의 손에 있나이다 우리 하나님이여 이제 우리가 주께 감사하오며 주의 영화로운 이름을 찬양하나이다"라고 하였다(대상29:12-13). 이렇게 하나님의 주권을 인정하고 감사하는 것이 신앙인의 올바른 모습이다.

다. 감사를 생활화해야 한다.

23절, "그의 행위를 옳게 하는 자에게…"

＊ 이 말씀은 감사가 하나님을 영화롭게 하는 길이므로 생활화해야 한다는 말씀이다. 감사가 신앙생활의 기본이 도도록 체질화해야 한다. 감사는 예배를 드릴 때에만 하는 것이 아니라 일상의 생활 속에 뿌리를 내려야 한다. 하나님은 우리의 일상에서도 감사가 넘치기를 원하신다.

＊ 여기서 "행위를 옳게 하는 자"는 "(감사로) 생활방식이 되게 하는 자"로 해석할 수 있다. '행위' (דֶּרֶךְ데레크)로 해석한 단어는 '길' 또는 '생활방식'을 뜻하고, '옳게 하다' (שׂוּם숨)로 해석한 단어는 '배치하다' 또는 '무엇이

되게 하다'를 뜻한다. 결국 이 말씀은 '감사가 생활방식이 되게 하라'는 뜻이 된다. 이렇게 감사를 생활방식으로 삼고 감사를 체질화하는 것이 결국 행위를 옳게 하는 것이다.

  * 그리고 감사를 생활화하려면 범사에 감사해야 한다. 본문에서 감사를 생활방식이 '되게 하라'(쉼, 분사 능동)는 것은 언제나, 어디서나, 즐거운 마음으로 감사하는 것을 말한다. 좋은 일에는 물론 어려운 일에도 하나님이 모든 것을 합력하여 선을 이루실 줄 믿고 범사에 감사해야 한다.

라. 감사하는 이에게 복이 있다.

23절, "그의 행위를 옳게 하는 자에게 내가 하나님의 구원을 보이리라."

  * 본문에서 감사하는 이들에게 약속한 '구원'(ישׁע 예샤)은 해방, 안전, 복지 등의 뜻을 갖고 있다. 이 말은 원래 '넓다' 또는 '풍부하다'라는 뜻을 가진 '야샤'에서 유래하였다. 그러므로 하나님이 감사하는 이들에게 약속하신 구원은 천국에 들어가 영생을 누리는 것뿐만 아니라 이 세상에서 평안과 부요를 누리는 것을 포함한다. 하나님은 우리가 일상의 삶에서도 형통하기를 원하신다.

  * 그리고 여기에서 약속하신 구원을 '보이리라'(ראה 라아, 히필)라는 말씀에는 하나님의 강력한 의지가 담겨 있다. 이것은 '기쁨으로 누구에게 보게 하겠다'라는 말인데 우리가 기쁨으로 순종하면 하나님은 반드시 실행하신다. 하나님은 감사를 생활화하는 이(행위를 옳게 하는 이)에게 복을 주심을 믿어야 한다.

  * 감사하는 사람이 진정 행복한 사람이다. 이런 말이 있다. "참된 지혜자는 모든 친구에게 배우는 사람이요, 참된 강자는 자신을 제어하는 사람이요, 참된 부자는 자기가 가진 것에 감사할 줄 아는 사람이다"라고 하였다. 감사하는 사람은 복을 받게 되고 또한 누리게 된다.

마태복음 6장 31-33절
가치관이 중요하다

그러므로 염려하여 이르기를 무엇을 먹을까 무엇을 마실까 무엇을 입을까 하지 말라 이는 다 이방인들이 구하는 것이라 너희 하늘 아버지께서 이 모든 것이 너희에게 있어야 할 줄을 아시느니라 (31-32절).

가. 신앙생활에 가치관이 중요하다.

31절, "그러므로 염려하여 이르기를 무엇을 먹을까 무엇을 마실까 무엇을 입을까 하지 말라."

* 본문은 무엇을 먹을까, 무엇을 마실까, 무엇을 입을까를 염려하지 말라는 말씀이다. 본문의 단락이 시작하는 25절에 "목숨이 음식보다 중하지 아니하며 몸이 의복보다 중하지 아니하냐"라는 말씀이 있다. 즉 무엇이 더 중요한 것인지를 진지하게 살펴보라는 말씀이다. 특히 신앙생활에서 가치관의 우선순위를 정하는 일은 아주 중요하다.

* 본문에서 '염려하다'(μεριμνάω메림나오)는 '나누다'(μερίζω메리조)에서 유래하였다. 즉 염려는 어떤 것에 집중하지 못하고 마음이 나누어지는 결과를 초래한다. 물질적인 것, 세속적인 것에 대한 염려는 우리의 마음을 빼앗아 삶의 더 중요한 것에 집중하지 못하게 한다.

* 가치관이 중요하다. 가치관이 인생을 결정짓는 삶의 목표와 방향을 제시하기 때문이다. 사람이 무엇에 집중하느냐에 따라 사는 모습이 달라진다. 요즈음 사람의 성품에 대한 관심이 크게 고조되고 있다. 그런데 성품보다도 더 중요한 것이 인생의 가치관이다.

나. 이방인들의 가치관을 경계하여야 한다.

32절, "이는 다 이방인들이 구하는 것이라."

* 예수님은 무엇을 먹을까, 무엇을 마실까, 무엇을 입을까 하는 것은 이방인들이 구하는 것이라고 하셨다. 여기서 '이방인'은 하나님의 자녀가 아닌 사람들을 가리킨다. 또 여기서 '구하다'(ἐπιζητέω에피제테오)는 갈망하여 집중하는 것을 말한다. 즉 이방인들의 가치관은 물질적이고 세속적인 것을 얻는 데 우선순위를 두고 있다. 에릭 프롬이 '소유와 존재'라는 말로 구별한 것을 참조하라.

* 이방인들의 가치관은 '잘 먹고 잘 살자'는 것이다. 그러나 하나님의 자녀들의 가치관은 '바르게 살자'는 데 있어야 한다. 성도가 신앙생활을 하면서도 '잘 먹고 잘 살자'는 데에 우선순위를 둔다면 하나님의 자녀라 할 수 없다. 가치관이 이방인들의 수준에 머물러 있어서는 바른 신앙이 아니다.

* 예수님은 사람들의 타락을 노아시대에 비유하셨다. "노아가 방주에 들어가던 날까지 사람들이 먹고 마시고 장가들고 시집가더니 홍수가 나서 그들을 다 멸망시켰으며"라고 하였다(눅17:27). 즉 사람이 세속적인 가치관에 빠져 있는 것은 아주 위험한 상태라고 경고하셨다.

다. 하나님의 나라와 그의 의에 집중해야 한다.

33절, "그런즉 너희는 먼저 그의 나라와 그의 의를 구하라."

* 성도는 하나님의 나라와 그의 의를 구하는 데 우선순위를 두어야 한다. 이방인들이 구하는 것처럼 '잘 먹고 잘 살자'가 아니라 '바르게 살자'는 데 집중해야 한다. 성도는 '소유'가 아니라 '존재'를 추구하는 삶의 방식에 우선순위를 두고 살아야 한다. 에릭 프롬의 '존재의 기술'을 참조하라.

* 이방인의 가치관은 '나의 왕국'을 세우는 데 있다. 조금 범위를 넓혀도 가족, 친족, 동문, 지역의 한계를 벗어나기 어렵다. 그러나 성도는 하나님의 나라를 세우는 데 우선순위를 두어야 한다. 나의 왕국을 세우기 위해

하나님을 이용하는 것은 올바른 신앙이 아니다. 하나님의 나라를 위해 나를 헌신해야 한다. 성도의 관심을 나에게서 하나님께로 그리고 이웃에게로 넓혀가야 한다.

  * 그리고 성도들이 집중해야 할 하나님 나라의 의는 '정의'(מִשְׁפָּט미쉬파트)와 '공의'(צְדָקָה체다카)이다. 이로서 세상에 '포흐'(מִשְׂפָּח미스파흐)과 '부르짖음'(צְעָקָה체아카)이 사라지게 해야 한다(사5:7참조). 이것이 구원받은 사람들이 보여야 할 하나님의 자녀다운 모습이다. 성도는 손해를 보더라도 하나님의 의에 집중해야 한다.

라. 하나님께 집중하면 모든 것을 더하신다.

33절, "너희는 먼저 그의 나라와 그의 의를 구하라 그리하면 이 모든 것을 너희에게 더하시리라."

  * 하나님은 우리가 구하지 않아도 무엇이 필요한지 알고 계신다. "너희 하늘 아버지께서 이 모든 것이 너희에게 있어야 할 줄을 아시느니라"라고 하였다(32절). 그리고 하나님은 그의 자녀들이 바르게 살아가면 물질적인 것들과 세속적인 것들을 채워주시겠다고 약속하셨다.

  * 하나님은 우리가 영혼이 잘됨 같이 범사에 잘되고 강건하기를 원하신다. 여기서 '영혼이 잘됨'(유오도오)은 진리 안에서 바르게 사는 것을 말한다(요한3서 2절 참조).

  * 시편 1편에 복(예세르) 있는 사람은 바른 길을 가는(야세르) 사람이다. 하나님의 자녀가 말씀에 따라 바른 길을 가면 하나님은 그에게 복을 주신다(시편 1편 1-3절 참조).

  * 하나님의 말씀에 따라 신중하게 행하는 사람은 형통하게 된다. 여기서도 하나님의 말씀에 따라 좌로나 우로 치우치지 아니하고 바르게 사는 것을 강조한다(수1장). 성도가 하나님께 집중하고 말씀에 따라 바르게 살면 하나님은 우리에게 필요한 것을 채워주신다.

빌립보서 2장 12-16절
두렵고 떨림으로 구원을 이루라

그러므로 나의 사랑하는 자들아 너희가 나 있을 때뿐 아니라 더욱 지금 나 없을 때에도 항상 복종하여 두렵고 떨림으로 너희 구원을 이루라(12절).

가. 성도에게는 구원을 이루라는 목표가 있다.

12절, "그러므로 나의 사랑하는 자들아 너희가 나 있을 때뿐 아니라 더욱 지금 나 없을 때에도 항상 복종하여 두렵고 떨림으로 너희 구원을 이루라."

※ 바울은 구원받은 성도들에게 '너희 구원'을 이루라고 한다. 이것은 하나님이 주시는 구원이 부족해서가 아니라 구원을 받은 우리가 하나님과 사람 앞에 너무 부족하기 때문이다.

※ 여기서 '구원을 이루라'는 현재형이다. 우리에게는 과거형의 '구원을 받았다'라고 고백하는 구원의 확신에는 아무런 문제가 없다. 또한 미래형의 '천국에 들어간다'라고 고백하는 영생의 소망에도 아무런 문제가 없다. 문제는 구원을 받았다는 과거와 영생에 들어간다는 미래와의 사이에 있는 현재다.

※ 한국 교회는 아직도 최권능 목사가 외친 '예수 천당'의 신앙의 한계를 넘어서지 못하고 있다. 예수 믿고 바로 천당으로 이어지는 칭의 중심의 구원론을 따르다 보니 성도들이 성숙하지 못한 것이 사실이다. 이제라도 한국 교회는 우리의 구원을 이루라는 목표를 잘 성취해서 성숙한 성도가 되어야 한다.

나. 온전한 구원을 이루는 것은 하나님의 소원이다.

13-14절, "너희 안에서 행하시는 이는 하나님이시니 자기의 기쁘신 뜻을 위하여 너희에게 소원을 두고 행하게 하시나니 모든 일을 원망과 시비가 없게 하라."

* 성도가 온전한 구원을 이루는(수동) 모든 일은 하나님이 행하시는 사역이며, 그의 기쁘신 뜻이며, 우리를 향한 그의 소원이다. 물론 우리가 구원을 온전히 이루어야 할 숙제는 어렵고 귀찮은 것이 사실이다. 그러나 이를 통해 우리를 온전케 하시려는 하나님의 깊은 뜻이 있음을 깨달아야 한다. 우리는 이 일을 기쁨으로 이루어야 한다(디포).

* 그러므로 우리는 구원을 온전히 이루라는 목표를 원망과 시비가 없이 행하여야 한다. 이스라엘 백성은 가나안으로 인도하시는 하나님의 깊은 뜻을 깨닫지 못하고 의심하고 원망하다가 큰 시험을 당했다. "백성이 모세와 다투어 이르되 우리에게 물을 주어 마시게 하라 모세가 그들에게 이르되 너희가 어찌하여 나와 다투느냐 너희가 어찌하여 하나님을 시험하느냐"(출 17:2). 원망과 시비는 하나님의 소원을 대적하는 것이다.

* 온전함으로 나아가는 길에 어찌 어려움이 없겠는가? 어떤 어려움이 있더라도 선하고 인자하신 하나님이 우리를 최선의 길로 인도하실 줄 믿고 온전히 순종해야 한다.

다. 두렵고 떨림으로 구원을 이루어야 한다.

12절, "그러므로 나의 사랑하는 자들아 너희가 나 있을 때뿐 아니라 더욱 지금 나 없을 때에도 항상 복종하여 두렵고 떨림으로 너희 구원을 이루라."

* 앞에서 본문은 구원을 온전히 이루는 것이 무엇이며 왜 중요한지를 밝혔다. 그러면 어떻게 구원을 이룰 것인가? 구원을 온전히 이루려면 하나님 앞에서 두렵고 떨림이 있어야 한다.

* 이사야와 베드로는 두렵고 떨림을 체험하였다. 이사야는 성전에 올라갔다가 하나님의 임재를 체험하고 "화로다 나여 망하게 되었도다 나는 입술이 부정한 사람이요 나는 입술이 부정한 백성 중에 거주하면서 만군의

여호와이신 왕을 뵈었음이라"라고 탄식하였다(사6:5). 그리고 베드로는 주님의 명령에 따라 많은 물고기를 잡는 체험을 하고는 무릎을 꿇고 엎드려 "주여 나를 떠나소서 나는 죄인이로소이다"라고 탄식하였다(눅5:8). 그러나 그들은 이 일로 인하여 온전케 되었다.

* 반면 아나니아와 삽비라는 베드로를 속이고 성령을 속이면서도 두렵고 떨림이 없었다. "베드로가 이르되 그 땅 판 값이 이것뿐이냐 내게 말하라 하니 이르되 예 이것뿐이니다 하더라"(행5:8). 이처럼 두렵고 떨림이 없던 아나니아와 삽비라는 결국 멸망당하고 말았다.

라. 온전함을 이룬 성도는 빛으로 나타난다.

15절, "이는 너희가 흠이 없고 순전하여 어그러지고 거스르는 세대 가운데서 하나님의 흠 없는 자녀로 세상에서 그들 가운데 빛들로 나타내며..."

* 본문에서 구원을 '이루라'는 '카타'와 '에르가조'의 합성어로서 '어떤 목표에 대하여 성취하다'라는 뜻을 갖고 있다. 여기에는 막연한 열심히 아니라 이루어야 할 목표가 분명히 나타나 있다.

* 본문은 성도가 이루어야 할 구원의 목표를 잘 보여준다. 하나님은 성도가 흠이 없고 순전하여 악한 세대 가운데서 빛처럼 나타나기를 원하신다. 이것은 하나님의 소원을 이루는 것이요 우리에게는 영광을 얻는 길이다. 우리가 사는 세상은 비뚤어지고 타락한 세상이다. 성도가 하나님의 자녀로서 그리스도의 장성한 분량에 이르도록 성장하면 어두운 세상을 변화시킬 수 있는 능력의 사람이 된다.

* 말씀에 "너희가 전에는 어둠이더니 이제는 주 안에서 빛이라 빛의 자녀들처럼 행하라"고 하였다(엡5:8). 또 주님은 우리에게 세상의 빛이 되라는 사명도 주셨다(마5:13). 온전함을 이룬 성도라야 어그러진 세대 가운데서 빛으로 나타나 이 사명을 감당하게 된다.